INGRID SCHILLING-FREY

Ans Glück könnte
ich mich gewöhnen

INGRID SCHILLING-FREY

Ans Glück könnte ich mich gewöhnen

Philosophie des guten Lebens

LUDWIG

Bildnachweis:

S. 17: © INTERFOTO/Sammlung Rauch

S. 89: © INTERFOTO/Writer Pictures Ltd.

S. 163: © Bettmann/CORBIS

Verlagsgruppe Random House FSC-DEU-0100
Das für dieses Buch verwendete
FSC®-zertifizierte Papier *EOS*
liefert Salzer Papier, St. Pölten, Austria.

Lektorat: Melanie Schwarz

Copyright © 2012 by Ludwig Verlag, München,
in der Verlagsgruppe Random House GmbH
http://www.ludwig-verlag.de
Umschlaggestaltung: Eisele Grafik-Design, München
Umschlagfoto: © Siegfried Layda/Photographer's Choice/Getty Images
Satz: C. Schaber Datentechnik, Wels
Druck und Bindung: Pustet, Regensburg
Printed in Germany 2012

ISBN: 978-3-453-28031-1

Für Alina

Inhalt

II. Jean-Jacques Rousseau oder: Was Philosophie, Evolution, Kultur, Verhaltensforschung und Casting-Shows miteinander zu tun haben

III. Friedrich Nietzsche im Lichte moderner Wissenschaften

Glück ist Talent für das Schicksal

Vorwort

Sind Sie glücklich? Vermutlich nicht oder jedenfalls nicht zu 100 Prozent, sonst hätten Sie nicht nach diesem Buch gegriffen. Die wenigsten Menschen werden diese Frage mit »Ja« beantworten. Weil uns allen immer irgendetwas einfällt, womit wir unzufrieden sind, was noch nicht so ganz passt in unserem Leben, was noch besser laufen könnte. Und manche Menschen hadern nicht nur mit lästigen Kleinigkeiten, sondern müssen mit echten Problemen, mit tatsächlichen Schicksalsschlägen fertigwerden: dem Verlust des Arbeitsplatzes, einer schweren Krankheit, dem Tod eines geliebten Menschen zum Beispiel. Wie sieht es da aus mit der Glückserwartung?

Als »Talent für das Schicksal«, bezeichnet der Dichter und Philosoph Novalis das Glück. Ziemlich überraschend – vielleicht bedeutet Glück gar nicht die generelle Abwesenheit von Leid und Problemen. Unserem Schicksal oder gar einem Schicksalsschlag können wir nicht ausweichen. Vielleicht ist für unser Leben und unser Lebensglück vielmehr entscheidend, wie wir damit umgehen. Für mein eigenes Leben jedenfalls hat sich diese Definition als sehr treffend erwiesen.

Bis zum Alter von 30 Jahren verlief bei mir eigentlich alles ziemlich reibungslos. Ich war verheiratet, war Bekleidungs- und Wirtschaftsingenieurin und arbeitete als Unternehmensberaterin. Am 16. Mai 1996 kam mein Wunschkind Alina auf die Welt. Plötzlich war nichts mehr so wie vorher. Es folgten nicht wie bei vielen Eltern schlaflose Nächte und Babygeschrei, sondern Krankheit, Angst und Verzweiflung. Alina kam schwer herzkrank auf die Welt und musste im Babyalter mehrmals am offenen Herzen operiert werden. Nachdem ich zwei Jahre im Krankenhaus verbracht und »funktioniert« hatte, so gut es ging, beschloss ich, mich mit Arbeit zurück ins Leben zu holen. Aber auch sieben Jahre Arbeit waren nicht genug.

Zufall oder Schicksal: Als ich im Oktober 2005 eine Buchhandlung betrat, lief ich auf ein Regal zu, in dem Philosophiebücher standen. Ich dachte mir, eine kleine Geschichte der Philosophie kann ich mir zumuten. Am folgenden Tag fing ich an zu lesen und konnte nicht mehr aufhören. Erstmals, im Alter von 40 Jahren, erfuhr ich ganz grob, um was es in der Philosophie überhaupt ging. Und es war von Anfang an die Suche nach dem guten Leben, die mich faszinierte und leidenschaftlich bewegte.

Verblüfft von meiner eigenen Courage, kündigte ich kurzerhand meine sichere Stelle als Controllerin eines großen Maschinenbau-Unternehmens und fing an, Philosophie zu studieren. Seitdem veränderte sich mein Leben und damit auch das Leben meiner Familie. Philosophie wurde für mich zum Lebenselixier. Denn seit Jahrhunderten beschäftigen sich Philosophen mit den Problemen der Menschen, und es hat sich immer wieder gezeigt, dass es uns Menschen ganz zentral um das Glück geht. Mehrere Jahre beschäftigte ich mich daraufhin natur- und geisteswissenschaftlich mit der Frage, was es in der heutigen Zeit heißt, gut zu leben. Ich lernte mich selbst besser verstehen, akzeptierte mich mit meinen Stärken und meinen Schwächen, arbeitete an mir selbst und konnte aus der Krise heraus mein Glück finden.

12   Obwohl mich das Schicksal meiner behinderten Tochter oft

an meine Grenzen führte, habe ich es geschafft, mein seelisches Gleichgewicht wiederzugewinnen. Mein ausgeglichener Gemütszustand hilft mir heute, mit den Herausforderungen fertigzuwerden. Was ich vor ein paar Jahren noch nicht für möglich hielt, ist passiert: Mithilfe der Philosophie habe ich »Talent für das Schicksal« entwickelt.

In diesem Buch möchte ich meine Begeisterung für die Philosophie und ihre vielfältigen Zugänge zu einem besseren Leben weitergeben. Die Zugänge der Philosophen und Wissenschaftler zum Glück sind sehr unterschiedlich. Lassen Sie sich dazu inspirieren, Ihren persönlichen Weg zu finden. Glück hat viele Facetten. Deshalb geht es in diesem Buch um Themen wie aktives Leben, Freundschaft, Tugend, Moral, Liebe, Authentizität, Zeit, Mut und Sinn.

Im Laufe meines Philosophiestudiums machte ich Bekanntschaft mit sehr unterschiedlichen Philosophen und faszinierenden Menschen wie René Descartes, Jean-Jacques Rousseau, Friedrich Nietzsche oder Ernst Bloch. Es waren eher die ungewöhnlichen Denker mit kühnen Visionen, die mich interessierten. Aber auch die antiken griechischen Denker wie Sokrates, Platon oder Aristoteles hatten mich in ihren Bann gezogen. Sie alle haben sich mit praktischer Philosophie, mit dem guten Leben beschäftigt. Meine persönlichen Erlebnisse spiegelten sich in den Erkenntnissen großer Denker wider. Denn nicht selten ist das, was wir für ein ganz individuelles Phänomen halten, ein allgemeines Phänomen.

Doch gibt es heute auch andere Wissenschaften, die mit ihren aktuellen Erkenntnissen viel zu einem gelungenen Leben beitragen können. Deshalb beschäftigte ich mich nach meinem Studium nicht nur mit Philosophie, sondern auch mit Psychologie, Neurobiologie, Soziologie, Evolutionsbiologie und Verhaltensforschung sowie mit der Frage, wie deren Erkenntnisse über Glück zusammenpassen.

Lernen Sie durch dieses Buch unterschiedliche Perspektiven kennen. Wagen wir gemeinsam den Blick in verschiedene aktuelle oder auch vergangene Theorien. Worin sind sich diese einig? Wie unterscheiden sie sich? Eine zentrale Gemeinsamkeit kann ich schon vorwegnehmen: Wir stellen fest, dass das Leben, das jeder Einzelne von uns lebt, viel mit Gewohnheit, mit Übung, mit Alltäglichkeit zu tun hat. Das gilt auch für das Glück. Körperliches Training steht ganz hoch im Kurs. Es wäre schade, es bei den Muskeln zu belassen. Lassen Sie uns gemeinsam ein gutes Leben trainieren. Wie das geht? Folgen Sie mir ins Trainingslager.

Auch wenn in diesem Buch viele Philosophen und Wissenschaftler zu Wort kommen, waren meine wichtigsten Trainer Aristoteles, Jean-Jacques Rousseau und Friedrich Nietzsche. Nach ihnen habe ich dieses Buch in drei große Abschnitte gegliedert.

Wenn wir über Glück philosophieren, ist Aristoteles einfach unverzichtbar. Denn in seiner Ethik übernimmt das Glück die Rolle des höchsten Zieles, das man anstreben kann. Niemals streben wir nach Glück, um etwas anderes zu erreichen. Niemals ist Glück lediglich Mittel zum Zweck.

Jean-Jacques Rousseau und Friedrich Nietzsche gehören zu meinen persönlichen Glücksphilosophen. Von ihnen habe ich am meisten über mich und mein Schicksal gelernt, und darüber, was mir dabei hilft, adäquat damit umzugehen.

Der Aufklärungsphilosoph Rousseau hat mich über wichtige Facetten des Glücks zum Nachdenken angeregt, wie zum Beispiel Selbstliebe, Authentizität und Emotionalität. Er ist ein Philosoph, der radikal denkt und uns Leser auch daran beteiligt. Rousseau geht davon aus, dass wir Menschen in der Lage sind, unser Dasein sinnvoll zu gestalten und dabei glücklich zu werden, ohne anderen zu schaden, sofern wir authentisch bleiben und uns selbst nicht fremd werden.

Friedrich Nietzsche als wahrscheinlich erster postmoderner Denker befreit uns Menschen von Moral und allgemein von Gebundenheit. Diese Befreiung führt uns jedoch notwendig dazu, unser Leben selbst in die Hand zu nehmen. Und dazu gehört Mut. Das nietzscheanische Projekt besteht nun darin, unser Freisein dafür zu nutzen, unserem Leben die Form zu verleihen, die wir selbst gewählt haben. Das Glückskonzept und dessen Umsetzung beinhaltet dabei immer auch die Frage nach dem Sinn des Lebens. Nach einem Sinn, nach einem Glück, das eng gebunden ist an unser Schicksal. *Amor fati,* die Liebe zum Schicksal, ist damit unser einzig möglicher, glücklicher Weg.

Auch wenn Aristoteles, Rousseau und Nietzsche nicht mehr ganz »frisch« sind – ihre Gedanken sind umso lebendiger und hochaktuell: keine trockene Theorie, sondern Training für ein besseres Leben.

ARISTOTELES heute:

Philosoph, Soziologe und Psychologe

Die Frage aller Fragen:
Was ist Glück?

Vögel fliegen ohne Koffer

Hans hatte sieben Jahre schwer gearbeitet und wollte nun wieder nach Hause zu seiner Mutter. Da er gut gedient hatte, belohnte ihn sein Meister fürstlich mit einem Klumpen Gold. Das Gold in ein Tuch gewickelt und über die Schulter geworfen, macht Hans sich frisch und fröhlich auf den Weg.

Doch mit jedem seiner Schritte werden seine Beine und der Klumpen Gold auf seiner Schulter schwerer. Voller Bewunderung sieht er einen Reiter auf einem Pferd entgegenkommen. Sich einfach nur tragen lassen und keine Last auf den Schultern spüren zu müssen – das muss Glück sein! Kurzerhand tauscht Hans sein Gold gegen das Pferd. Das Pferd jedoch wirft ihn ab, und die Geschichte nimmt ihren Lauf.

Vermutlich kennen wir alle das Märchen von Hans im Glück. Hans tauscht Gold gegen Pferd, Pferd gegen Kuh, Kuh gegen Ferkel. Materiell verschlechtert er sich von Tausch zu Tausch. Am Ende stößt er versehentlich seine eingetauschten Steine in einen Brunnen und hat dann gar nichts mehr. Jeder denkt: »Oh, nein! So ein Tölpel!« Aber Hans springt vor Freude in die Luft, dankt von Herzen seinem Herrgott und jauchzt mit Tränen in den Augen: »Kein Mensch unter der Sonne ist so glücklich wie ich!«

Dieses Bild aus dem Märchenbuch ist mir im Gedächtnis geblieben: Der glückliche Hans, mittellos und doch unendlich froh. Zwar dachte ich als Kind: »Oh, nein! Jetzt hat er das schöne Gold nicht mehr.« Dennoch hatte ich keinen Zweifel daran, dass dieser Mensch im siebten Himmel schwebt. Aber warum denn nur? Er hat doch alles verloren. Das, wofür er jahrelang hart gearbeitet hatte, war kurzerhand einfach weg. Und schon als Kind wusste ich, dass das allem widersprach, was ich bisher so gelernt hatte. Hans macht die Erfahrung: Geld und Besitz machen nicht glücklich! Das hat jeder von uns schon gehört. Denn Glück können wir nicht besitzen wie einen Klumpen Gold oder Schleifsteine.

Oder vielleicht doch? War Hans denn nicht auch glücklich, als er von seinem Meister mit einem Klumpen Gold belohnt wurde? Lassen Sie uns die Geschichte einmal übertragen, von Grimms Märchen bis ins 21. Jahrhundert. Ist ein 18-Jähriger nicht glücklich, wenn er sich nach jahrelangem Sparen endlich hinters Steuer seines ersten eigenen Autos setzen kann, um die erste Spritztour zu machen? Ja doch! Und wenn Autos glücklich machen können, dann können das doch auch schöne Schuhe, schicke Klamotten, Häuser und so weiter. Also macht Besitz doch glücklich? Wäre es so einfach, müssten wir uns nicht seit Menschengedenken immer dieselbe Frage stellen: Was ist Glück?

In jeder Zeit und in jeder Kultur haben wir bestimmte, charakteristische Vorstellungen von Glück. Dennoch verführt uns, egal in welcher Zeit und in welcher Kultur wir leben, der Gedanke, dass Geld vielleicht doch glücklich machen könnte. Gleichzeitig haben Werner T. Küstenmacher und Lothar Seiwert einen Bestseller geschrieben mit dem Titel *Simplify your life: Einfacher und glücklicher leben.* Ballast abwerfen, loslassen, vereinfachen, gelassener werden, um vom Äußeren zum Inneren, zum Selbst, zum Wesentlichen zu kommen, um das eigene Lebensziel zu finden und zu verwirklichen. Und somit glücklicher zu werden.

Unser Hans im Glück macht es uns ganz radikal vor. Denn am Ende ist er ohne jede sichtbare Ursache glücklich. Aber auch ganz ohne äußeren Grund glücklich sein zu können, verweist auf etwas ganz Entscheidendes: Das Glück liegt in uns!

Jahrhundertelanges Philosophieren und Nachdenken über das Glück führten bis heute zu keiner allgemeinverbindlichen Definition darüber, was Glück ist. Glück ist vielleicht am ehesten eine subjektive Vorstellung, geprägt durch Kultur und Zeit. Wenn wir darüber nachdenken, fällt jedem von uns etwas dazu ein: Wir erinnern uns an glückliche Momente, als wir als Kinder in Sommern, die noch richtig heiß waren, barfuß über den Asphalt gesprungen sind. So eine Art Erinnerung hat wahrscheinlich jeder von uns. Ist unsere Vorstellung von Glück also doch nicht rein subjektiv? Wenn wir uns an glückliche Kindertage erinnern, sehen die Bilder zwar immer etwas anders aus – die Glücksvorstellungen an sich sind jedoch verblüffend ähnlich.

Wir könnten sagen, dass es Glücksvorstellungen gibt, die allgemein und nicht individuell verschieden sind. Dieser Überzeugung war jedenfalls der griechische Philosoph Aristoteles. Auch wenn Aristoteles uns nicht sagen kann, worin das subjektive, individuelle und spezifische Glück eines jeden Einzelnen liegt, kann er uns Wege aufzeigen, unserem eigenen Glück auf die Sprünge zu helfen.

Für Aristoteles galt das Motto: Das Glück liegt in dir! Nur leider liegt es brach, solange du nichts dafür tust. Etwas dafür tun, heißt für mich, etwas einzuüben. Sich an etwas zu gewöhnen. Positive Gewohnheiten, Tugenden zu entwickeln. Somit ist Glück Übungssache: Immer wieder die »richtigen« Dinge tun.

Aristoteles war einer, der den Dingen auf den Grund ging. Zum ersten Mal in der Philosophiegeschichte verfasste er systematische Abhandlungen und gilt auch heute noch als erster großer Denker der Wissenschaft und Begründer der abendländischen Philosophie. Als Universalgelehrter hat er eine unglaubliche Anzahl von Schriften verfasst: über Mathematik, Logik und Naturforschung über Handwerk, Dichtung und Medizin bis hin zur Politik, Rhetorik, dem guten Leben und natürlich Glück.

In diesem Buch geht es aber nicht um das gesamte Wissensspektrum eines Aristoteles. Hier geht es um den, ich möchte sogar sagen, wichtigsten Teil: das Glück. Bevor wir uns nun dem Glück eines Aristoteles zuwenden, schauen wir uns einmal an, in welchem Zusammenhang das Glück eine Rolle spielt. Denn schon für Aristoteles ist Glück das Ziel des guten Lebens. Aber was macht ein gutes Leben aus?

Lebe gut!

Dieter Halbach befindet sich in seiner Wohnung, in einem der lehmverputzten Häuser des Ökodorfes »Sieben Linden«. Es ist angenehm geheizt, auch wenn sich die Dorfbewohner Sorgen um den Energieverbrauch und den ökologischen Fußabdruck machen. Auf dem Gasherd faucht der Wasserkessel, Dieter Halbach sitzt im Schneidersitz auf seinem Sofa und beschreibt sich selbst als Musiker, Intellektueller und Autor. Er lebe nach dem Motto: »Musiker müssen Musik machen, Künstler malen, Dichter schreiben, wenn sie sich in Frieden mit sich selbst befinden wollen. Was ein Mensch sein kann, muss er sein«, so, nach Halbach, der Psychologe Abraham Maslow[1]. Halbach macht es sich immer gemütlicher auf seinem Sofa, befindet sich jetzt eher in der Horizontalen als in der Vertikalen und verkündet selbstkritisch: »Wir sind keine Insel der Glückseligen. Auch hier gibt es Probleme mit der *Work-Life-Balance*. Aber im Dorf können wir selbst die Strukturen ändern.« Er erklärt weiter: »Wir wollen mehr Zeit zum Leben, zum Feiern, zum spontanen Zusammenkommen unter Freunden, zum Hinausfahren in die Welt.« Ja, wer will das nicht?

In der Nähe des altmärkischen Dörfchens Poppau schließen sich 1997 eine Handvoll Idealisten zusammen, unter ihnen Dieter Halbach, und gründen das Ökodorf »Sieben Linden«. Die Überschrift ihrer Homepage: »Das Leben findet wieder im Dorf statt.« Offensichtlich ist das in den Dörfern, die wir kennen, nicht der Fall. Die Ökodorf-Bewohner träumen von einer sozial-ökologischen Modellsiedlung. Eine Gemeinschaft, die eine Lebensform anstrebt, die Lebensqualität und Nachhaltigkeit miteinander verbindet. Mittlerweile untergliedert sich »Sieben Linden« jedoch in sogenannte Nachbarschaften mit jeweils eigenständigen Konzepten und Lebensentwürfen. Eine der Nachbarschaften nennt sich beispielsweise »Nord- und Südhaus«. Sie besteht aus Familien mit Kindern, die unkompliziert »Nebeneinander-Wohnen« wollen. Hier stellt sich die Frage: Warum nebeneinander und nicht miteinander? Es gibt auch die Nachbarschaft »Brunnenwiese«, die sich ein Haus gebaut hat, das aussieht wie eine Spirale. Zu den wichtigsten Themen zählen hier Spiritualität und Heilung.

Wenn man sich schon in einem Ökodorf nicht auf eine gemeinsame Lebensform einigen kann, können wir uns vorstellen, dass dies in der heutigen Zeit, global gesehen, eigentlich eine Utopie ist. Aber wie war das damals, in der griechischen Antike? Zuzeiten eines Aristoteles?

Ganz wie es sich für einen Philosophen gehört, war für Aristoteles die theoretische Lebensform, die Lebensform, die Menschen glückselig macht. Denn nur das Denken und damit die *theoria* ist beständig und hat ein Leben lang Gültigkeit. Der, der sich ausdauernd um seine philosophische Bildung bemüht, selbst intensiv nachdenkt und sich von der

Erwerbsarbeit fernhält, kommt ganz nah ran an ein gutes Leben. Denn es gehört für Aristoteles zur Natur des Menschen, und es ist uns Menschen damit angeboren, dass wir nach Wissen und Weisheit streben. Da zu der Zeit Philosophen meist genug Geld und Sklaven hatten, war das kein Problem.

Nichtsdestotrotz war Aristoteles der festen Überzeugung, dass ein gutes Leben nur in einer guten Gemeinschaft stattfinden kann. Ausgangspunkt ist immer die *Polis*, die Gemeinschaft, der es darum geht, Bestehendes zu optimieren. Denn ob das, was Menschen tun, gut oder schlecht ist, wird daran gemessen, ob es für die Gemeinschaft gut oder schlecht ist. Es sind die anderen Menschen, die dem Einzelnen dabei helfen, zu sich selbst zu kommen. Deshalb geht es in der aristotelischen *Polis* nicht um Moral, Gesetz oder Prinzip, sondern um Sitte, Brauchtum und Gewohnheit. Außerdem kann Bestehendes in einer Gemeinschaft nur dann optimiert werden, wenn die Mitglieder nicht im Denken stehen bleiben, sondern aktiv werden und sich für die Gemeinschaft und damit für sich selbst, einsetzen. Eine gute Sitte, ein guter Brauch, eine gute Gewohnheit. Fertig ist das gute Leben! Die Krönung eines guten Lebens ist die Glückseligkeit.

Für den antiken Gelehrten spielt die Gemeinschaft also eine sehr zentrale Rolle. Auch die Geschichte von Menschen wie Dieter Halbach deutet darauf hin, dass unser Umfeld ganz entscheidenden Einfluss auf unser Leben, auf unsere Suche nach dem Glück, hat. Welche Rolle spielt also die Gemeinschaft, die Gesellschaft? Und sind wir uns dessen bewusst, dass wir selbst ein Teil dieser Gesellschaft und der Gemeinschaft sind, in der wir uns entschieden haben zu leben?

Ein gutes Leben kann nur der haben, der in einer guten Gemeinschaft lebt. Was eine gute Gemeinschaft ist, darüber gibt es sehr unterschiedliche Vorstellungen. Eines steht jedoch fest: Um in einer guten Gemeinschaft zu leben, müssen wir unseren Teil dazu beitragen. Als Teil des Ganzen hat jeder Mensch die Verantwortung, zum gemeinschaftlichen und damit gleichzeitig zum eigenen Glück beizutragen. Glück, *Eudaimonía,* wie es im Griechischen so schön heißt, ist demnach bedingt durch die Gemeinschaft, aber auch durch das eigene, aktive Handeln: Es hängt ab von der bewussten Entscheidung, etwas für sich selbst, für andere, für die Gemeinschaft und letztendlich für die Gesellschaft zu tun. Es wird bedingt durch die Erkenntnis, dass eine Gemeinschaft, ein damit verbundenes gutes Leben keine Selbstverständlichkeit ist, sondern etwas, wofür jeder Einzelne kämpfen und wonach jeder Einzelne streben muss.

Sigmund Freud vermutete zwar, dass das Glück der Menschen im Plan der Schöpfung nicht vorgesehen war.[2] Aristoteles jedoch war der Überzeugung, dass jeder Mensch dazu veranlagt ist, auch ein glücklicher Mensch zu sein.

Doch genau so, wie eine Raupe erst durch einen langen und schwierigen Prozess, durch Häuten und Verpuppen, zum Schmetterling wird, wird auch der Mensch erst dann zum glücklichen Menschen, wenn er etwas dafür tut. Der Raupe ist es offensichtlich nicht vergönnt, auf der faulen Haut zu liegen. Ich vermute, bei uns ist es noch viel anstrengender. In unseren Gedanken sieht der Traum vom Glück vielleicht so aus, dass wir am Strand einer Südseeinsel in der Sonne liegen, das Meeresrauschen uns bezirzt und wir in Gesellschaft schöner Menschen Cocktails schlürfen. Könnten wir dann aber in die Köpfe der Menschen hineinschauen, dann sähen wir vielleicht, wie die Gedanken kreisen und sich die Menschen auf ihren Liegestühlen nichts als Sorgen machen. Was also könnte die Alternative sein? Nicht das passive, sondern vielleicht doch das aktive Leben?

Ohne Fleiß kein Preis

Warum aus einer Raupe nicht einfach
ein Schmetterling wird

Werken und Wirken

Es ist also doch eher die Aktivität, die *Praxis*, die glücklich
macht. Doch was hat es mit der *Praxis* auf sich?

Aristoteles unterschied in seiner Philosophie den Gesamtbereich menschlicher Tätigkeit in *Poiesis* und *Praxis*.
Unter *Poiesis* versteht die Philosophie zweckgebundenes
Handeln. Im Vordergrund der *Poiesis* steht das Werk: Wenn
zum Beispiel ein Haus gebaut wird, ist nicht das Tätigsein
das Wichtigste, sondern das Ergebnis des Tätigseins – das
fertige Haus.

Leider wissen wir in der heutigen Zeit nur allzu gut, was
Poiesis ist. Ein Werk ist etwas Materielles, etwas, das ich vorzeigen, das ich besitzen kann. Es sind Häuser, Autos, Kleider.
Damit können wir zeigen, was wir geschafft haben, was wir
leisten, worum andere uns beneiden können. Denn ist es
nicht so, dass wir die Menschen nur zu oft nach dem bewerten, was sie besitzen? Wenn wir ehrlich sind, bewundern wir
doch alle ein wenig diejenigen mit tollen Autos, Designerklamotten und Häusern in Südhanglage.

Aristoteles hätten diese Dinge wohl weniger beeindruckt.
Er bevorzugte die *Praxis*. Unter *Praxis* versteht Aristoteles
das reine Tätigsein: Es steht nicht das Werk im Vordergrund,
sondern die Handlung selbst. Die Handlung ist Selbstzweck, 27

sie erfüllt den Menschen im Hier und Jetzt. Denn im Handeln vollziehen die Menschen ihr Leben und werden sich ihrer Existenz aufs Neue bewusst.

Erfinderpersönlichkeiten wie Thomas Edison oder Werner von Siemens gelten als Persönlichkeiten mit ausgeprägtem Bedürfnis nach Leistung. Dieses Bedürfnis nach Leistung hat weniger etwas mit damit verbundenen äußeren Vorteilen zu tun, sondern viel mit persönlich empfundener innerer Erfüllung. Rudolf Diesel arbeitete beispielsweise bei der »Linde-Eismaschinen-Fabrik« und war frustriert darüber, seine eigene technische Erfindertätigkeit der Ausführung von Routinearbeiten unterordnen zu müssen. Er kündigte sein Angestelltenverhältnis, um sich ganz der Entwicklung seiner Dieselmotoren widmen zu können – eine Entscheidung, die den Fortschritt der Automobiltechnik entscheidend beeinflusst hat.

Zwar sind nicht alle Menschen Erfinderpersönlichkeiten. Aber ich denke, alle Menschen haben ein Bedürfnis nach Leistung. Diese Leistung ist eine Art psychische Energie, ein Wille, in eigene Handlungen zu investieren. Nicht jeder Mensch muss dafür seinen Arbeitsplatz kündigen. Manchmal genügt es schon, Leistungsziele an die eigenen Bedürfnisse anzupassen. So hat man beispielsweise herausgefunden, dass Fließbandarbeiterinnen, die sich vornehmen, ihre Quote in der Hälfte der vorgegebenen Zeit zu erreichen, eine Befriedigung bei Zielerreichung empfinden. Diese Befriedigung stellt sich auch dann ein, wenn sie keinen Bonus dafür bekommen.

Es geht bei der *Praxis* um den Menschen selbst, der sein Leben im Handeln vollzieht und damit sich selbst und sein Dasein bestätigt. Da es bei der *Praxis* um den Menschen selbst geht und bei der *Poiesis* um das, was der Mensch in der Welt herstellt, ist die *Praxis* wichtiger für ein glückliches

Leben als die *Poiesis*.

Wie Sie bereits wissen, habe ich im Alter von 40 Jahren meinen sicheren Arbeitsplatz gekündigt, um Philosophie zu studieren. Ich bin mir sicher, dass viele der Menschen in meinem Umfeld insgeheim gedacht haben: »Die ist doch verrückt!« Vielleicht war ich das sogar und bin es heute noch ein bisschen. Von außen betrachtet, hat für viele meine Entscheidung zu kündigen wohl nicht nach einer Entscheidung für ein aktives Leben ausgesehen. Doch endlich hatte das, was ich tat, etwas mit mir zu tun. Es war nicht die Muße, die mich küsste, sondern die Aktivität: Ich las, hörte zu, schrieb und war fasziniert davon, wie viel die Philosophie mit mir und meinem Leben zu tun hat. Mit jedem Wort, mit jedem Gedanken, hatte ich das Gefühl, mich selbst und mein Leben besser zu verstehen. Ich kam mir selbst näher und fühlte mich dadurch sicherer und stärker. Und eines Tages wurde mir klar, dass ich nun ohne Angst an die Zeit denken kann, in der meine Tochter so viele Operationen zu überstehen hatte. Und von da an wusste ich auch, was Aristoteles unter einem aktiven Leben verstand.

Was Aristoteles unter *Praxis* verstand, wird heute oft als *Flow* bezeichnet.

To flow *or not to* flow

Ines Papert, vierfache Weltmeisterin im Eisklettern, schreibt in ihrem Buch *Im Eis. Wie ich auf steilen Routen meinen Weg fand:* »Dass mir das Klettern jemals langweilig werden wird, kann ich mir nicht vorstellen. Es gibt kaum eine Aktivität, bei der ich mich so lebendig fühle. Bin ich maximalen Schwierigkeiten gewachsen, stellt sich ein Kompetenzgefühl ein, das mich zufrieden und glücklich macht. Ich bin so involviert in mein Tun, dass ich mich in einer ganz eigenen Welt befinde. Diese intensive Welt immer wieder zu erleben, das ist, unabhängig vom Schwierigkeitsgrad, mein eigentlicher Traum.«[3]

Dieser »eigentliche Traum«, diese ganz »eigene Welt« wäre vermutlich für Aristoteles die *Praxis*. Der Psychologe Mihaly Csikszentmihalyi bezeichnet sie als *Flow*: das Gefühl, völlig in einer Tätigkeit aufzugehen. Eigene Fähigkeiten werden gefordert und bestätigt, wir fühlen uns gut und glücklich.

Für Ines Papert ist es die Faszination des gefrorenen Elements. Es können aber auch die kleineren Dinge im Leben sein, die uns »fließen« lassen. Vielleicht können wir uns das am besten vorstellen, wenn wir ans Rad fahren denken. Das erste Fahrrad, das ich bekommen habe, war ein Fahrrad mit Stützrädern. Schon das Aufsitzen auf den Sattel war mir nicht so ganz geheuer, denn es kam mir alles so wacklig vor. Dann musste ich auch noch anfangen zu treten. Aber vor lauter treten, schauen und dem Versuch, mithilfe von Stützrädern die Balance zu halten, vergaß ich ganz das Lenken. Und wäre mein Vater nicht gewesen, wären mir die Randsteine zum Verhängnis geworden. Aber von Tag zu Tag hatte ich die Chance, mich zu verbessern. Nach kurzer Zeit schon konnten die Stützräder abgeschraubt werden. Und alles lief wie von selbst! Alles andere verblasst, wenn wir uns ganz auf die Tätigkeit, die Bewegung konzentrieren – wie bei einem Kind, das zum ersten Mal alleine Fahrrad fährt. Das muss *Praxis*, das muss *Flow* sein.

Lässt das Umfeld es zu, werden durch die Verbesserung eigener Fähigkeiten die Lebensqualität gesteigert und das Selbstbewusstsein gestärkt. Tätigkeiten, die fordern, interessieren und von der Umwelt akzeptiert und vielleicht sogar honoriert werden, lassen die Sorgen und Nöte des Alltags vergessen.

Aufmerksamkeit, Konzentration und Flow

Das Versinken in einer Tätigkeit ist neurologisch eine Konzentration im Gehirn. Neurologen konnten beobachten, dass das Gehirn bei konzentrierter Arbeit sich selbst vergisst. Mit anderen Worten: In Momenten höchster Konzentration wird die Selbstwahrnehmung ausgeschaltet.

In einem Experiment analysierten Wissenschaftler des Weizmann Institute of Science in Rehovot, in Israel, die Aktivität im Gehirn ihrer Versuchsteilnehmer. Ilan Goldberg, Neurologe, hatte seine Versuchsteilnehmer gebeten, sich Karten anzuschauen, um dann per Knopfdruck zu signalisieren, ob auf der Karte ein Tier oder etwas anderes zu sehen war. Dabei handelte es sich um eine simple kognitive Aufgabe. Wurden die Bilder im Drei-Sekunden-Takt gezeigt, forderte der Versuch nicht die volle Konzentration und Aufmerksamkeit der Teilnehmer. Erst als die Bilder im Sekundentakt gezeigt wurden, war volle Konzentration gefragt.

Im Drei-Sekunden-Takt, also im langsameren Takt, zeigte Goldberg den Teilnehmern nochmals Bilder, die sie zum einen per Knopfdruck zuordnen, gleichzeitig aber noch emotional bewerten sollten. Goldberg wollte damit bei den Teilnehmern Selbstbeobachtung, auch Introspektion genannt, auslösen. Ein Hirnbereich im oberen Frontallappen zeigte während dieses Durchgangs starke Aktivität.

Das Erstaunliche an diesem Experiment: Sobald Goldberg die Geschwindigkeit auch dieser Abfolge von Bildern erhöhte, blieb der Selbstwahrnehmungs-Mechanismus im Gehirn vollständig inaktiv. Im oberen Bereich des Frontallappens zeigte sich keinerlei Aktivität.

Daraus zog Goldberg folgende Schlussfolgerung: Zum einen sind die Regionen des Gehirns, die für die Selbstwahrnehmung notwendig sind, völlig andere als die, die für die sensorische Wahrnehmung benötigt werden. Zum anderen, und dies ist die für uns bedeutendere Beobachtung, werden bei anspruchsvollen Tätigkeiten alle Ressourcen des Gehirns beansprucht, sodass die Selbstwahrnehmung gehemmt wird. Goldbergs Studie zeigt, dass Menschen sich bei höheren geistigen Leistungen – die in diesem Fall darin bestanden, dass sie sich den Objekten zuwandten, sie wahrnahmen und kategorisierten – selbst nicht mehr wahrnehmen. Sich voller Konzentration einer Tätigkeit zu widmen, heißt damit, nicht bei sich selbst zu sein und sich doch in der Aktivität selbst zu bestätigen. Das Glück der Aktivität: *Flow*.

Flow erleben wir nicht nur bei geistigen Tätigkeiten, sondern auch im Sport. Laufen ist wohl eine der sportlichen Betätigungen, die jeden zum »Fließen« bringt.

Lauf ins Glück

»Mit jedem weiteren Kilometer verschwand der Gedanke an die unwirtlichen Bedingungen (Schneetreiben, eisiger Winterwind) dieses ersten langen Dauerlaufes, ja, ich freute mich immer mehr, diese winterliche Natur zu erleben. Mit jedem Kilometer wuchs der Stolz, diese Runde gelaufen zu sein, es geschafft zu haben. Mit jedem Kilometer war ich zufriedener mit mir, und am Ende, als ich mit müden Beinen nach Hause kam, fühlte ich mich einfach nur glücklich.«[4] So beschreibt der Olympiasieger Dieter Baumann in seinem Buch *Laufen Sie mit!*, wie er sich nach seinem ersten Dauerlauf gefühlt hat. Dabei könnte es sich um *Runner's high* handeln. Stefan Klein erklärt das Phänomen in seinem Buch *Die Glücksformel oder wie die guten Gefühle entstehen:* Danach schicken Schmerzsensoren, die Schmerz wahrnehmen, elektrische Signale über das Rückenmark ins Gehirn. Dieser Schmerz wird, im Beispiel von Dieter Baumann, zum einen durch das Laufen selbst verursacht, zum anderen noch verstärkt durch die erschwerten Bedingungen: Schnee, Wind, Kälte. Die Signale der Schmerzsensoren werden im Gehirn, im Thalamus, verarbeitet. Diese Verarbeitung bewirkt das Empfinden von Schmerz. Der Nachbar des Thalamus, der Hypothalamus, kann jedoch dann, wenn es darauf ankommt, anordnen, dass sogenannte Opioide ausgeschüttet werden. Zu den Opioiden gehören zum Beispiel die Endorphine, die Schmerz entgegenwirken können. Gefühle der Schwäche werden also durch Euphorie verdrängt und spornen den Läufer an, sich noch mehr anzustrengen.

Der Sportpsychologe Oliver Stoll bezeichnet in einem Interview im Jahr 2008 das *Runner's high* als einen Rausch, in dem die Läufer weder Schmerzen, noch Zweifel, noch Müdigkeit spüren und mit einer erfüllenden Leere im Kopf einfach nur laufen. Stoll unterscheidet zwischen physiologischen und psychologischen Erklärungsmodellen. Demnach erklärt Stefan Klein das *Runner's high* physiologisch: Opioide lösen euphorische Gefühle aus und überdecken dabei den Schmerz. Oliver Stoll verweist auf psychologische Erklärungsmodelle, die die Euphorie des Laufens mit kognitiven Prozessen erklären, die während des Laufens im Gehirn stattfinden. Einen solchen kognitiven Prozess beschreibt die Ablenkungstheorie. Die Ablenkungstheorie geht davon aus, dass dann, wenn der Läufer intensiv läuft, er gleichzeitig von den Sorgen des Alltags abgelenkt ist.

Stoll geht davon aus, dass sich beim positiven Gefühl des Laufens psychologische und physiologische Komponenten vereinen. Denn beim schnellen und intensiven Laufen ist unser Gehirn vermutlich mit Sauerstoff unterversorgt, unsere Stoffwechselaktivitäten konzentrieren sich auf die Zentren der Motorik und damit nicht auf die Zentren der Kognition. Damit sind wir wieder beim *Flow* und dem Geheimnis der vollen Konzentration.

Hunderttausende von Menschen laufen. Nie gab es mehr Events, nie mehr Möglichkeiten an Marathonläufen, Zehn-Kilometer-Läufen oder Vergleichbarem teilzunehmen. Die physiologischen und psychologischen Komponenten sind das eine; darüber hinaus bietet der Sport und vor allem der Ausdauersport eine wunderbare Möglichkeit, sich eigene Ziele stecken und erreichen zu können.

Laufen ist auch für mich zu einem festen Bestandteil meines Lebens geworden. Das Interesse für Sport stellte sich bei mir erst in einer eher sorgenvollen Zeit ein. Häufige Nacken- und Kopfschmerzen quälten mich. Mein Arzt verschrieb mir Sport. Also fing ich an zu laufen. Anfangs musste ich mich regelrecht zwingen, aber von Tag zu Tag merkte ich mehr, dass auch mein Körper zu sportlichen Aktivitäten fähig ist. Und nicht nur das: Ich merkte, wie gut es mir tat. Nicht nur, dass meine Nacken- und Kopfschmerzen deutlich besser wurden. Nach jedem Laufen fühlte ich mich wie neugeboren. Lästige Gedanken und Sorgen waren wie weggeflogen.

Hier können wir uns die Frage stellen: Könnten wir dann von Glück sprechen, wenn wir an nichts denken müssen? Aber bewusst nicht zu denken ist doch eigentlich gar nicht möglich. Denn hat Bewusstsein nicht immer mit Denken zu tun? Können wir nichts denken? Denkprozesse können nur dann ausgeschaltet werden, wenn wir uns nicht auf das Denken konzentrieren, wenn unsere gesamte Konzentration von etwas anderem beansprucht wird. Wie etwa dann, wenn wir Risiken eingehen.

Risiko als Bugwelle des Glücks

Die bereits erwähnte Eiskletterin Ines Papert schreibt: »Meine Träume – sie haben damit zu tun, meine Grenzen weiter hinauszuschieben, mich an mein Limit heranzutasten. Auch im Fels hört für mich die Schwierigkeitsskala bei 8b nicht auf. Der Reiz ist die Herausforderung, und Herausforderungen wird es für mich immer geben. Am spannendsten sind Neuentdeckungen: Routen, die ich nicht kenne, Länder, die mir fremd sind, im Idealfall, bei einer Erstbegehung, die eigene Linie.«[5]

Vielleicht besteht die größte Gefahr des Lebens darin, niemals ein Risiko einzugehen. Auch für den Grenzgänger und Bergsteiger Reinhold Messner ist der Grenzgang eine von unendlich vielen Möglichkeiten, in den *Flow*-Zustand zu kommen, sich in einer Sache zu verlieren. Das, was er tat und, in Maßen aufgrund seines Alters, heute noch tut, kann vielleicht als asketischer Höchstleistungssport beschrieben werden. Messner inszenierte Grenzgänge, indem er beim Bergsteigen auf Bohrhaken oder Sauerstoffmaske verzichtete. Wie er selbst sagt, ging es ihm ums Überleben in schwierigen, anstrengenden, lebensgefährlichen Situationen. Es ging ihm um das Überleben als Kunst. Um Lebenskunst! In Reinhold Messners Buch *Nanga Parbat – Bruder, Tod und Einsamkeit* lesen wir von Dingen wie »Wallfahrt des Herzens«, »Stimme des Unbedingten«, »Ruf des Weltgeistes« oder »das wohl Stärkste aller männlichen Erlebnisse«.[6]

Mit den Grenzgängen werden auch immer wieder Grenzen verschoben. Denn es werden Dinge so lange für unmöglich gehalten, bis jemand dieser Realität trotzt und das Gegenteil beweist. Damit wird eine andere Wahrheit offenbar. Grenzsituationen können, nach dem Existenzphilosophen Karl Jaspers, dazu dienen, dass sich der Mensch seiner Einsamkeit und seiner eigenen Fragwürdigkeit bewusst wird. 35

Auch für Reinhold Messner liegt der Grund des Grenzgehens im Bewusstwerden eigener Zerbrechlichkeit und Begrenztheit.

Grenzsituationen sind wichtige Lebensabschnitte, die Gefahren in sich bergen, an denen der Mensch auch scheitern kann. In diesen Phasen der Einsamkeit ist der Mensch völlig auf sich gestellt. Tod, Zufall, Schuld und die Unverlässlichkeit der Welt sind Situationen, die Menschen als Grenzen erfahren können. Hier handelt es sich, nicht wie bei Extremsportlern, um selbst geschaffene Grenzen, sondern um Situationen im Leben, die der Unverlässlichkeit der Welt geschuldet sind. Das Leben ist nicht vollständig planbar: Es gibt Dinge, an denen der Mensch scheitern kann.

Wir stoßen sehr oft an Grenzen. Doch nicht nur an Grenzen aufgrund äußerer Bedingungen, sondern auch an Grenzen, die wir selbst ziehen: innere Grenzen. Ein Experiment mit Piranhas verdeutlicht, was diese inneren Grenzen sind: Der Versuchsleiter teilte mit einer Glasscheibe ein Becken mit Piranhas, als sich alle Piranhas auf einer Seite des Beckens zur Nahrungsaufnahme befanden. Als die Fische nach ihrem Essen wieder losschwammen, stießen sie gegen die Glasscheibe. Immer wieder und wieder schwammen sie gegen die Glaswand an. Irgendwann gaben die Fische den Kampf gegen die Wand auf und fanden sich mit ihrem kleineren Lebensraum ab. Einige Wochen später entfernte der Versuchsleiter die Glasscheibe. Was taten die Fische jetzt? Anstatt sich über das große Becken zu freuen und die Größe des Beckens auszunutzen, schwammen sie nur bis genau dahin, wo sich vorher die Glaswand befand. Denn genau so hatten sie es gelernt.

So ergeht es nicht nur Fischen, sondern auch Menschen. Wir Menschen erlernen im Laufe unseres Lebens viele Verhaltensweisen. Werden gewisse Verhaltensweisen immer wieder eingeübt, ergeben sich Verhaltensmuster. Diese Verhaltensmuster, egal ob gut oder schlecht, geben uns so etwas wie Sicherheit. Diese Sicherheit kann so etwas wie eine Komfortzone sein, die wir nicht verlassen möchten und die oftmals so stark konditioniert ist, dass wir sie kaum verlassen können. Jegliches Verlassen bedeutet Risiko und Überwindung.

Auch ich hatte bis zur Geburt von Alina Verhaltensweisen eingeübt, die sich bis dahin als recht sinnvoll erwiesen. Aber von dem Tag an, an dem bei Alina der Herzfehler diagnostiziert wurde, funktionierten meine bisher erlernten Verhaltensweisen nicht mehr. Mein Sicherheitsnetz wurde nicht nur brüchig, sondern riss völlig, von einem Moment auf den anderen.

Was vorher Sicherheit war, war jetzt Risiko – ein Risiko, das ich mir niemals ausgesucht hatte. Das Netz war weg, und ich befand mich im eiskalten Wasser. Aber eines wollte ich nicht: untergehen. Also fing ich an zu schwimmen. Und ich merkte, dass das Schwimmen half und ich immer stärker darin wurde. So lange bis ich wieder festen Boden unter den Füßen spürte. Von nun an wusste ich, was ich tun konnte, wenn ich wieder mal ins eiskalte Wasser geworfen wurde.

Wir lernen aber nicht nur Verhaltensweisen, sondern auch, unter welchem Blickwinkel wir Dinge sehen. Stellen wir uns folgende Situation vor: Ein Mann steigt mit seinen fünf Kindern in die U-Bahn. Die Kinder sind außer Rand und Band, toben und schreien. Der Mann setzt sich ganz unbedarft auf einen freien Platz und lässt seine Kinder völlig außer Acht. Die Menschen um ihn herum sind empört. Eine Frau dreht sich um und sagt: »Sehen Sie nicht, wie ungezogen Ihre Kinder sind. Warum unternehmen Sie nichts?« Der Mann erwidert: »Oh, ja. Entschuldigen Sie. Aber die Mutter der Kinder ist vor einer Stunde im Krankenhaus verstorben.« Das verändert alles.

Hier fällt es uns ganz leicht, den Blickwinkel zu ändern, da die Information über den Tod der Mutter nahezu bei allen Menschen dazu führt, die Situation anders als vorher zu bewerten. Wir sehen also: Es ist fast alles eine Frage des Blickwinkels. Es gibt aber auch Dinge, wie beispielsweise den Tod eines geliebten Menschen oder den Verlust des Arbeitsplatzes, die es uns fast unmöglich machen, diese Dinge anders als pessimistisch zu werten.

Es gibt kein Leben ohne Risiko. Das ist eine Tatsache, vor der wir möglicherweise die Augen verschließen und die wir ignorieren können – so lange, bis wir gezwungen werden, uns mit einer Situation, die sich unserer Kontrolle entzieht, auseinanderzusetzen. Dann, wenn wir eine Grenzsituation als unüberwindbar und als unlösbar erleben, scheitern wir. Aber auch, wenn wir scheitern, können wir dieses Scheitern unterschiedlich bewerten und erleben. Je nachdem, wie wir eine Sache bewerten, welche Perspektive wir einnehmen, können wir unterschiedlich mit der jeweiligen Situation umgehen.

Wir können in der Krise stecken bleiben und depressiv werden. Wir können anderen die Schuld zuschieben. Wir können es als Schicksal erleiden, um keine Verantwortung dafür übernehmen zu müssen. Oder aber wir können, die Grenzsituation annehmen und sie ganz bewusst wahrnehmen.

Damit wird sich der Mensch seiner Individualität bewusst. Er erkennt zum Beispiel, dass er arbeitslos ist und nicht die anderen. Er übernimmt Verantwortung für seine ganz eigene Situation. Er ist jetzt in der Lage, seine eigenen Möglichkeiten zu sehen und zu reflektieren. Oftmals ist es leider so, dass Unzufriedenheit und negative Dinge uns lähmen und uns passiv werden lassen. Der Leidensdruck, den wir spüren, kann erstaunlich groß werden, und trotzdem schaffen wir es nicht, unsere Passivität zu überwinden. Hierbei gibt es einen ganz wichtigen Punkt: Entscheiden Sie!

Manchmal hilft es, an den Esel zu denken, der zwischen zwei Heuhaufen steht und verhungert, da er sich nicht entscheiden kann. Wir kommen nicht von der Stelle, wenn wir uns nicht entscheiden können. Es gehört zu einer Entscheidung dazu, dass sich Türen, die offen waren, verschließen. Und genau davor haben wir Angst. Wir werden nie im Voraus wissen, ob die Entscheidung, die wir treffen, die einzig Richtige ist – doch jede Entscheidung eröffnet wieder neue Wege und Alternativen. Es gibt wohl keine falschen oder richtigen Entscheidungen, aber jede Entscheidung ist besser als gar keine. Und Sie können sicher sein, mit jeder Entscheidung folgt automatisch ein entsprechendes Handeln.

Lebensumstände, die Ihnen nicht gefallen, sollten Sie ändern. Indem Sie Dinge einfach erleiden, nehmen Sie Ihre Lebenssituation nicht wirklich an. Denn obwohl Sie wissen, dass es Ihnen dabei schlecht geht und Sie immer mehr darunter leiden, akzeptieren Sie. Warum? Hoffen Sie nicht darauf, dass eine glückliche Fügung des Schicksals die Umstände verändern wird. Vielleicht ist manchmal der Leidensdruck nicht groß genug, und wir befinden uns noch in einer Komfortzone, in der Sicherheit der schlechten Gewohnheit, und wollen nicht aus unserem Kokon ausbrechen. Warten Sie nicht zu lange. Dafür ist das Leben zu kurz.

Denn auch dann, wenn wir scheitern, ist das nicht das Ende der Welt, und auch wir selbst werden daran nicht zerbrechen. Scheitern gehört zum Leben dazu. Wir müssen uns jedoch dafür entscheiden, wieder aufzustehen. Denn Glück folgt der Entschiedenheit!

Diese Erfahrung machte ich, als mein Mann und ich erfuhren, dass unsere Tochter Alina geistig behindert ist. Nach schlaflosen Nächte und endlosen Diskussionen, nach Leugnen und hadern mit dem Schicksal lernte ich ganz langsam, damit umzugehen und es zu akzeptieren.

Heute weiß ich, dass ich es nicht akzeptieren konnte, weil für mich eine Behinderung einem Stigma gleichkam; einem Stempel, den andere Alina aufdrücken wollten. Damit stand nicht mehr meine Tochter, sondern die Behinderung im Vordergrund. Erst, als ich ihre Behinderung akzeptierte, konnte ich wieder meine geliebte Tochter sehen. Ohne Wenn und Aber!

Es gibt genügend andere Beispiele, die beweisen, dass Scheitern kein Weltuntergang ist: Denken Sie an Menschen wie Ilka Bessin. Ilka Bessin war vier Jahre lang arbeitslos. In diesen vier Jahren hat sie 200 Bewerbungen geschrieben. Sie bekam zwar Angebote von der Arbeitsagentur, jedoch leider lauter Angebote mit »Schönheitsfehlern«, wie sie selbst bemerkt. Als Ski-Animateurin sollte sie einmal nach Österreich reisen. Leider hat Ilka jedoch Übergewicht, kann nicht Ski fahren und passt wohl, nach eigenen Angaben, auch nicht in einen Ski-Overall. Dann sollte sie sich mitten in Neukölln in einer Dönerbude in der Sonnenallee vorstellen. Der Chef gab an, eher an einen Türken gedacht zu haben. Aber eines Tages war es dann soweit. Cindy aus Marzahn hatte angeklopft und befahl Ilka, sich beim Talentabend im Quatsch Comedy Club zu bewerben. Heute ist Cindy aus Marzahn aus der Comedy-Szene nicht mehr wegzudenken. Mit eigenem Programm, eigener Tour und eigener Fernsehshow mischt sie ganz oben mit.

Philosophie, Psychologie und Neurologie stimmen darin überein, dass Glück mit Aktivität zu tun hat. Diese Aktivität muss natürlich nicht Extremsport heißen, und nicht jeder wird eine »Cindy aus Marzahn«. Aber Aktivität hat etwas damit zu tun, nicht einfach abzuwarten, bis in schlechten Zeiten vielleicht auch mal wieder bessere Zeiten kommen. Es geht darum, das Leben und sich selbst zu gestalten. Probleme, Grenzerfahrungen, Herausforderungen bietet das Leben oft mehr, als uns lieb ist. Lernen Sie, auch die negativen Dinge ihres Lebens anzunehmen, um entsprechend damit umgehen zu können. Auch negative Dinge gehören zu uns und unserem Leben. Und übrigens: Negativ sind sie nur deshalb, weil wir sie entsprechend werten.

Jedes Mal, wenn Sie ein Problem annehmen und für sich selbst lösen, lernen Sie für zukünftige Herausforderungen, die mit Sicherheit kommen werden. Denn auch, wenn Sie den Satz, dass in jedem Scheitern eine Chance steckt, schon oft gehört haben, können wir ihn vielleicht nicht oft genug hören.

Aber Aktivität ist nicht nur gefragt in Bezug auf Krisen, sondern Aktivität heißt auch, solche Tätigkeiten auszuüben, die Sie in ein Fließen, in einen *Flow* versetzen. Sie werden vermutlich jetzt sagen, schön und gut, aber was hilft mir das? Es gibt unendlich viele Tätigkeiten, und wer kann mir jetzt sagen, welche mich glücklich macht? Leider niemand anderes als Sie selbst. Jeder Mensch muss sich selbst darüber klar werden, was ihn glücklich macht.

Indem Sie jedoch die folgenden Fragen für sich beantworten, können Sie Ihrem Glück der Aktivität vielleicht ein Stück näher kommen.

- Was ist für Sie Glück?

- Sind Sie glücklich?

- Gibt es Tätigkeiten in Ihrem Leben, die Sie alles um sich herum vergessen lassen?
  Welche Tätigkeiten sind das?

- Wollen Sie das, was Sie kriegen, oder kriegen Sie das, was Sie wollen?

- Wünschen Sie sich Chancen oder Sicherheiten?

- Wollen Sie dem Risiko begegnen?
  Wenn nein, warum nicht?
  Wenn ja, was tun Sie dafür?

- An welche Probleme der Vergangenheit erinnern Sie sich?
  Wie haben Sie die Probleme gelöst?

- Was denken Sie: Gehören Sie eher zu den angepassten
  oder zu den unangepassten Menschen?

- Treffen Sie Entscheidungen? Wie hoch ist bei jeder
  Entscheidung, die Sie treffen, der Anpassungsdruck?

Ein Freund, ein guter Freund

Selbst die Einsamkeit lässt sich
nur unter Freunden ertragen

Glück ist ansteckend

Der Mensch ist seiner Natur nach ein soziales Wesen und kann deshalb nur in der Gemeinschaft, unter Freunden, glücklich werden – so der griechische Philosoph Aristoteles. Aber stimmt das auch? Immerhin ist Aristoteles ein Philosoph der Antike. Wie ist das heute?

In der *Nikomachischen Ethik* schreibt Aristoteles: »So scheint also die Glückseligkeit das vollkommene und selbstgenügsame Gut zu sein und das Endziel des Handelns.« – »Wir verstehen diese Selbstgenügsamkeit nicht einfach für den Einzelnen, der für sich allein lebt, sondern auch für seine Eltern, Kinder, Frau und überhaupt seine Freunde und Mitbürger, da ja der Mensch seiner Natur nach in der Gemeinschaft lebt.«[7]

Die Natur des Menschen ist nach Aristoteles also gemeinschaftlich. Wir würden heute sagen: Der Mensch ist ein Herdentier. Für den Philosophen ist klar, dass, wenn der Mensch gemeinschaftlich ist, er auch politisch ist. Im antiken Griechenland leitet sich der Begriff des Politischen von der griechischen *pólis*, was so viel heißt wie Bürgergemeinde oder Personenverband, ab. Der Wert dieser *pólis*, dieser Gemeinschaft, bestand darin, aus allen Menschen tugendhafte Menschen zu machen. Ob das heute noch das Ziel der Politik ist, wage ich zu bezweifeln.

Die wichtigste Art der Gemeinschaft war für Aristoteles die Freundschaft. Denn die wahre Freundschaft, von der Aristoteles spricht, ist langfristig, nicht auf den persönlichen Vorteil bedacht, und vor allem wünschen Freunde einander nur das Gute.

In allen Büchern, die mit Glück oder dem guten Leben zu tun haben, geht es auch heute noch in mindestens einem Kapitel um die Freundschaft. Eine repräsentative Emnid-Umfrage für das evangelische Magazin *chrismon* hat ergeben, dass für mehr als die Hälfte aller Deutschen Freundschaft wichtiger ist als Wahrheit.[8] Eine weitere Umfrage der GfK im Auftrag des Apothekermagazins *Senioren Ratgeber* berichtet, dass für neun von zehn Deutschen Freundschaften äußerst wichtig und förderlich für die eigene Charakterbildung sind, aber wohl eher nicht ein Leben lang halten.[9]

Dass Freundschaften zur Charakterbildung beitragen, hat schon Aristoteles gesehen. Deshalb ist es wichtig, tugendhafte Freunde zu haben: frei nach dem Motto: »Zeige mir deine Freunde, und ich sage dir, wer du bist.« Von Aristoteles könnten wir behaupten, dass er der Philosoph der Freundschaft ist. Für ihn ist die Freundschaft so wichtig, da er davon ausgeht, dass die Freundschaft den Menschen und damit auch die Gemeinschaft und die Gesellschaft besser macht. Jedoch ist es nur die tugendhafte Freundschaft, die der griechisch-antiken Auffassung von Freundschaft standhält, da, im Gegensatz zur Nutzen- oder Lustfreundschaft, der Freund um seiner selbst willen geliebt wird und nicht lediglich Mittel zum Zweck ist. Trotzdem ist in der Tugendfreundschaft sowohl die Nutzen- als auch die Lustfreundschaft enthalten, da die Liebe zum persönlich Vorteilhaften und Angenehmen mit der Liebe zum Guten selbst zusammenfällt und das Gute das Bindeglied der Menschen schlechthin ist.

Das Gute selbst ist dabei nicht etwa eine metaphysische Idee, sondern das Gute ist für Aristoteles die Glückseligkeit. Deshalb ist das Zusammenleben mit Freunden das wesentliche Element der Glückseligkeit. Denn allein durch die Freundschaft wird der Mensch sittlich vollkommen. Diese sittliche Verbesserung und damit auch »Verwesentlichung«, die der Tugendhafte sich selbst wünscht und für die er selbst sorgt, die wünscht und lässt er auch dem Freund angedeihen. Der Freund ist für Aristoteles ein »anderes Selbst«, das in gleichartiger Bewegung wie der Freund, sich selbst verwirklicht. Im Sinne von: Ich verhelfe mir selbst wie den anderen zur eigenen Menschlichkeit. In der wahren Freundschaft geht es deshalb nicht um den schnellen Nutzen, sondern um die Glückseligkeit der Freunde, das heißt um ihr Selbstwerden. Außerdem gibt die Freundschaft dem Menschen die Essenz, Innigkeit und Wärme, die er braucht, um auch leidvolle Tage ertragen zu können.

Dass eine Freundschaft dagegen ein Leben lang halten kann, wird schon in der Antike kritisch gesehen. Die lebenslange Freundschaft ist wohl, damals wie heute, eine Idealvorstellung. Vielleicht war sie jedoch in vergangenen Zeiten noch eher möglich als in unserer schnelllebigen Internetzeit: Heute haben wir eher weniger feste Freunde, aber dafür mehr lose Bekanntschaften. Wir sprechen vermehrt von sozialen Netzwerken, zu denen sowohl Freundschaften als auch lose Bekanntschaften gehören. Soziale Netzwerke beinhalten jegliche Art von sozialen Beziehungen unter Menschen.

Die Wissenschaftler Nicholas A. Christakis und James H. Fowler haben soziale Netzwerke erforscht und herausgefunden, dass Glück durch diese Netzwerke von einem Menschen auf den anderen übertragen wird. Nach deren Auswertung sind Personen mit einer direkten Beziehung zu einem glücklichen Menschen selbst um durchschnittlich

15 Prozent glücklicher. Aber damit nicht genug. Sogar eine indirekte Beziehung um zwei Ecken, also der Freund eines Freundes, trägt zu zehn Prozent und der Freund eines Freundes eines Freundes noch zu sechs Prozent dazu bei, glücklicher zu sein. Damit gehören die Freunde eines Freundes eines Freundes, also indirekte Beziehungen um drei Ecken, noch zu sozialen Netzwerken dazu. Das absolut Erstaunliche ist hier, dass Menschen, denen wir höchstwahrscheinlich noch nie begegnet sind, zu unserem Glück oder auch zu unserem Unglück beitragen. Trotzdem ist es natürlich so, dass das Glück umso »ansteckender« ist, je näher und vertrauter uns der glückliche Mensch ist.

Warum soziale Beziehungen wichtiger sind für unser persönliches Glück als beispielsweise ein Haufen Geld, liegt nach Foulder und Christakis zum einen daran, dass wir biologisch auf Gemeinschaft programmiert sind – das wusste schon Aristoteles. Ein weiterer Grund ist, dass wir empfänglich für die Emotionen der Menschen in unserer Umgebung sind: Die Gefühle von Freunden und Bekannten färben auf uns ab. Das heißt natürlich auch, dass Qualität wichtiger ist als Quantität: Es kommt also nicht darauf an, möglichst viele, sondern vor allem möglichst glückliche Freunde zu haben.

Damit ist Glück nicht nur die Folge rein individueller Erfahrungen und Entscheidungen, sondern es hängt mit dem Gefühlszustand einer Gruppe von Menschen zusammen. Verändern sich einzelne Menschen, können diese Veränderungen über soziale Beziehungen auf andere übertragen werden.

Was die Langlebigkeit von Freundschaften betrifft, ist diese, nach den Ergebnissen von Foulder und Christakis, weniger wichtig als das »Glückspotenzial« der Freunde. Laut den Forschern nimmt die »glückliche Ansteckung« eines Freundes mit der Zeit sogar ab. Denn wenn der Freund innerhalb der zurückliegenden sechs Monate glücklicher wurde, werden wir selbst zu 45 Prozent glücklicher. Diese Wahrscheinlichkeit verringert sich nach einem Jahr auf nur noch 35 Prozent, über einen längeren Zeitraum verschwindet der Effekt sogar ganz. Werden jedoch Freunde zu unterschiedlichen Zeitpunkten glücklicher, können sie uns abwechselnd einen glücklichen Schub verpassen.[10] Ein soziales Netz ist aber nicht nur förderlich für unser persönliches Glücksempfinden, sondern es ist auch gut für unsere Gesundheit.

Gemeinschaft: Rezept für die Gesundheit

Soziales Engagement verhindert Einsamkeit und Isolation und steigert gleichzeitig Lebensfreude und Glück. Wenn wir sozial engagiert sind, handeln wir sozial. Die Gründe dafür können ganz unterschiedlich sein. Wichtig dabei ist, dass wir aus freien Stücken handeln. Wir investieren unser Geld oder unsere Zeit in Projekte, die einem guten Zweck dienen: Wir können uns etwa für den Umweltschutz, für die Einhaltung der Menschenrechte, für den Tierschutz oder auch für einen karitativen Zweck einsetzen. Möglichkeiten gibt es genug. Die Frage ist, tun wir es auch?

Stellen wir uns Folgendes vor: Es ist ein bitterkalter Wintermorgen und wir befinden uns in einer gelb gestrichenen Teestube. Die Teestube ist gut besucht, es herrscht ein lebhaftes Kommen und Gehen. Die Frühstücksplatte mit Käse und Wurst ist fast leer, in einigen Kannen befinden sich noch Kaffee oder Tee. Mittendrin, in diesem ganzen Trubel, steht er wie der Fels in der Brandung hinter der Theke: Er macht frischen Kaffee, nimmt leere Gläser und Teller entgegen und diskutiert nebenbei lebhaft mit seinen Gästen. Andreas Lauringer arbeitet, wie fast jeden Tag so kurz vor Weihnachten, ehrenamtlich in der Obdachlosen-Teestube des christlichen Vereins Pfarrer-Landvogt-Hilfe am Mainzer Rheinufer.

Andreas Lauringer hat auch schon am Heiligabend Dienst geschoben. Er kennt fast alle Obdachlosen und ihre Geschichten und weiß, wie wichtig es für die Menschen ist, gerade an Weihnachten nicht alleine sein zu müssen. Ein geschmückter Weihnachtsbaum in einer gemütlichen warmen Stube, etwas zu essen und vielleicht sogar ein paar kleine Geschenke können kleine Wunder vollbringen. Große Wunder vollbringen Menschen wie Andreas.

Es sind gerade die Obdachlosen, die Menschen ohne Dach über dem Kopf, die sich ausgeschlossen fühlen. Am Rande der Gesellschaft werden sie oft vom »gesellschaftsfähigen Menschen« zum »alten Penner« degradiert. Von Verständnis und Toleranz keine Spur. Einrichtungen wie die Teestube und die Menschen, die sie ehrenamtlich unterstützen, integrieren Obdachlose, zumindest zum Teil, in eine Gemeinschaft. Sie werden dort wieder Teil eines ganz normalen Lebens, einer Gesellschaft. So etwas nennen wir soziale Integration.

Soziale Integration heißt aber auch, Zuwendung erfahren und anderen Menschen helfen. Dies bringt Zufriedenheit und Ausgeglichenheit mit sich. Wie wir bei Andreas Lauringer sehen können, hilft er mit seinem Engagement nicht nur anderen Menschen, sondern auch sich selbst. Denn auch ihn macht die Arbeit für andere Menschen zufrieden.

Andreas Lauringer sagt: »Außerdem macht mich die Arbeit zufrieden. (...) Wenn ich nach Hause gehe, denke ich immer: Du hast was Gutes und Sinnvolles gemacht. Mich stört diese Gleichgültigkeit in der Gesellschaft – jeder denkt nur an sich. Da setze ich mit meiner ehrenamtlichen Arbeit ein Zeichen für mich selbst.«[11]

Medizinische Untersuchungen zeigen, dass bei sozial engagierten Menschen Hormone ausgeschüttet werden, die zu Zufriedenheit und Ausgeglichenheit führen: die viel gerühmten Endorphine. Diese Glückshormone aktivieren das Immunsystem im Körper und senken den Stresslevel. Der Hormonhaushalt wird verändert, geringere Mengen an Stresshormonen werden ausgeschüttet, was eine Erweiterung der Blutgefäße und eine Verminderung der Herzfrequenz zur Folge hat. Stressbedingten Krankheiten kann so vorgebeugt werden. Das beweist, dass sich Gemeinsamkeit, Zugehörigkeit und menschliche Nähe positiv auf Geist und Körper auswirken. Es besteht ein Zusammenhang von sozialer Integration, Glück und Gesundheit.

Wir wissen nicht genau, warum Depressionen wirklich entstehen. Isolation und wenig soziale Kontakte, vor allem in der Kindheit, können jedoch mögliche Ursachen für Depressionen sein. Denn schon bei Kindern und Jugendlichen gehören depressive Verstimmungen, bis hin zu schweren depressiven Störungen, zu den häufigsten psychischen Erkrankungen.

Soziale Veränderungen wie beispielsweise Trennungen, Verluste und Einsamkeit bei Kindern in den ersten Lebensjahren können dazu führen, dass diese Menschen als Erwachsene besonders sensibel auf kritische Ereignisse im zwischenmenschlichen Bereich reagieren. Diese Ereignisse können die betroffenen Personen seelisch und körperlich derartig in Alarmbereitschaft versetzen, dass daraus eine Depression entsteht. Werden Depressionen nicht entsprechend behandelt, verdoppelt sich bei diesen Patienten das Risiko, herzkrank zu werden. Denn Depressionen verändern die Aktivität von Nerven, indem sie den Herzpuls »starr« werden lassen. Das heißt, die Schwankungsbreite des Pulses wird eingeengt und das Herz in eine leicht erhöhte, starr festgestellte Herzfrequenz gezwungen. Das Herz kann sich nicht mehr an vermehrte Belastungen anpassen oder ausreichend Ruhephasen einlegen.

Zusätzlich beeinträchtigen seelische Belastungen und Depressionen die Immunabwehrkräfte des Körpers. Selbst bei gesunden Menschen, die an ungewollter Einsamkeit leiden, kann eine Erhöhung des Stresshormons Cortisol nachgewiesen werden, was die verminderte Funktion von Abwehrzellen zur Folge hat. Bei psychischen Belastungen wird jedoch nicht nur die Konzentration von Immunbotenstoffen verändert, sondern auch die Genaktivität in den Zellen des Immunsystems. Dies bewirkt eine Verminderung der Abwehrkräfte gegenüber Erregern, aber auch gegenüber Tumorzellen. Werden Stress und Depression nicht beseitigt, ergeben sich also erhöhte Risiken für schwerwiegende Erkrankungen.

Demzufolge sind Menschen, die in harmonischen Beziehungen leben und emotional ausgeglichen sind, deutlich weniger krank. Es ist erwiesen, dass sich sogar Haustiere positiv auf unsere Gesundheit auswirken können – auch wenn wir mit Beziehungen hauptsächlich natürlich die Beziehungen unter Menschen meinen.

Wissenschaftler aus Zürich haben beobachtet, dass Küsse und andere Zärtlichkeiten zwischen Partnern die biologischen Spuren von Stress im Alltag zu mindern halfen. Küssten sich Partner häufig, war die Cortisol-Konzentration im Speichel verringert. Vor allem bei Paaren, die über Stress im Job klagten, schien der Austausch von Zärtlichkeiten mit dem Partner die beruflichen Probleme auszugleichen.

Wir wissen also, wie wichtig es ist, zu einem sozialen Netz zu gehören. Deshalb: Gehen Sie unter Menschen. Wenn es geht, sollten die Menschen gut drauf sein. Dieser Anspruch ist natürlich sehr hoch; was Sie aber zum Beispiel bestimmen können, ist, in welcher Gegend Sie wohnen. Manchmal ist es besser, Haus oder Wohnung sind nicht ganz so groß und luxuriös, wenn dafür die Gegend stimmt. Denn auch, wenn Sie nicht jeden zweiten Abend mit den Nachbarn feiern, ist es wichtig, wie die Stimmung ist. Vielleicht haben Sie das auch schon selbst beobachtet: Sie sind in einer fremden Stadt und kommen ganz plötzlich in eine Gegend, in der Sie sich unwohl fühlen. Meistens können Sie gar nicht genau sagen, was es ist. Hier sollten Sie sich auf Ihr Gefühl verlassen: Wenn Sie in einer Gegend wohnen, wo Sie der Nachbar, wenn Sie morgens aus dem Haus kommen, freundlich lächelnd grüßt, kann das schon viel wert sein. Wenn daraus sogar Freundschaften entstehen – umso besser.

Aber nicht nur das soziale Netz und Zugehörigkeit sind wichtig, sondern auch soziales Engagement kann für Sie, Ihre Zufriedenheit und Ihre Gesundheit wichtig sein. Fragen Sie sich auch manchmal, was Sie für andere tun können? Und vor allem, tun Sie es? Vielleicht haben Sie die Gelegenheit, sich sozial zu engagieren. Engagiert sein können Sie aber nicht nur in Vereinen, sondern auch in Ihren Partnerschaften. Lassen Sie sich berühren, seien Sie offen für den Austausch von Zärtlichkeiten, berühren Sie auch selbst. Und zwar nicht nur Ihren Ehemann, sondern auch Ihre Kinder oder Eltern.

Wir haben jetzt viel davon gehört, was es heißt, sozial engagiert zu sein und wie sich dieses Engagement auf uns auswirkt. Schauen wir uns das Ganze einmal im Gehirn an. Kann ein Wissenschaftler soziales Engagement im Gehirn sehen und erkennen? Und wie sieht das aus?

Zellen, die aus Menschen Menschen machen

Neurophysiologen wie Giacomo Rizzolatti, Leiter einer Forschungsgruppe zum Thema Spiegelneurone an der Universität Parma, identifizierten Hirnzellen, die zur Empathie befähigen. Empathie bedeutet Einfühlungsvermögen: das Vermögen und die Fähigkeit, uns in die Lage eines anderen hineinzuversetzen.

Durch Forschungen mit Rhesusäffchen im Jahr 1990 fanden die Neurophysiologen heraus, dass eine der Nervenzellen im Gehirn eine Doppelfunktion besitzt. Die Zelle regt sich nicht nur dann, wenn der Affe eine Greifbewegung plant und ausführt, sondern auch, wenn er sieht, dass sich ein anderer Affe entsprechend gleich verhält. Verantwortlich dafür sind die sogenannten Spiegelneurone, die die Handlung eines anderen so spiegeln, als ob es meine eigene wäre. Es stellte sich heraus, dass diese Spiegelneurone auch helfen, zu erkennen, warum ein anderer eine bestimmte Bewegung ausführt. Spiegelneurone in den Gehirnen von Affen können auch dann schon feuern, wenn ein Affe nur ahnt, dass sein Gegenüber eine Greifbewegung ausführen wird – das grenzt schon an Gedankenlesen.

Einige Jahre später fanden Forscher heraus, dass es diese Spiegelneurone nicht nur bei Affen, sondern auch bei Menschen gibt: Bei Menschen jedoch reagieren die Spiegelneurone nicht nur auf Bewegung, sondern auch auf Emotionen. Versuchsteilnehmern wurde eine Videoaufnahme von Menschen gezeigt, die an einer stinkenden Substanz rochen und dabei die Nase rümpften.

Auch die Testpersonen rümpften die Nase, und das entsprechende Zentrum im limbischen System, die Insulae wurde erregt. Dass Menschen das Verhalten ihrer Mitmenschen spiegeln, dass sie sich in andere hineinversetzen können, ist also fest im Gehirn angelegt. Damit sind die Spiegelneurone bei Menschen viel mehr als nur ein Spiegel: Mit ihrer Hilfe erleben wir fremdes Leid und fremde Freude so, als wären es unsere eigenen Gefühle. Wir sind damit in der Lage, uns in andere hineinfühlen zu können.

So können wir uns nicht nur in die Lage anderer versetzen, sondern auch die Gedanken- und Gefühlswelt unserer Mitmenschen bleibt uns nicht verschlossen. Das funktioniert nicht nur im direkten Kontakt unter Menschen, sondern auch bei Film und Fernsehen. Stellen wir uns vor, wir sitzen im Kino, eine Tüte Popcorn auf dem Schoß und eine Dose Cola in der Hand. Das Licht geht aus und nach der Werbung, die uns meist unendlich lang vorkommt, geht es los: »Dirty Dancing«. Ich weiß nicht, wie viele Mädchen oder Frauen sich schon als »Baby« gefühlt haben, und wie viele Tränen dabei vergossen wurden und immer noch vergossen werden.

Wir können uns meist nicht dagegen wehren, bei diesen romantischen Kassenschlagern zu weinen. Denn diese Art der Einfühlung und emotionalen Ansteckung passiert automatisch und ist kein Anzeichen für fehlende emotionale Reife – im Gegenteil.

Menschen, die bei solchen Kinoerfolgen weinen, verfügen meist über ein hohes Maß der so oft beschworenen sozialen Intelligenz. Soziale Intelligenz bezeichnet nichts anderes als die Fähigkeit, sich in sein Gegenüber hineinversetzen zu können. Je vertrauter uns die Person ist, je besser wir diesen Menschen kennen, desto mehr gelingt es uns, deren Weltbild und deren Perspektive einnehmen und verstehen zu können.

Diese vertrauten Menschen, die wir sehr gut kennen, sind meist entweder mit uns verwandt oder befreundet, was sich nicht ausschließen muss. Das Besondere an uns als Freund oder Freundin ist nun, dass wir zwar die Perspektive des Freundes einnehmen können, aber trotzdem eine natürliche Distanz zur anderen Person haben. Wir alle kennen das: Bei unseren Freunden können wir Dinge, Zusammenhänge, Strukturen und Probleme ganz klar erkennen. Und oft wissen wir auch ganz genau, was in der jeweiligen Situation zu tun ist. Gleichzeitig wundern wir uns: »Warum sieht er das nicht?« Seltsamerweise denken unsere Freunde über uns wahrscheinlich genau dasselbe. Bei uns selbst können wir Probleme oft nicht einmal erkennen, weil wir nicht die nötige 53

Distanz zu uns selbst haben. Oft heißt es dann: »Geh mal einen Schritt zurück und schau es dir noch mal an.« Aber wie geht das? Ich werde mich selbst ja niemals los. Zu einzelnen Situationen oder zu einzelnen Problemen gelingt es mir vielleicht, Abstand zu bekommen – aber niemals zu meinem Selbst als Ganzem.

Wahrscheinlich ist es deshalb so wichtig, Menschen zu haben, die eine andere Perspektive zu mir selbst einnehmen können. Freunde können an mir Dinge erkennen, die ich so niemals sehen kann. Deshalb wäre es oft ratsam, auf einen Freund zu hören. Nicht selten sind wir gekränkt, fassen Kritik negativ auf und verschließen uns damit der Möglichkeit, Dinge zu erkennen. Vielleicht sollten wir eher froh sein, aufmerksame Freunde zu haben, die sich die Mühe machen, sich mit uns auseinanderzusetzen.

Bei zwischenmenschlichen Beziehungen handelt es sich also nicht nur um eine kulturelle Lebensform, auf die wir eventuell auch verzichten könnten. Beziehungen sind nicht nur für unser Seelenleben da, sie sind auch ein wichtiger Faktor für unsere Gesundheit. Das System von Spiegelneuronen zeigt, dass unser Gehirn spezialisierte Systeme besitzt, die auf Beziehungen angelegt sind. Es ist heute erwiesen, dass dort, wo zwischenmenschliche Beziehungen quantitativ und auch qualitativ abnehmen, Gesundheitsstörungen zunehmen. Arbeitsmedizinische Studien zeigen, dass die sogenannten *soft facts*, die Arbeitsbedingungen, die sowohl mit Beziehungsgestaltung als auch mit der Regulation von Stress zu tun haben, eine der Hauptursache von Erkrankungen am Arbeitsplatz sind.

In Zeiten von Finanzkrise und Globalisierung fusionieren Unternehmen, Firmen frieren Gehälter ein, kündigen Mitarbeitern oder verhindern Aufstiegschancen. Immer mehr Menschen empfinden eisige soziale Kälte und vermissen eine angemessene Wertschätzung ihrer Arbeit. Obwohl viele

Menschen immer mehr arbeiten, bleibt die erhoffte Wertschätzung aus, was oft zu einer latenten Selbstunsicherheit führt. Um diese Unsicherheit auszugleichen, wächst der Anspruch an sich selbst, was zu noch mehr Arbeit führt. Es kommt zu Erschöpfung, Versagensangst, Schlafstörungen – die Stress-Spirale dreht sich. Mögliche Folgen: Herzinfarkt, Depression, Burn-out.

Ist die Erkrankung erst mal da, fragen wir natürlich nach den Ursachen. Nicht selten beantworten wir uns die Frage damit, dass wir sagen: »Das liegt wohl in der Familie. Schon der Vater hatte mal was mit dem Herzen, oder die Großtante war Zeit ihres Lebens auch ganz schön depressiv.«

Aber nicht nur die Gene eines Menschen steuern, sondern auch sie werden gesteuert. Die Vorstellung, dass wir mit einem festgelegten und starren Genprogramm zur Welt kommen, welches dann unser gesamtes Leben steuert und programmiert, ist falsch. Auch Gene werden durch Ereignisse, Erlebnisse, durch Lebensformen und Lebensstile beeinflusst. Nicht nur die Struktur des Gehirns kann dadurch verändert werden, sondern auch die Regulation der Gene: Unter Regulation verstehen wir die Aktivierung beziehungsweise Deaktivierung der Genaktivität durch Signale, die von außen oder aus dem Körper selbst kommen. Äußere Einflüsse sind nicht nur Nahrung, Klima oder Umweltverschmutzung, sondern auch Erlebnisse und psychische Einflüsse, die vom Gehirn in bioelektrische Impulse und freigesetzte Botenstoffe umgewandelt werden. Damit macht das Gehirn aus jedem psychischen Vorgang einen biologischen Vorgang.

Die Frage ist also nicht, Anlage oder Umwelt, angeboren oder anerzogen, Natur oder Kultur – denn beide funktionieren nur zusammen. Durch unsere zwischenmenschlichen Beziehungen wirken wir entscheidend daran mit, was sich biologisch in uns abspielt. Die Hirnforschung hat gezeigt, dass Erlebniseindrücke in biologische Signale umgewandelt werden. Damit kann sich der Körper sowohl an Umweltbedingungen als auch an akute Situationen anpassen. Aber auch belastende zwischenmenschliche Erfahrungen oder Stress aktivieren Gene, die das Gehirn schädigen können. Menschen, die längere Zeit seelisch belastet sind, schütten vermehrt Cortisol im Körper aus, was zur Schädigung von Nervenzellen führen kann.

Der Stressforscher Robert Sapolsky von der Stanford University erforschte die Folgen von Beziehungsstress bei Menschenaffen. Tiere, die in einer Horde stark belastenden Beziehungen ausgesetzt waren, zeigten vor allem in der Hirnstruktur des Hippocampus Veränderungen. Der Hippocampus spielt in Bezug auf das Gedächtnis eine große Rolle.

Aber nicht nur bei Affen, sondern auch bei Menschen kann Ähnliches beobachtet werden: Schon im Jahre 1976 wies der norwegische Arzt Finn Askevolt darauf hin, dass bei Seeleuten, die sich während des Zweiten Weltkrieges längere Zeit in Todesgefahr befanden und damit auch körperlichem Stress ausgesetzt waren, schwere Gedächtnisstörungen und Verminderungen der Hirnsubstanz zu beobachten waren.

Seelischer und körperlicher Stress wirken sich also auch auf unser Gehirn aus. Da das Gehirn plastisch veränderbar ist, kann es sogar so weit verändert werden, dass es gar nicht mehr in der Lage ist, bestimmte Leistungen zu erbringen.

Wir alle kennen beispielsweise die sogenannten »eingefleischten Junggesellen«. Meine Oma sagte immer bei Männern über 35: »Bei dem wird das nichts mehr mit dem Heiraten. Der tut nur noch, was er will und kann sich nicht mehr anpassen.« Vielleicht hatte meine Oma damit recht. Wahrscheinlich haben Menschen, die zu lange alleine leben, es schlichtweg verlernt, sich mit anderen Menschen auseinander zu setzen. Denn auch Spiegelneurone sterben ab, wenn sie nicht benutzt werden. Heute würden wir sagen, jemand ist beziehungsunfähig. Ein sehr trauriges Statement, wenn wir davon ausgehen, dass Menschen Zuwendung und Gemeinschaft brauchen.

Seelischer Stress und emotionale Belastungssituationen können also Veränderungen unseres Gehirns bewirken, genauso wie unser Gehirn Einfluss auf unsere Emotionen hat. Um diese Wechselwirkung positiv zu nutzen, sollten wir auf unsere Mitmenschen setzen.

Prinzip Mitmenschlichkeit

Joachim Bauer, Professor mit Spezialgebiet Psychosomatische Medizin an der Universität Freiburg, sieht den Mensch als Wesen, das hauptsächlich nach mitmenschlichen Beziehungen und Zuwendung strebt. Dafür führt er folgendes Argument an: Im Mittelhirn befinden sich Motivationssysteme, die mit anderen Hirnregionen verbunden sind, besonders eng mit den Emotionszentren. Diese Emotionszentren melden den Motivationssystemen, wenn interessante Ziele in der Umwelt erkannt werden, die es lohnen, sich dafür einzusetzen. Werden die Motivationssysteme dann aktiv, schütten sie den Botenstoff Dopamin aus.

Dopamin, auch Glückshormon genannt, wird auch beim bereits erwähnten Flow ausgeschüttet. Wie wir bereits wissen, erzeugt Dopamin ein Gefühl des Wohlbefindens, aber auch einen Zustand der höchsten Konzentration und Bereitschaft zum Handeln. Diese Bereitschaft zum Handeln ist Motivation, Antrieb und die Bereitstellung der Energie, die wir brauchen, um Ziele erreichen zu können.

Von welchen Zielen aus der Umwelt ist hier also die Rede? Laut Professor Bauer ist der Dreh- und Angelpunkt einer jeden Motivation, Wertschätzung, Zuneigung und menschliche Anerkennung zu bekommen. Wir Menschen sind also

Wesen, die andere Menschen brauchen, deren Aufmerksamkeit und Zuwendung.

Und dienen die oft so hoch geschätzten materiellen Dinge wie Geld, Autos und Häuser nicht auch einfach nur dazu, uns Anerkennung und soziale Akzeptanz zu erkaufen? Warum ist es denn so belastend, arbeitslos zu sein? Weil man in diesem Land hungern muss? Doch wohl eher nicht. Doch, was werden die Nachbarn sagen?

Zum Thema Anerkennung und Motivation möchte ich noch eine kleine Geschichte aus den USA erzählen: Die Lehrerin einer Grundschulklasse bat ihren Schüler Steve Morris darum, eine Maus zu finden, die sich irgendwo im Klassenzimmer versteckte. Denn keiner konnte so gut hören wie der blinde Steve. Für Steve war diese Anerkennung der Lehrerin eine starke Motivation, sein Gehör noch weiter zu trainieren. Bekannt wurde Steve unter dem Namen Stevie Wonder.

Dass Beziehungen auf Motivationssysteme wirken, konnte Neurobiologe Jeffrey Lorberbaum belegen, der festgestellt hat, dass die Motivationssysteme von Müttern dann aktiv sind, wenn sie ihre Babys schreien hören. Das Schreien von Babys führt bei Müttern zur Ausschüttung des Hormons Oxytocin. Dieses Bindungshormon trägt zur Festigung der Mutter-Kind-Beziehung bei. Aber nicht nur in der Mutter-Kind-Beziehung geht es um Bindung und damit um Dauerhaftigkeit und Vertrauen. Auch eine gute Freundschaft baut darauf auf. Nicht nur wird Oxytocin durch eine Freundschaft verstärkt ausgeschüttet, sondern es stärkt im Gegenzug das Vertrauen in einer zwischenmenschlichen Beziehung.

Wenn unser Körper Oxytocin ausschüttet, werden Angstgefühle und Stress vermindert. Wir fassen schneller Vertrauen, nehmen die Gesichter anderer als wohlwollender und sympathischer wahr und sind auch eher bereit, anderen zu verzeihen. Die Motivationssysteme Dopamin und Oxytozin werden also dann aktiviert, wenn wir uns unter Freunden befinden. Wir brauchen andere Menschen, wir brauchen Freunde, um uns selbst wohlzufühlen, um glücklich zu sein.

Eine grundlegende Voraussetzung dafür, dass wir überhaupt in der Lage sind, Freundschaften zu schließen, ist Empathie: die Fähigkeit, mit anderen mitfühlen zu können.

Ein Mensch kann mit einem Pferd mitfühlen, aber ein Pferd nicht mit einer Ratte?

Schon bei Babys und Kleinkindern lässt sich empathisches Verhalten beobachten – weint ein Baby, weinen alle anderen mit. Wichtig ist jedoch nicht nur, dass das Gehirn und damit die Spiegelneurone bei der Geburt intakt sind, sondern wichtig ist auch die sogenannte Abstimmung von Mutter – oder einer anderen engen Bezugsperson – und Kind. Der Psychiater Daniel Stern versteht unter Abstimmung die Einfühlung der Mutter in die Emotionen des Kindes. Fühlt sich die Mutter nicht in die Emotionen ihres Kindes ein, so fängt das Kind an, die Äußerung eigener Emotionen zu vermeiden oder gar die Emotionen selbst nicht mehr zu empfinden.

Mitfühlen, sich in andere einfühlen, soziale Beziehungen haben und Freundschaften pflegen, heißt, mit anderen zu harmonisieren. Umgangssprachlich würde man vielleicht sagen, dass die »Chemie« stimmt.

Der Psychiater Carl Marci stellte bei gleichzeitiger Analyse der Gehirne von zwei guten Freunden, die miteinander kommunizierten, fest, dass ein spezifisches Zusammenspiel der Schweißproduktion vorlag. Denn desto mehr zwei Menschen ihre Bewegungen und Gesten miteinander synchronisieren, desto ähnlicher wird ihre Schweißproduktion und desto positiver schätzen sie im Nachhinein die Begegnung und auch ihr Gegenüber ein.

Fast jeder kann sich den Unterschied vorstellen, alleine oder mit dem besten Freund in den Urlaub zu fahren. Ich fahre in ein fremdes Land, vielleicht eine fremde Kultur, und die ersten Schwierigkeiten lassen nicht auf sich warten: fremde Sprache, fremde Menschen, fremde Zimmer, fremde Betten. Das alles ist zwar einerseits aufregend, andererseits macht es mir Angst. Doch der Freund an meiner Seite gibt mir Halt und Sicherheit. Liege ich dann auf einem Liegestuhl am Meer in der Sonne, weiß ich, dass es doppelt so schön ist, weil mein Freund dabei ist und genau das fühlt, was ich selbst fühle.

Dabei spielt die emotionale Resonanz eine große Rolle. Unserem Gegenüber teilen wir ständig durch Körperhaltung, Mimik und Gestik mit, wie wir uns momentan fühlen. Emotional intelligente Menschen nehmen dies wahr und imitieren, bewusst oder unbewusst, das Verhalten, das heißt, sie nehmen zum Beispiel die gleiche Körperhaltung ein. Damit wird das eigene Verhalten im Freund gespiegelt, aber auch die Gefühle der beiden Freunde geraten in Resonanz. Sie befinden sich in der gleichen Stimmung. Das ist der Grund, warum unter guten Freunden oft nicht viel geredet werden muss. Sie wissen auch ohne Worte, was der andere denkt und fühlt. Der »Freundschaftsphilosoph« Michel de Montaigne drückte das einmal so aus: »Bei der Freundschaft hingegen, von der ich rede, verschmelzen zwei Seelen und gehen derart ineinander auf, dass sie sogar die Naht nicht mehr finden, die sie einte.«[12]

Zwischenmenschliche Beziehungen, Freundschaften mit anderen Menschen sind für Leib und Leben, Gesundheit und Glück enorm wichtig. Aber wie sieht es mit der wichtigsten Freundschaft aus: der Freundschaft mit sich selbst?

Was es heißt, sich selbst zum Freund zu haben

Der Freund kann nur dann das zweite Selbst sein, wenn der Mensch mit sich selbst befreundet ist, so Aristoteles. Nur dann, wenn wir uns selbst annehmen, können wir Freunde haben. Die wahre Freundschaft besteht darin, dass es nicht um die eigenen Interessen, sondern um die Interessen des Freundes oder der Freundin geht. Bin ich jedoch mit mir selbst nicht im Reinen, so geht es mir ausschließlich um mich selbst und meine eigenen Probleme. Der Psychologe Daniel Goleman sieht die Wurzeln der Empathie in der Selbstwahrnehmung. Je offener wir mit unseren eigenen Gefühlen umgehen, desto besser können wir auch die Gefühle anderer interpretieren.

Selbstwahrnehmung, was ist das eigentlich? Ist Wahrnehmung nicht eine Selbstverständlichkeit? Wenn wir sehen, riechen, schmecken, hören und fühlen können, müsste doch alles in Ordnung sein? So einfach ist es wohl leider nicht.

Als Alina so etwa vier Jahre alt war und wir die Diagnose der geistigen Behinderung bekamen, begannen wir, nach der richtigen Therapie für sie zu suchen. Ergo- und Logotherapeuten sprachen vermehrt davon, dass Alina Defizite in der Wahrnehmung habe. Bis dahin war ich noch der Meinung, dass, wenn alle Sinne funktionieren, auch die Wahrnehmung intakt sein müsste. Pustekuchen! Denn durch die Interaktion mit seiner Umwelt erhält ein Kind viele Informationen über die Existenz seines eigenen Körpers und dessen Gliedmaßen. Dadurch lernt ein Kind, sich von der Welt um sich herum zu unterscheiden. Durch unzählige Interaktionen mit der Umwelt und deren Gegenstände erfährt ein Kind Regeln, Gesetzmäßigkeiten und Erlebnisse völlig automatisch. Der Körper nimmt ganz langsam Gestalt an. Gibt es aber Unterbrechungen in dieser natürlichen Entwicklung, etwa durch eine Krankheit, leidet darunter die Wahrnehmung.

Auch genetische Defekte oder Traumata in der Kindheit können Hirnveränderungen bewirken und beispielsweise zur Alexithymie führen. Laut einer finnischen Studie haben 17 Prozent der Männer diese Krankheit, die sie unfähig macht, ihre eigenen Gefühle zuzuordnen.[13] Daniel Goleman beschreibt in seinem Buch *Emotionale Intelligenz* den Alexithymiker Gary, der nicht in der Lage ist, unterschiedliche Emotionen bei sich selbst wahrzunehmen. Gleichzeitig ist er verwirrt, wenn andere Menschen ihm gegenüber ihre Empfindungen zum Ausdruck bringen.

Gefühle anderer Menschen nicht wahrnehmen zu können, das heißt, nicht empathisch sein zu können und sich damit emotional nicht auf andere einstellen zu können. Dies führt zu einem Mangel an emotionaler Intelligenz und damit zu einem menschlichen Defizit. Wenn wir uns selbst nicht wahrnehmen können, würde das wohl heißen, dass wir uns selbst fremd sind. Dieses Fremdsein würde wohl verhindern, dass wir mit uns selbst befreundet sind. Wir wären mit uns selbst nicht im Reinen und daher, laut Aristoteles, nicht in der Lage, Freundschaften aufzubauen oder gute Freundschaften zu pflegen. Die gestörte Beziehung des Individuums zu sich selbst hat zur Folge, dass auch die Beziehungen zu anderen nicht mehr zustande kommen. In der antiken Philosophie galt wohl deshalb das Erlernen des Umgangs mit sich selbst als Grundlage für den Umgang mit anderen Menschen.

Ist der Mensch mit sich selbst befreundet, kann er sich selbst akzeptieren, so kann und muss er sich jetzt offen zeigen, um Freundschaft mit anderen Menschen schließen zu können. Dafür muss er von Mitmenschen wahrgenommen werden.

Jeder hört nur das, was er versteht

Es ist wichtig, von anderen Menschen als Person erkannt zu werden. Um jedoch erkannt werden zu können, müssen wir uns selbst auch sichtbar machen, offen sein anderen gegenüber.

Sich selbst zu zeigen, heißt nach dem deutschen Philosophen und Soziologen Georg Simmel, keine Geheimnisse zu haben. Dies ist für Simmel in der Freundschaft und in der Ehe möglich. Doch schon Simmel kritisierte seinerzeit, von 1858 bis 1918, dass die ideale Vorstellung von Freundschaft aus der Antike in der modernen Welt wohl kaum noch lebbar ist. Sich vollkommen zu vertrauen, keine Geheimnisse voreinander zu haben und damit sich und seine Person vollkommen zu offenbaren, ist heute und war wohl auch früher kaum möglich. Heute gibt es wohl häufiger als früher die differenzierten Freundschaften: den Freund zum ins Kino gehen, den Freund zum Tennis spielen und die Freundin zum Kaffee trinken. Dabei öffnen sich die Freunde nicht vollkommen. Nur bei gemeinsamer Interessenlage lassen wir den Freund tiefer blicken. Das macht es jedoch fraglich, ob wir dann den anderen wirklich verstehen können.

Mit jemandem befreundet sein, heißt, sich um ihn zu kümmern und bemühen, sich zu sorgen und dem anderen Verständnis und Aufmerksamkeit entgegenzubringen. Es kann keine soziale Bindung zwischen zwei Menschen bestehen, wenn der eine dem anderen nicht zuhört. Den anderen zu hören, heißt, sich vom anderen berühren zu lassen.

Wir müssen nicht sofort verstehen, da zu schnelles Verstehen oft aufrichtiges Zuhören verhindert. Wir sind vielleicht voreingenommen und glauben beim ersten Wort des anderen zu wissen, was er meint. Dies verhindert oft weiteres interessiertes Zuhören. Nach dem Philosophen Hans-Georg Gadamer handelt es sich bei den Menschen um ein dialogisches Verstehen. Wenn wir glauben, den Menschen in seiner Meinung und in seinem Sein bereits zu kennen, sind wir nicht mehr offen für das, was der andere uns mitteilen will. Einem Freund zuhören, heißt, ihn anzunehmen so wie er ist – auch dann, wenn wir selbst erkennen müssen, dass wir gewisse Dinge nicht verstehen und damit eigene Grenzen wahrnehmen. Die eigenen Grenzen können wir nur dann überschreiten, wenn wir uns auf das einlassen, was der andere tut, sagt und will. Wir lassen uns auf ein Gespräch ein, in dem wir selbst im Unrecht sein könnten. Erst dann sind wir gewillt, uns etwas sagen zu lassen.

Wenn der Freund hört, was ich sage, kann auch ich selbst es hören und einen Eindruck davon erhalten. Das, was ich ausdrücke, wird von meinem Freund gehört und anerkannt. Über das Anerkennen meiner Worte und Gesten bekomme ich den Eindruck, dass das Mitgeteilte seine Berechtigung erhält und damit seinen Weg finden darf. Fehlt die Anerkennung, fühle ich mich nicht verstanden.

Wenn ich über die Anerkennung meiner Tochter nachdenke, fühle ich manchmal ein Unbehagen. Nicht selten, wenn wir beispielsweise in Restaurants essen waren, beobachtete ich, wie meine Tochter unruhig wurde, sobald kleinere Kinder oder Babys in der Nähe waren. Manchmal war ihre innere Unruhe so groß, dass sie anfing zu schreien. Weil mir dies peinlich war, reagierte ich oft sauer und ermahnte meine Tochter zur Ruhe.

Heute weiß ich, wie viel Sicherheit und Stetigkeit autistische Menschen brauchen. Kleine Kinder und Babys verhalten sich jedoch oft alles andere als stetig. Und genau das macht Alina wahrscheinlich Angst. Sie verhält sich also deshalb nicht adäquat, weil sie innere Not verspürt. Seit mir das klar ist, versuche ich in solchen Situationen auf sie einzugehen und versuche ihr zu helfen, damit umzugehen. Ich versuche, soweit mir das möglich ist, mit ihren Augen zu sehen.

Mit den Augen anderer zu sehen erweitert nicht nur die eigene Haltung, sondern lässt dem anderen auch den Raum, seine eigene Persönlichkeit entwickeln zu können. Die eigene Haltung zu erweitern, bedeutet, sich selbst zu gestatten, sich zu verändern, sich zu verbessern, sich zu vervollkommnen. Der Freund als das andere Selbst wird dabei aber nicht bekämpft, sondern auch er folgt gleichermaßen dem Weg zur eigenen Selbstverwirklichung. Sich selbst und dem Freund zur eigenen Menschlichkeit zu verhelfen ist das Anliegen des Philosophen der Freundschaft: Aristoteles.

»Ein Freund, ein guter Freund. Das ist das Schönste, was es gibt auf der Welt«, so sangen die drei Freunde Willy, Kurt und Hans in der Filmoperette *Die drei von der Tankstelle*. Dass Freunde im Leben eines jeden Menschen eine wichtige Rolle spielen, ob in der Antike oder heute, haben wir erläutert. Damit auch Sie sich über Ihre persönliche Situation bezüglich Freundschaft klar werden können, im Folgenden einige Fragen:

- Haben Ihrer Meinung nach Gemeinschaft und Glück etwas miteinander zu tun?

- Was unterscheidet Ihre Freunde von Ihren Bekannten?

- Haben Sie langjährige Freunde?

- Mit welchem Freund, mit welcher Freundin können Sie zusammen lachen, weinen und schweigen?

- Denken Sie, dass es in der heutigen Zeit möglich ist, Freunde im Sinne der antiken Freundschaft von Aristoteles zu haben?

- An wen konnten Sie sich in schweren Zeiten in Ihrem Leben wenden?

- Haben Sie schon Freunde in Krisen unterstützt? Inwiefern?

- Würden Sie gern sich selbst zum Freund haben?

- Wie gut können Sie sich in die Situationen anderer Menschen einfühlen?

- Können Sie Ihrem Freund/Ihrer Freundin zuhören, ohne dass Sie Ihm/Ihr ins Wort fallen?

- Welche glücklichen Augenblicke haben Sie mit Freunden erlebt?

Die Einheit von Tugend und Glück

Ein guter Charakter hat noch
keinem geschadet

Tugend und Glück gehören zusammen
wie Pech und Schwefel

Nach Aristoteles sind die Menschen glücklich, die tugendhaft handeln. Damit gehören ein sittlich einwandfreies und ein glückliches Leben zusammen. In der *Nikomachischen Ethik* ist zu lesen: »... so ist die Glückseligkeit offensichtlich als eine von den Tätigkeiten aufzufassen, die an sich und nicht bloß als Mittel begehrenswert sind. Sie ist ja keines anderen Dinges bedürftig, sondern sich selbst genug. Und an sich begehrenswert sind die Tätigkeiten, bei denen man nichts weiter sucht als die Tätigkeit selbst. Diesen Charakter scheinen die tugendgemäßen Handlungen zu haben, da es an sich begehrenswert ist, schön und tugendhaft zu handeln.«[14]

Der griechische Begriff der *arête* steht für Tugend im Sinne von Tauglichkeit. Ein Tischler etwa taugt zum Herstellen von Möbel, ein Metzger zum Herstellen von Wurst. Aristoteles fragt sich in diesem Zusammenhang, wozu der Mensch im Allgemeinen taugt. Er fragt danach, was das Besondere beim Menschen ist – im Griechischen, das *ergon*, die spezifische Aufgabe oder Funktion einer Sache. Durch welche spezifische menschliche Fähigkeit definiert sich also ein guter Mensch?

Dazu Aristoteles: »... wenn endlich dasjenige hervorragend wird, was im Sinne der ihm eigentümlichen Leistungsfähigkeit vollendet wird, wenn das alles so ist, dann ist das Gute für den Menschen die Tätigkeit der Seele aufgrund ihrer besonderen Befähigung, und wenn es mehrere solche Befähigungen gibt, nach der besten und vollkommensten.«[15]

Selig ist der Tugendhafte

In der Seele des Menschen befinden sich, so Aristoteles, seine Tugenden. Er geht davon aus, dass die Seele aus einem irrationalen und einem rationalen Teil besteht: Im irrationalen Teil befindet sich beispielsweise das Ernährungsvermögen. Dieses Ernährungsvermögen haben nicht nur Menschen, sondern auch Tiere; aus diesem Grund handelt es sich dabei nicht um etwas spezifisch Menschliches. Der irrationale Teil der Seele gehört nicht zum *ergon*, zum Besonderen des Menschen.

Im rationalen Teil der Seele befinden sich die Weisheit, die Wissenschaft, die Vernunft und das Denkvermögen. Auch das Strebevermögen und die ethischen Tugenden sind dem rationalen Teil der Seele zuzuordnen. Somit ist der rationale Teil der Seele das Besondere der Menschen. Menschen, die glücklich sein wollen, müssen sich also um diesen Teil der Seele kümmern.

Für Aristoteles gibt es nicht nur die ethischen, sondern auch die sogenannten *dianoetischen* Tugenden. Diese *dianoetischen* Tugenden sind Verstandestugenden: Dazu gehören wissenschaftliche und theoretische Tugenden wie beispielsweise Mathematik, die man mithilfe eines guten Lehrers lernen kann. Zu den *dianoetischen* Tugenden gehören aber auch praktische und überlegende Tugenden, die man hauptsächlich durch Erfahrung lernt: Zu diesen praktischen Tugenden gehört beispielsweise die Klugheit, die den Menschen befähigt, im richtigen Moment das Richtige zu tun.

Schauen wir uns hierzu ein Beispiel an: Eine Frau beobachtet, wie zwei Skinheads ein Kind herumschubsen. Eine kluge Reaktion wäre, nicht einfach kopflos dazwischenzufahren, da sie durch eine solche Reaktion nicht nur ihre eigene Gesundheit, sondern auch die des Kindes aufs Spiel setzen würde. Stattdessen täte sie gut daran, schnell Hilfe zu holen.

Vielleicht hat praktische Klugheit auch etwas mit Straßenschläue zu tun. Wir alle kennen Menschen, die theoretisch bestens Bescheid wissen, wie das Leben funktioniert, mit ihrem Alltag jedoch maßlos überfordert sind. Dagegen gibt es Menschen, die vieles im Leben nicht wirklich erklären können, aber Meister darin sind, ihr Leben und ihren Alltag zu bewältigen – ganz nach dem Motto: »Denn sie wissen nicht, was sie tun.« Kommen diese praktische Straßenschläue und reflektiertes Wissen zusammen, haben wir es mit Klugheit zu tun.

Im Gegensatz dazu sind ethische Tugenden Charaktertugenden. Und diese sind, laut Aristoteles, eine Sache der Übung: Durch Wiederholung und Gewöhnung wird der Mensch ethisch tugendhaft. Denn in der Seele befinden sich nicht nur Tugenden, sondern auch Leidenschaften wie Begierde, Zorn, Angst oder Neid. Diese Leidenschaften werden uns in die Wiege gelegt – wir können uns nicht dagegen wehren. Darüber hinaus beherbergt die Seele jedoch auch die Fähigkeiten. Diese Fähigkeiten, so wissen wir heute, sind wahrscheinlich Sache des Gehirns: Sie ermöglichen, dass wir Leidenschaften überhaupt empfinden können. Wenn wir beispielsweise kein Mitleid oder keinen Schmerz empfinden, haben wir keine Chance, adäquat damit umzugehen. Dies könnte an einem Mangel unserer sinnlichen Wahrnehmung liegen.

69

Leidenschaften und Fähigkeiten sind uns, in der Definition von Aristoteles, angeboren. Die ethischen Tugenden, die Charaktertugenden, hingegen sind veränderbar und somit trainierbar. Gegen die Leidenschaften selbst, wie Zorn oder Wut, können wir nichts tun: Wie wir uns jedoch zu diesen Leidenschaften verhalten, ist eine Frage des Charakters.

Dazu Aristoteles: »Die Tugend ist also doppelter Art, verstandesmäßig und ethisch. Die verstandesmäßige Tugend entsteht und wächst zum größten Teil durch Belehrung; darum bedarf sie der Erfahrung und der Zeit. Die ethische dagegen ergibt sich aus der Gewohnheit; daher hat sie auch, mit einer nur geringen Veränderung, ihren Namen erhalten.« – »Die Eigenschaften entstehen aus den entsprechenden Tätigkeiten. Darum muss man die Tätigkeiten in bestimmter Weise formen. Denn von deren Besonderheiten hängen dann die Eigenschaften ab. Es kommt also nicht wenig darauf an, ob man gleich von Jugend aus an dies oder jenes gewöhnt wird; es kommt viel darauf an, ja sogar alles.«[16]

Es sind also die wiederholenden Tätigkeiten, die den Charakter formen. Wichtig sind dabei die Erziehung und natürlich vor allem die Tätigkeiten selbst: Positive Verhaltensweisen müssen wiederholt und bestärkt werden, um positive Charaktereigenschaften lernen zu können. Aber auch bei anderen, beispielsweise bei unseren Kindern, müssen wir Tätigkeiten überprüfen und auch vorleben. Wenn Kinder wiederholt Tätigkeiten ausüben, die zu negativen Charaktereigenschaften führen, heißt es zu versuchen, »negative Tätigkeiten« durch »positive Tätigkeiten« zu ersetzen. Es geht also nicht darum, etwas nicht zu tun, sondern darum, stattdessen etwas anderes zu tun: Denn das, was wir einüben, prägt unseren Charakter, die eigene Haltung und Einstellung.

Der Neurologe und Psychiater Viktor E. Frankl schreibt in seinem Buch ... *trotzdem Ja zum Leben sagen*, das er in einem Konzentrationslager verfasst hat: »Da musste uns so recht zu Bewusstsein kommen, wie richtig der Satz von Dostojewski ist, in dem er den Menschen einmal geradezu definiert als das Wesen, das sich an alles gewöhnt. Uns könnte man danach fragen, wir könnten sagen, ob und wieweit dies stimmt, dass der Mensch sich an alles gewöhnen kann; ja werden wir sagen ...«[17]

Viktor E. Frankl hat Auschwitz überlebt. Er erlebte Dinge der Entmenschlichung, bei denen es schwerfällt, sich vorzustellen, wie jemand sie ertragen kann. Doch Frankl hat Schreckliches nicht nur ertragen, sondern sich zum Teil auch daran gewöhnt. Diese, nennen wir es, negative Gewöhnung, führte bei Konzentrationslager-Häftlingen zu Verhaltens- und Charakteränderungen: Frankl beschreibt in seinem Buch, wie Menschen durch das Lager apathisch wurden und nicht mehr in der Lage waren, Entscheidungen zu treffen. Durch die ständigen Demütigungen litten die Häftlinge an Minderwertigkeitsgefühlen. Waren sie vor dem Lager ein »Jemand«, sind sie im Lager ein »Niemand«: Das Selbstwertgefühl geht verloren.

War im Falle der Häftlinge, die Frankl beschreibt, die negative Gewöhnung bedingt durch die extreme Situation beinahe unausweichlich, so können wir auch im Alltag Beispiele dafür finden. Eine ähnliche negative Gewöhnung entsteht etwa bei Suchtkranken: Alkoholkranke etwa sind oft aggressiv oder auch depressiv. Die Gewöhnung an Alkohol verändert den Lebensstil und den Charakter eines Menschen.

Positive Gewohnheiten in unserem Alltag könnten sein, dass wir uns beispielsweise gesund ernähren, ohne ständig darüber nachdenken zu müssen. Genauso gut könnten wir uns angewöhnen, jeden Tag Tagebuch zu schreiben, um mehr Klarheit und Übersichtlichkeit über unser Leben zu gewinnen. Vielleicht sollten wir es uns aber einfach zur Gewohnheit machen, täglich die Dinge zu tun und zu denken, die uns persönlich glücklich machen.

Glück ist Charaktersache

Das Wort »Tugend« ist heute ein wenig aus der Mode geraten; es ist angestaubt und erinnert an uralte Zeiten, an Benimmregeln und vielleicht an Internate. Aber so überholt, wie wir im ersten Moment denken, ist die Tugend gar nicht – vielleicht gebrauchen wir nur das Wort nicht mehr so oft, sondern sprechen heute eher von Stärken oder gar Charakterstärken, ganz im Sinne des Psychologen Martin E. P. Seligman.

Der Erfinder der Positiven Psychologie beklagt, dass sich sein Berufsstand seit einem halben Jahrhundert nur mit negativen Gefühlen und seelischen Krankheiten befasst. Er selbst beschäftigt sich in seinen Büchern vor allem mit der Frage, worin menschliches Glück besteht und warum Menschen unter gleichen äußeren Bedingungen nicht gleich glücklich sind.

Die Positive Psychologie analysiert, wie wir unsere Stärken erkennen, pflegen und stärken, um diese dann so einzusetzen, dass wir ein gutes und glückliches Leben führen. Haben wir unsere Stärken erkannt, müssen wir sie pflegen und stärken, um daraus Charakterstärken – Seligman nennt diese dann auch Signaturstärken – entwickeln zu können. Charakterstärken oder Signaturstärken definiert Seligman, wie Aristoteles, im Sinne ethischer Tugenden.

Charakterstärken bestimmen unser Denken, Fühlen und Handeln und damit unsere Persönlichkeit. Jeder von uns hat ungefähr vier oder fünf besonders ausgeprägte Charakter- oder Signaturstärken, die als besonders erfüllend erlebt werden. Diese Stärken beeinflussen unsere Ziele, sie steuern unser Handeln und beeinflussen so unser Leben. Beim Einsetzen der eigenen Stärken kommen wir in Berührung mit uns selbst. Wir erleben unser Handeln als einen Teil von uns. Dieses Erleben fühlt sich gut und positiv an, es stärkt uns und unsere Persönlichkeit.

Prof. Dr. Willibald Ruch von der Universität Zürich, einer der renommiertesten Vertreter der Positiven Psychologie in Europa, belegt mit seinen Forschungsergebnissen, dass Tugenden innere Determinanten des Glücks sind: Charakterstärken wie Humor sagen zum Beispiel eine erhöhte Lebenszufriedenheit voraus und sind trainierbar.[18] Die Trainierbarkeit ist hierbei eine wichtige Erkenntnis, die unterstreicht, dass Glück weder Schicksal noch Zufall ist.

Die Positive Psychologie besagt, dass wir durch das Ausüben von Signaturstärken mit positiven Emotionen belohnt werden. Doch auch wenn Humor zu den Signaturstärken gehört, ist das keine Befürwortung einer reinen Spaßgesellschaft. Denn eine Gesellschaft, die nur auf Lust aus ist, erreicht sehr früh eine Sättigungsgrenze. Deshalb ist es wenig sinnvoll, Glück nur über Vergnügungen zu suchen.

Es sind vor allem sechs Charakterstärken, so Prof. Dr. Willibald Ruch, die heute, unabhängig von Kultur, Geschlecht oder Alter, zur Lebenszufriedenheit beitragen: Dankbarkeit, Hoffnung, Begeisterung, Bindung, Neugier und Humor. Wer zum Beispiel Humor hat, kann auch über sich selbst und seine eigenen Schwächen lachen. Und er kann, auch wenn er gescheitert ist, wieder aufstehen.

Unter der Stärke Hoffnung fasst Seligman auch Optimismus und Zukunftsbezogenheit zusammen, denn sie alle stehen für eine positive Haltung dem Leben gegenüber. Es geht darum, daran zu glauben, dass etwas Gutes eintreten wird – auch in schier aussichtslosen Situationen. Diese Haltung bedarf jedoch der Übung. Aristoteles würde sagen: Wir trainieren Charakterstärken. Für ihn ist Glück die Folge von dem, was wir tun. Glück ist weder ein Geschenk des Himmels noch Sache des Zufalls. Vielmehr ist derjenige glücklich, der seine Möglichkeiten optimal nutzt und kontinuierlich an einem tugendhaften Charakter arbeitet.

Das fängt schon in der Kindheit an. Manche Kinder lernen schon von klein auf, zu teilen. So bildet sich beim Menschen ein Sinn für Gemeinschaft und für Gerechtigkeit heraus. Aber selbst dann, wenn wir diese Lernerfahrung in unserer Kindheit nicht gemacht haben, bedeutet das nicht, dass das ein Leben lang so bleiben muss. Auch als Erwachsene sind wir weder unseren Stimmungen noch unserer Umwelt hilflos ausgeliefert. Natürlich werden wir von äußeren Faktoren beeinflusst: Von allergrößter Wichtigkeit ist jedoch, wie wir uns dazu verhalten. Und für dieses Verhalten gibt es Regeln, die immer wieder eingeübt werden müssen. Allein das Wissen, dass ein hoffnungsvoller Mensch zu sein unser Glück befördert, genügt leider nicht – wir müssen dieses Wissen in die Praxis umsetzen. Das Leben bietet uns tagtäglich die Möglichkeit zu üben, statt einem pessimistischen einen positiven Blickwinkel einzunehmen.

Die erste große Herausforderung, die mein Leben an mich stellte, war die Herzkrankheit meiner Tochter. Ich würde lügen, wenn ich von mir behaupten würde, diesen Schicksalsschlag von Anfang an bravourös gemeistert zu haben. Aber bei dem Wort Schicksal denke ich an etwas, das wir einfach passiv hinnehmen müssen, das uns auferlegt wird. Und so habe ich die Krankheit meiner Tochter anfangs auch erlebt und furchtbar darunter gelitten. Aber Alina war jetzt da, und so hatte ich gar keine andere Chance, als die Herausforderung anzunehmen. Indem ich das tat, merkte ich, wie wir als Familie immer besser darin wurden, Schwierigkeiten zu meistern. Deshalb rede ich nicht gerne über Schicksal, sondern lieber über Herausforderung.

Persönlichkeit: Ein lebenslanger Lernprozess?

Langzeitstudien und Forschungen aus der Neurowissenschaft zeigen, dass der Kern der Persönlichkeit nicht angeboren ist und auch nicht ein Leben lang stabil bleibt. Erkenntnisse bezüglich der Plastizität (Verformbarkeit) des Gehirns zeigen, dass sich Nervenzellen fast ein Leben lang neu organisieren können. Vermutlich sieht Ihr Gehirn nach dem Lesen dieses Buches anders aus als vorher!

Die Lernforscherin Elsbeth Stern betont, dass das Gehirn nie mehr so stark vernetzt ist wie bei Neugeborenen. Nicht benötigte Verbindungen werden mit der Zeit gekappt. Ungewöhnlich gut kann deshalb der werden, der früh beginnt: wie beispielsweise Wolfgang Amadeus Mozart, der schon im Alter von vier Jahren von seinem Vater in Klavier, Violine und Komposition unterrichtet wurde.

Zwar verringert sich die Plastizität des Gehirns und damit die geistige Beweglichkeit mit dem Alter, aber auch ein Gehirn, das über 60 Jahre alt ist, lässt sich noch trainieren. Selbst im Alter können wir noch ein Musikinstrument lernen, auch wenn wir dann wahrscheinlich kein Mozart mehr werden. Die Veränderbarkeit des Gehirns deutet darauf hin, dass Menschen im Laufe ihres Lebens ihren Charakter, ihre Talente und ihr Verhalten ändern können. Jedoch können wir nicht davon ausgehen, dass gar nichts genetisch festgelegt ist: Forschungen mit Meerkatzen zeigten, dass Affenjungen eher mit Fahrzeugen und Affenmädchen eher mit Puppen spielten. Bei Menschen ist mittlerweile erwiesen, dass sich Mädchen bereits im Alter von einem Tag mehr für menschliche Gesichter interessieren als Jungen.[19]

Dass Charaktere sich verändern können, zeigen prominente Beispiele wie beispielsweise Joschka Fischer: Aus dem staatskritischen Sponti wurde ein Außenminister. Oder Prince: Aus dem schrillen Popstar wurde ein Zeuge Jehovas, und aus Muskelpaket Arnold Schwarzenegger wurde ein kalifornischer Gouverneur.

Der Psychologe Anders Ericsson von der Florida State University, der sich seit 20 Jahren mit dem Thema Begabung beschäftigt, ist davon überzeugt, dass Talent unwichtig ist. Denn es existiert bisher kein Beweis dafür, dass besondere Fähigkeiten angeboren wären: Das Rezept für Talent liegt im Üben, Üben, Üben. In einer Studie an der Universität der Künste, die Ericsson mit Kollegen vom Max-Planck-Institut für Bildungsforschung durchführte, wurden Musikstudenten gebeten, eine Woche lang Tagebuch zu führen. Es zeigte sich, dass alle Studenten sich 50 und 60 Stunden pro Woche mit Musik beschäftigten. Trotzdem waren manche deutlich besser als andere. Jedoch verbrachten etwa die Hälfte der Studenten nur ein Sechstel ihrer Zeit mit intensivem Einzeltraining, während die andere Hälfte der Studenten einen Großteil dieser Zeit intensiv übten. Die, die länger intensiver übten, waren deutlich erfolgreicher.[20]

Wissenschaftler gehen heute davon aus, dass das Gehirn genau wie ein Muskel trainiert werden kann. Der Psychologe Mark Rosenzweig war einer der Ersten, die zeigten, dass ein stimulierendes Umfeld das Gehirn wachsen lässt. Tiere, die mit Artgenossen leben, Gegenstände erforschen, auf Leitern klettern etc., also in einer informationsreichen Umgebung aufwachsen, lernen mehr als Tiere, die in einer informationsarmen Umgebung aufwachsen. Versuche haben gezeigt, dass die Gehirne von Ratten, die lernen, schwerer sind als von Ratten, die keine Lernprozesse erfahren. Außerdem bringen trainierte Neuronen mehr Verästelungen hervor, sind größer und werden besser durchblutet. Was für Tiere gilt, gilt in dem Fall auch für Menschen: Was meinen wir eigentlich, wenn wir von »üben« sprechen? Wollen wir immer mehr üben, um perfekte Menschen zu werden? Zwar können wir durch wiederholtes Spielen eines Instruments das

Instrument immer besser beherrschen – es ist jedoch fraglich, ob in der Perfektion der Sinn und Zweck des Übens steckt.

Üben steht hier auch für Gewohnheit. Der Mensch ist ein Gewohnheitstier. Jetzt haben wir die Qual der Wahl: Üben wir beispielsweise das Rauchen, entwickelt sich daraus relativ schnell eine Gewohnheit, die wir nicht so schnell wieder loswerden. Üben wir das Laufen, entwickeln wir auch hier eine Gewohnheit. Der Unterschied dieser beider Gewohnheiten leuchtet uns allen ein: Das Rauchen ist schädlich, das Laufen förderlich für unsere Gesundheit.

Schlechte Gewohnheiten wieder loszuwerden, fällt uns schwer. Das liegt vor allem daran, dass die Plastizität unseres Gehirns auch immer etwas mit Konkurrenz zu tun hat. Das Gehirn ist kein großer Behälter, der beim Lernen mit Wissen gefüllt wird. Eine schlechte Gewohnheit einüben, bedeutet, dass diese schlechte Gewohnheit die Kontrolle über ein bestimmtes Gehirnareal übernimmt. Jedes Mal, wenn wir eine schlechte Gewohnheit wiederholen, wird die Art von Kontrolle verstärkt und verhindert damit, dass wir diesen Platz für eine gute Gewohnheit nutzen. Es ist also wesentlich leichter, sich eine Angewohnheit zuzulegen, als diese wieder loszuwerden.

Umso wichtiger ist es, positive Gewohnheiten zu entwickeln. Das ist aber alles andere als einfach: Wir bewegen uns hier nämlich nicht in einer Komfortzone, in der wir immer nur dasselbe in der gleichen Intensität üben. Beim Laufen etwa bedeutet das, dass wir auch Muskeltraining machen, dass wir unsere Geschwindigkeit oder die Kilometerzahl, die wir laufen, erhöhen können. Denn wenn etwas für uns herausfordernd bleibt, bedeutet dies, dass wir präziser, schneller und nachhaltiger lernen und wahrnehmen. Lernen bedeutet aber nicht nur, dass wir unser Wissen vermehren, sondern auch, dass wir die Struktur unseres Gehirns so verändern können, dass unsere Lernfähigkeit gesteigert werden kann.

Wir haben also festgestellt, dass sich aus den Gewohnheiten, die wir einüben, auch unser Charakter entwickelt. Ist damit der Charakter Sache des Gehirns?

Phineas P. Gage:
Der Mann mit schlechten Eigenschaften?

Neuengland im Jahr 1848: Phineas P. Gage ist 25 Jahre alt, groß und athletisch gebaut, klug, tatkräftig und tüchtig. Er arbeitet bei der *Rutland & Burlington Railroad Company* als Fachmann für Sprengstoff. An jenem verhängnisvollen 13. September 1848 wird Gage damit beauftragt, einen Felsen zu sprengen, um Land für die Verlegung von Eisenbahnschienen einebnen zu können. Wie immer verstaut Gage dazu Pulver und Zündschnur in einem Bohrloch. Doch dann passiert etwas, das sein Leben für immer verändert: Ein Kollege spricht Gage an und lenkt ihn für wenige Minuten ab. Ganz wie immer stößt Gage nebenher die Eisenstange in das Bohrloch, übersieht jedoch dabei, dass sein Kollege das Loch noch nicht mit Sand abgedeckt hat.

Jetzt geht alles ganz schnell. Ein Funke schlägt aus dem Felsen, der Sprengstoff explodiert und die Eisenstange durchbohrt Gages' Gesicht. Über die linke Wange, durch den vorderen Teil des Gehirns und durch die Schädeldecke wieder heraus durchstößt die Stange seinen Kopf. Gage liegt mit einer gewaltigen Kopfwunde am Boden. Den anderen Eisenbahnarbeitern steht das Entsetzen ins Gesicht geschrieben.

Aber was ist das: Gage lebt! Mit einem Ochsenkarren wird
78   er zu einem nahe gelegenen Hotel gebracht. Dort wartet

Gage auf seinen Arzt Dr. John Harlow, der mit Erstaunen feststellt, dass Gage reden, gehen und sich unterhalten kann. Aufmerksamkeit, Wahrnehmung und Intelligenz scheinen völlig intakt zu sein.

Doch etwas hatte sich dramatisch verändert: Gage selbst. Nach diesem schrecklichen Unfall lebte Gage noch 13 Jahre lang ein völlig anderes Leben als vor dem Unfall. Obwohl er schon zwei Monate nach dem Unfall für geheilt erklärt wurde, konnte er nicht mehr als Sprengstoff-Experte arbeiten. Aber es war nicht das linke Auge, das er beim Unfall verlor, das ihn daran hinderte, sein altes Leben wieder aufzunehmen. In den Aufzeichnungen von Dr. Harlow können wir nachlesen, dass Gage durch den Unfall seine Persönlichkeit verändert hatte: Er war jetzt launisch, respektlos und ungeduldig, fing an zu trinken, bekam epileptische Anfälle und verstarb mit 38 Jahren.

Die Hirnforscher Hanna und António Damásio untersuchten den Schädel von Gage und zeigten anhand dieses Falles auf, dass aufgrund von Hirnschädigungen soziale Konventionen und Regeln ihre Verbindlichkeit verlieren können. Durch den Unfall wurden bei Gage bestimmte präfrontale Rindenabschnitte des Gehirns geschädigt, die dazu führten, dass er die Fähigkeit, sich nach sozialen Regeln zu richten und seine Zukunft zu gestalten, verlor.

Hanna und António Damásio haben ihre Erkenntnisse an Menschen mit ähnlichen Hirnverletzungen und anhand mehrerer Tierversuche nachgewiesen. Es gibt Regionen im Gehirn eines Menschen, die für Verhalten und Charakter verantwortlich sind. Damásio weist darauf hin, dass Körper und Gehirn über biochemische und neuronale Schaltkreise unauflöslich miteinander verbunden sind. Jedes Körperteil, jeder Muskel, jedes Gelenk und jedes innere Organ kann über die peripheren Nerven Signale ans Gehirn schicken. Auch durch Körperaktivität werden chemische Stoffe erzeugt, die über den Blutkreislauf das Gehirn erreichen und damit die Funktionsweise des Gehirns direkt oder indirekt beeinflussen.

Dies widerspricht also nicht dem Tenor: Üben, üben, üben!

Train your brain

Lange Zeit waren Wissenschaftler der Ansicht, dass wir mit einer bestimmten Menge an Neuronen auf die Welt kommen und diese im Laufe eines Lebens abgebaut werden. Man ging davon aus, dass sich Neurone über Milliarden von Synapsen miteinander verbinden, aber Nervenzellen keine neuen Nervenzellen bilden könnten. Mittlerweile weiß man, dass das Gehirn ein höchst flexibles und plastisches Organ ist, das zwischen den Nervenzellen lebenslang neue Verbindungen bilden sowie neue Nervenzellen entstehen lassen kann. Aber nicht nur Lernen und neue Eindrücke sorgen dafür, dass das Gehirn wächst, sondern auch körperliche Aktivitäten. Schon dann, wenn Mäuse nächtliche Runden in einem Laufrad drehten, wurde die Neubildung von Nervenzellen in ihren Gehirnen um das Drei- bis Fünffache gesteigert.

Der US-amerikanische Neurophysiologe Paul Bach-y-Rita konnte zeigen, dass unser Gehirn ein offeneres System ist, als wir lange Zeit für möglich gehalten hatten. Im Jahre 1959 erlitt der Dichter Pedro Bach-y-Rita, Pauls Vater, im Alter von 65 Jahren einen Schlaganfall. Sein Gesicht und eine Körperhälfte waren gelähmt, seine Sprechfähigkeit fast vollständig verschwunden. Er war vollkommen hilflos, musste auf die Toilette und in die Badewanne gehoben werden. Nach einigen Wochen Reha, die an Pedros Zustand nichts änderten, nahm Pedros Sohn George seinen Vater zu sich.

Eines Tages beschloss George, seinem Vater das Gehen wieder beizubringen. Da auch Babys auf allen vieren lernen zu gehen, versuchte George, seinem Vater über das Erlernen von Krabbeln wieder zum Gehen zu bringen. Monatelang krabbelte Pedro an einer ihn stützenden Hauswand entlang. Ganz allmählich machte er Fortschritte: vom Krabbeln auf allen vieren über auf den Knien robben bis zu stehen und gehen. Nach etwa drei Monaten mehrten sich die Anzeichen, dass er auch die Sprache wieder erlernen würde. Sogar das Tippen auf der Schreibmaschine lernte er mithilfe der ausgefeiltesten Techniken wieder. Nach etwa einem Jahr Training war der damals 68-jährige Pedro Bach-y-Rita wieder fähig, seine Lehrtätigkeit am City College von New York aufzunehmen. Ein paar Jahre später erlitt er auf einer Klettertour im Hochgebirge einen Herzinfarkt und starb kurz darauf. 1965 wurde Pedro Bach-y-Ritas Leichnam nach San Francisco überführt, wo sein Sohn Paul arbeitete. Pedros Leichnam wurde obduziert, um etwas über die Erkrankungen des Gehirns und die Todesursache zu lernen. Bei der Autopsie stellte sich heraus, dass Pedro bei dem Schlaganfall eine gewaltige Hirnverletzung erlitten hatte. Diese Hirnverletzung wurde nie geheilt, obwohl Pedro sämtliche Funktionen wiedererlangt hatte. Wichtige Regionen der Großhirnrinde und vor allem des Hirnstamms waren verletzt. Etwa 97 Prozent aller Nervenverbindungen zwischen Großhirn und Rückenmark waren bei dem Schlaganfall zerstört worden. Dieser katastrophale Schaden verursachte die Lähmung. Durch die Arbeit mit George hatte sich Pedros Gehirn völlig neu strukturiert.

Diese Geschichte bewies, dass eine »späte Genesung« auch nach einem massiven Schlaganfall noch möglich ist. Paul Bach-y-Rita konnte nun als einer der ersten Naturwissenschaftler zeigen, dass das Gehirn plastisch und vor allem auch viel flexibler ist, als man bis dato glaubte. Wissenschaftler gingen bis zu diesem Zeitpunkt von einer Lokalisationstheorie aus, die unter anderem besagte, dass ein Sehzentrum für unser Sehen und ein Hörzentrum für unser Hören verantwortlich ist. Paul konnte nun zeigen, dass diese Regionen formbare Prozessoren sind, die untereinander in Verbindung stehen und damit auch in der Lage sind, eine ungeheure Anzahl von Reizen zu verarbeiten.

Versuche mit Frettchenjungen zeigten, dass diese Frettchen auch mit dem Hörzentrum sehen lernen konnten. Damit wurde erwiesen, dass Tiere – und vor allem Menschen – eine Gehirnstruktur haben, die in einer veränderten Umwelt überleben kann, weil sie sich selbst verändert.

Beschäftigen wir uns mit dem Gehirnaufbau, so können wir, laut dem Hirnforscher António R. Damásio, feststellen, dass Gehirne aus dem menschlichen Genom und den erfahrungsbestimmten, modernen Teilen des Gehirns bestehen. Dieses menschliche Genom beinhaltet die Gesamtsumme der Gene in unseren Chromosomen und legt damit die ungefähre Struktur des Gehirns fest. Beim Genom handelt es sich um angeborene Schaltkreise, die die Körperregulation, aber auch die modernen Strukturen des Gehirns beeinflussen.

Zum modernen, erfahrungsbestimmten Teil des Gehirns gehört die Großhirnrinde, die durch Umweltbedingungen, Kultur, Erziehung, aber auch durch unvorhersehbare Erfahrungen jedes Individuums beeinflusst wird. Zwischen diesen beiden Teilen besteht eine Wechselwirkung: Nicht nur beeinflusst das angeborene Genom die Großhirnrinde, äußere Einflüsse, die sich in der Struktur der Großhirnrinde zeigen, können ihrerseits das Genom verändern. Durch Versuche mit Strauchratten konnte man nachweisen, dass Störungen bei der Aufzucht von Jungratten das limbische System dieser Ratten veränderten. Das limbische System gehört mit zum Genom. Wuchsen Ratten nicht mit dem nötigen Fellkontakt auf, konnte man in bestimmten Hirnregionen wuchernde Synapsen und veränderte Regionen des limbischen Systems nachweisen.

Aus Erfahrungen lernen heißt, dass die Struktur des Gehirns verändert werden kann. Der Hirnforscher Michael M. Merzenich fand in dem Zusammenhang heraus, dass bestimmte Funktionsareale im Gehirn so angeordnet sind wie der Körper selbst: Genau wie unser Mittelfinger sich zwischen dem Zeige- und dem Ringfinger befindet, so befindet sich das Hirnareal des Mittelfingers zwischen dem Hirnareal von Zeige- und Ringfinger. Wie konnte das so zustande kommen? Merzenich und sein Team zeigten, dass ungemein viele unserer alltäglichen Verrichtungen aus der Wiederholung von bestimmten Tätigkeiten in einer festen Reihenfolge bestehen. Nehmen wir beispielsweise ein Glas in die Hand, erfassen wir das Glas zunächst mit Daumen und Zeigefinger, um dann die restlichen Finger, einen nach dem anderen, um das Glas herumzulegen. Damit sind Daumen und Zeigefinger fast gleichzeitig aktiv – das heißt, sie senden gleichzeitig ein Signal an unser Gehirn. Dadurch entstehen die Hirnareale für Daumen und Zeigefinger in unmittelbarer Nachbarschaft. Denn Gehirnzellen, die zur gleichen Zeit aktiv sind, gehen eine Verbindung ein. Tausendfach wiederholen wir die Greifsequenz Daumen – Zeigefinger – Mittelfinger. Damit entsteht eine Hirnkarte, auf der das Areal des Daumens neben dem des Zeigefingers und das des Zeigefingers neben dem des Mittelfingers liegen.

Weitere Erkenntnisse gewann Merzenich aus Experimenten mit Affen: Er brachte einem Affen bei, mit der Fingerspitze zehn Sekunden lang einen bestimmten Druck auf eine Scheibe, die sich drehte, auszuüben. Machte der Affe alles richtig, bekam er ein Stück Banane. Der Hirnforscher kartografierte das Gehirn des Affen vor und nach Tausender solcher Versuche. Das Gehirnareal der Fingerspitze war nach den Experimenten gewachsen. Außerdem wurden nach vielen Versuchen die Nervenzellen dieses Areals effizienter: Um dieselbe Aufgabe zu erledigen, brauchte der Affe jetzt eine geringere Anzahl von Nervenzellen.

Stellen wir uns vor: Ein Kind übt zum ersten Mal Tonleitern am Klavier. Der ganze Oberkörper von Handgelenk über Arm und Schultern ist im Einsatz, um eine Taste anzuschlagen. Sogar die Gesichtsmuskeln, die das Kind nicht zum Klavier spielen braucht, sind angespannt. Je öfter das Kind übt, desto weniger Muskeln werden benötigt. Ein geübter Pianist setzt nur noch den Finger ein, der notwendig ist, um den entsprechenden Ton zu erzeugen. Damit verringert sich die Zahl der aktiven Gehirnzellen. Das bedeutet, wir nutzen unsere Hirnzellen umso effektiver, je geübter wir sind. Auch vermindert sich keineswegs die Gehirnkapazität dadurch, dass wir lernen.

Halten wir fest: Wie die Struktur unseres Gehirns zum Zeitpunkt der Geburt aussieht, können wir vermutlich nicht beeinflussen. Die einen haben gute Startmöglichkeiten, die anderen eher schlechte. Das heißt aber noch lange nicht, dass die einen ein glückliches und die anderen ein unglückliches Leben führen müssen: Denn wichtig sind unsere Erfahrungen. Auch bei den Erfahrungen gibt es die, die ich beeinflussen kann, und die, die ich nicht direkt beeinflussen kann. Erfahrungen, die ich beeinflussen kann, entstehen aus Möglichkeiten, die ich wähle und für die ich mich entscheiden kann. Und auch bei den Erfahrungen im Leben, die ich scheinbar nicht beeinflussen kann, bleibt mir immer noch die Wahl, wie ich mich zu ihnen verhalte. An seinem Verhalten, an seiner Haltung zu arbeiten, heißt, an seinem Charakter zu arbeiten. Und wir wissen auch wie: durch Üben!

Wir wissen nun, dass die Struktur unseres Gehirns eine dramatische Auswirkung darauf hat, wie wir denken, fühlen und uns verhalten. Aber auch, und das ist das Spannendere, dass wir durch unsere Gedanken, Gefühle und unser Verhalten die Struktur unseres Gehirns verändern können.

Durch Denken können wir also unsere Denkmuster ändern. Leider lernen wir auf keiner Schule oder Universität der Welt, wie wir unsere Gedanken prüfen können. Und das, obwohl unsere Gedanken unsere ständigen Begleiter sind. Und wussten Sie, dass jeder einzelne Ihrer Gedanken elektrische Signale durch Ihr Gehirn schickt? Gedanken sind real messbar! Durch ihre elektrischen Signale haben sie wesentlichen Einfluss auf jede einzelne Zelle in Ihrem Körper. Wenn Sie viele negative Gedanken belasten, hat das Auswirkungen auf Ihr Gehirn und verursacht dort etwa Reizbarkeit, Launen oder Depressionen. Wenn Sie sich in Ihrem Leben also mehr Wohlbefinden und Glück wünschen, lenken Sie Ihre Gedanken in eine positive Richtung. Ein erster Schritt kann sein, dass Sie sich klarmachen, wie real Ihre Gedanken sind. Achten Sie dabei auf Ihre Gedanken und deren körperliche Auswirkungen. Was ging in Ihrem Körper beim letzten Wutanfall vor? Schlug Ihr Herz schneller? Begannen Sie zu schwitzen? Im Gegensatz dazu ist es oft hilfreich sich vorzustellen, wie sich positive Gedanken auswirken. Denken Sie an Ihren letzten glücklichen Gedanken. Wie fühlte sich Ihr Körper da an? Schlug Ihr Herz langsamer? Waren Ihre Muskeln entspannt? Machen Sie sich klar, dass so, wie Kohlendioxide unsere Umwelt verschmutzen, negative Gedanken den Menschen verschmutzen.

Ein wichtiger nächster Schritt besteht jetzt darin, zu erkennen, dass Ihre automatischen Gedanken nicht immer richtig sein müssen. Selbst dann, wenn diese Gedanken einfach so kommen, müssen sie nicht der Wahrheit entsprechen. Deshalb ist es wichtig, Gedanken dahingehend zu prüfen, ob sie Ihnen schaden oder nutzen. Sie können lernen, Ihre Gedanken zu verändern und damit auch Ihr Befinden und Ihr Verhalten. Unterziehen Sie beispielsweise negative Gedanken wie »Niemand ruft mich an« einer genaueren Prüfung: Wenn Sie ehrlich sind, hat Sie vielleicht niemand angerufen, weil Sie erst vor einer halben Stunde nach Hause gekommen sind. Außerdem hatten Sie völlig vergessen, Ihr Handy einzuschalten.

Haben Sie Ihre negativen Gedanken bewusst überprüft, können Sie sie in den meisten Fällen eliminieren, um positiven Gedanken Raum zu geben. Beschäftigen Sie sich mit Dingen, die Ihnen Spaß machen. Umgeben Sie sich mit Menschen, die eine positive Einstellung haben. Nutzen Sie die Kraft positiver Berührungen. Lassen Sie beispielsweise Umarmungen zu. Denken Sie an schöne Erinnerungen, an Urlaube oder Familienfeste. Bewegen Sie sich!

Die folgenden Fragen verdeutlichen nochmals, wie Tugend, Charakter und Glück miteinander in Verbindung stehen. Wissen ist das eine, Üben ist das andere. Beide sind wie Zwillinge, die unweigerlich zusammengehören.

- Was bedeutet für Sie Tugend oder Charakter?

- Haben Sie in Ihren Augen einen guten Charakter? Benennen Sie Ihre Charakterstärken und Ihre Charakterschwächen.

- Was können Sie tun, um Ihre Stärken zu nutzen?

- Sind Ihre Stärken auch Ihre Gewohnheiten? Machen Sie aus Ihren Stärken Gewohnheiten, indem Sie sie einüben.

- Inwiefern haben Ihre Gewohnheiten einen Anteil an Ihrem persönlichen Glück?

- Welche negativen Gewohnheiten rauben Ihre Energie?

- Ersetzen Sie schlechte Gewohnheiten durch gute Gewohnheiten, indem Sie gute Gewohnheiten immer wieder einüben, um den schlechten Gewohnheiten den Platz in Ihrem Gehirn zu nehmen.

- Denken Sie positiv!

JEAN-JACQUES ROUSSEAU

oder: Was Philosophie, Evolution, Kultur, Verhaltensforschung und Casting-Shows miteinander zu tun haben

Amour de soi

Selbstliebe: Segen oder Fluch?

Ein Mann, ein Wort?

Es ist ein Wagnis, ihn ein für alle Mal definieren zu wollen. Jede Zeit und jede Generation entdeckt einen neuen und ganz anderen. Sich mit seinem Werk auseinanderzusetzen, heißt, zu navigieren in philosophischer Reflexion, Dialektik, Lyrik, Dichtung und Gesetzgebung. Ja, eine unglaubliche Vielfalt geistiger Reflexionen umfasst das Werk des französischen Aufklärers, Kulturkritikers und Philosophen Jean-Jacques Rousseau.

Aber trotz der unglaublichen Vielfalt geht es Rousseau immer wieder ganz zentral um ein Thema: Glück! Wie wir bereits von Aristoteles wissen, gibt es keinen direkten Weg zum Glück. Glück stellt sich ein, wenn wir gewisse Dinge tun, wenn wir versuchen, bestimmte Lebensweisen zu leben. Für Rousseau ist es das gefühlvolle, authentische Leben, das uns Menschen zu glücklichen Menschen macht.

Wenn wir von Rousseau sprechen, hören wir Worte wie Denker, Träumer, Politiker, Verfolgter, Musiker oder auch Romantiker, und alles scheint irgendwie zuzutreffen. Aber egal, welche Sichtweise wir wählen, es handelt sich immer nur um einen Teil, um ein Bruchstück und damit um eine recht unvollständige Wahrheit. An jeder Stelle von Rousseaus' Werk kann man, auf die eine oder andere Art und Weise, 91 die Person und ihre Leidenschaft erspüren. Denn letztendlich sollen nicht nur seine Bücher gelesen und geliebt werden, sondern auch er will es wert sein, geliebt zu werden.

Damit wir einen Menschen lieben können, müssen wir ihm vertrauen. So sieht es zumindest Rousseau. Vertrauen ist damit für ihn die Grundlage von allem. Ab seinem fünfzigsten Lebensjahr beginnt er, autobiografisch zu schreiben. Es ist ihm wichtig, dass seine reine und liebende Seele vom Leser erkannt werden kann.

Zeit seines Lebens wurden sowohl sein Werk als auch seine Person heftig kritisiert. In letzter Instanz beruft er sich deshalb auf die Geschichte seines eigenen Lebens. Diese, seine eigene Geschichte, ist seine innere Autorität, auf die er alles andere gründet. Jean-Jacques Rousseau war kein Mann der Kompromisse. Er war zu keiner Zeit bereit, seine Theorien und sein persönliches Schicksal zu trennen. Werk und Mensch sind nicht zu trennen: Deshalb ist für ihn auch Glück keine Sache des reinen Nachdenkens, sondern auch eine Sache des Fühlens. Glücklich sein heißt damit immer auch: sich glücklich fühlen! Und das am besten im Naturzustand.

Wahrscheinlich hat er sich deshalb so intensiv mit dem natürlichen und, im Gegensatz dazu, dem kulturellen Menschen auseinandergesetzt. Der Reiz des Natürlichen im Menschen lag für Rousseau ohne Zweifel darin, ein authentisches, gefühlvolles und damit glückliches Dasein leben zu können, ohne sich verbiegen zu müssen. Wenden wir uns deshalb dem Rousseau'schen Naturmenschen zu.

Naturmensch: Öko-Hippie oder Naturbursche?

In den Jahren 1750 und 1755 verfasste Rousseau seine Schriften zur Kulturkritik. Der unstete Geist Jean-Jacques befand sich bis dahin meist auf Wanderschaft und lebte auf Kosten von Frauen, die ihn finanzierten. Auf dem Weg nach Vincennes zu dem Aufklärer Diderot las Rousseau in einer Pariser Zeitschrift folgende Preisfrage von der Akademie Dijon: »Hat der Wiederaufstieg der Wissenschaften und Künste zur Läuterung der Sitten beigetragen?« Rousseau zögerte keinen Augenblick, die Frage zu beantworten. Zum völligen Erstaunen der Preisrichter erklärte er, dass die Kultur und Gesellschaft den Menschen nicht besser, sondern im Gegenteil schlechter machten. Die Kulturkritik *Über Kunst und Wissenschaft* sorgte im Jahr 1750 für Aufsehen. Rousseau gewann den ersten Preis und wurde zum Star. 1755 verfasste er die zweite Kulturkritik *Über den Ursprung der Ungleichheit unter den Menschen*. Um nachvollziehen zu können, was zu dieser Ungleichheit unter den Menschen geführt hat, konstruierte Rousseau einen Naturzustand des primitiven Menschen. Denn nur, wenn ein ursprünglicher Zustand definiert wird, kann beobachtet werden, wie weit der kultivierte Mensch sich von diesem Naturmenschen entfernt hat. Rousseau war der Überzeugung, dass der Naturzustand des Menschen in Wirklichkeit nicht existiert und noch nie existiert hat.

Der Philosoph stellte sich diesen Naturmenschen als individuellen Menschen vor: ein Mensch, der nicht in der Gemeinschaft, sondern ganz alleine mit sich und der Natur lebt. Er verfügt über keine Sprache und keine Kommunikation, weil er kein Verlangen danach hat. Dieser Naturbursche befindet sich im vollkommenen Gleichgewicht mit sich und seiner Umwelt. Seine Bedürfnisse wie Essen und Trinken werden von seiner natürlichen Umwelt erfüllt. Diese glücklich-mußevolle Einsamkeit und das damit verbundene Gleichgewicht von Natur und Mensch liegen für Rousseau vor jeglichem Werden: Die Zeit ist noch nicht in Fluss gekommen. Es gibt noch keine Geschichte. Alles ist still. Begehren, Bedürfnis und Welt befinden sich in harmonischer Übereinstimmung. Das Begehren überschreitet niemals das Bedürfnis, und dieses, das allein der Natur folgt, ist zu bald gestillt, als dass ein Mangel entstehen könnte. Völlig intuitiv und ohne Vernunft, jedoch ausgestattet mit zwei wichtigen Prinzipien: Selbstliebe und Mitgefühl. Das ist der Naturmensch!

Zu diesem Naturmenschen gehören also natürliche Gefühle. Die Selbstliebe, *amour de soi*, ist für Rousseau ein Gefühl von natürlicher Veranlagung, ganz im Gegenteil zur *amour propre*, der Selbstsucht. Die Selbstliebe ist ein Gefühl der Menschlichkeit und Tugend. Die Selbstsucht dagegen ist für Rousseau ein künstliches Gefühl, das von der Gesellschaft gemacht wird. Sie verleitet Menschen dazu, sich selbst in den Vordergrund zu drängen, Ungleichheit zu provozieren, und ist damit das Übel der Menschheit überhaupt.

Der Mensch im konstruierten Naturzustand ist ein Mensch, der in moralischer Hinsicht weder gut noch böse ist. Denn da dieser Mensch weder Verstand noch Vernunft besitzt, bewertet er weder sich selbst noch andere. Wichtig ist nur die einfache Selbstgewissheit, zu sein. Es gibt keine Zeit im herkömmlichen Sinn, sondern nur einen Augenblick, der einem anderen Augenblick folgt. In seiner Schrift *Über den Ursprung der Ungleichheit unter den Menschen* schreibt Rousseau: »Wir lassen also von allen wissenschaftlichen Büchern ab, die uns Menschen nur als das Werk ihrer selbst sehen lehren und denken über die ersten und einfachsten Regungen der menschlichen Seele nach. Dabei glaube ich zwei Prinzipien zu bemerken, die vor dem Verstand da sind. Das eine macht uns leidenschaftlich um unser Wohlergehen und unsere eigene Erhaltung besorgt. Das andere flößt uns einen natürlichen Widerwillen dagegen ein, irgendein fühlendes Wesen, vor allem unseresgleichen, umkommen oder leiden sehen.«[21]

Dass Rousseau ein Romantiker ist, ist nicht zu leugnen. Um die ursprüngliche Verfassung des Menschen darzustellen, wendet Rousseau sich selbst zu. Für ihn gibt es keinen Zweifel, dass er selbst ein »Mensch der Natur« oder zumindest ein Mensch ist, in dem die Erinnerung der Natur nicht ausgelöscht ist: eine vertrauensvolle Seele.

Rousseau will deshalb nicht als Großsprecher oder Sophist betrachtet werden. Seinen Worten sollen stets Taten folgen. Er möchte seine Wahrheit leben, ohne sich vom Urteil anderer Menschen beeinflussen zu lassen. Natur, Wahrheit, Freiheit und Tugend sind die Werte, nach denen er sein Leben ausrichten will, um ein guter Mensch zu sein. Mit diesen Werten versucht er nicht nur sein individuelles Dasein behaupten zu können, sondern diese Werte macht er zu universellen Werten. Werte, durch die Menschen zu guten und damit auch glücklichen Menschen werden sollen. Aber wie sieht das mit der Menschheit im Allgemeinen aus: gut oder böse?

Sind wir Gutmenschen oder doch eher Wölfe?

In der Philosophie, aber auch im alltäglichen Leben, hat sich schon immer die Frage gestellt, ob wir Menschen gut sein müssen, um glücklich zu sein. Verstehen wir Glück als rein subjektiv empfundene Lust, hat dieses individuelle Glück eher zufällig etwas mit Moral zu tun. Glück, im Sinne eines guten Lebens, hat aber ohne Zweifel etwas mit Tugenden und damit mit Moral zu tun. Deshalb hat es Philosophen schon immer interessiert, ob der Mensch von Natur aus gut oder böse ist. 95

Homo homini lupus – der Mensch ist dem Menschen ein Wolf: Das ist ein Zitat des römischen Komödiendichters Titus Maccius Plautus, das durch den englischen Staatstheoretiker und Philosophen Thomas Hobbes bekannt wurde. Im Gegensatz zu Rousseau war Hobbes der Überzeugung, dass der Mensch von Natur aus grausam, habgierig und egoistisch ist, wenn er mit anderen Menschen zusammenlebt.

Bei Rousseau ist der Naturmensch weder gut noch böse, aber auf jeden Fall nicht sozial. Dieser erste Mensch lebt nämlich nicht in der Gemeinschaft, sondern in der Einsamkeit. Im Jahr 1859 erscheint jedoch ein ganz und gar außergewöhnliches Buch, das diese Theorie in ihren Grundfesten erschüttert: Nie zuvor hatte ein Schriftsteller einen wissenschaftlichen Durchbruch von solcher Tragweite präsentiert. Er setzte Wissenschaft gegen Kirche, Naturgesetz gegen Wunder und entzauberte damit den Menschen als Krönung der Schöpfung: Charles Darwin, Autor von *Entstehung der Arten*. Der Naturforscher hatte zwar nie die Absicht, durch seine Arbeiten Gott zu verleugnen, trotzdem hat sich seine wissenschaftliche Erkenntnis gegen das religiöse Dogma gewandt. Mit seiner Theorie zieht Darwin die Menschheit in die Niederungen der brutalen Natur. Denn das, was für andere Lebewesen gilt, gilt auch für die Menschen. Darwins Zeitgenossen stürzen sich von Anfang an vor allem auf eine seiner wissenschaftlichen Erkenntnisse. Das, was lediglich zwischen den Zeilen steht, wird aufs Heftigste diskutiert: »Der Mensch stammt vom Affen ab.«

Diesen Stein bringt jedoch nicht Darwin, sondern Thomas Henry Huxley ins Rollen. Huxley prägte den Begriff des Darwinismus und verkündete lautstark, dass die Natur nicht gut sei, sondern im Gegenteil grausam. Und auch die Menschheit verdankt ihre eigene Existenz nicht einer klugen Eminenz, sondern stammt im Sinne von »Kampf ums Dasein« vom Affen ab. Deshalb ist der Mensch seiner Natur nach nicht gut, sondern böse, im Sinne seines tierischen Erbes. Für Huxley war der Mensch von Natur aus böse, und die Zivilisation hatte die Aufgabe, ihn in Bann zu halten – ähnlich wie bei Hobbes.

Im Gegensatz zu Huxley können wir heute Darwin jedoch auch ganz anders interpretieren. Der Mensch ist zwar auf dem Weg der Auslese aus der Tierwelt entstanden. Damit ist er jedoch in der Hauptsache ein soziales Wesen: Er liebt seinesgleichen innerhalb der Gruppe und ist gleichzeitig aggressiv gegen Feinde der Gruppe. Laut Darwin ist sogar zu erwarten, dass der Mensch die Sympathie von kleinen Gruppen auf größere Gemeinschaften überträgt: Nach seiner Theorie begünstigt die Evolution Tiere, die einander helfen, wenn der daraus gezogene Vorteil langfristig größer ist als der kurzfristige Nutzen. Tiere und auch Menschen sind damit Resultate der Evolution, die Aktivitäten des eigenen Interesses fördert. Diese schließen jedoch weder Altruismus noch Empathie aus. Für Darwin gab es keinen Widerspruch zwischen dem unerbittlichen evolutionären Prozess und der Sanftmütigkeit der daraus resultierenden Arten. Rousseau würde vermutlich sagen, dass es im evolutionären Prozess um nichts anderes gehe als um die *amour de soi*, die Selbstliebe und damit auch Selbsterhaltung, als eines der von ihm festgestellten Prinzipien des Menschen. Das andere Prinzip des Menschen ist, nach Rousseau, das Mitgefühl. Dies könnte bei Darwin der soziale Instinkt, Sympathie und die Sanftmütigkeit sein. Dahingehend liegen also Rousseau und Darwin gar nicht so weit auseinander.

Aber worin liegt dann der Unterschied von Mensch und Tier? Denn Unterschiede muss es geben, da wir bis heute nicht davon ausgehen, dass Tiere glücklich sind.

Affen: Altruisten oder Egoisten?

Nehmen wir einmal an, dass die Evolutionstheorie heute nicht mehr nur eine Theorie, sondern eine offensichtlich begründete Tatsache ist. Unser biologisches Erbe ist also tierisch. Nicht selten neigen wir deshalb dazu, unser Verhalten mit dem zu begründen, was in der Natur vorkommt. Das bedeutet, dass wenn wir von Natur aus gut sind, wir lediglich uns selbst treu bleiben müssen und uns nicht verderben lassen dürfen, um ein gutes und glückliches Leben zu führen.

Der Zoologe und Verhaltensforscher Frans de Waal vertritt in seinem Buch *Primaten und Philosophen* aus dem Jahre 2006 die These, dass Menschen von Natur aus gut sind. Zu dieser Überzeugung gelangt er durch die Beobachtung von Schimpansen, anderen Primaten und sozialen Tieren. Die menschliche Fähigkeit, manchmal gut und nicht jederzeit schlecht zu handeln, hat, nach de Waal, ihren Ursprung in Emotionen wie der Empathie.

De Waal weist darauf hin, dass wir Menschen Nachkommen von höchst sozialen Vorfahren sind, denn Tier- und Menschenaffen leben und lebten schon immer in Gruppen.

Der Verhaltensforscher ist der Ansicht, dass die Evolution kaum etwas wegwirft. Strukturen werden höchstens umgewandelt und modifiziert. Die menschliche Eigenschaft der Empathie, die sich schon im Babyalter ausbildet, bei der es viele neurale wie physiologische Korrelationen gibt, aber auch genetisches Substrat, weist darauf hin, dass eine evolutionäre Kontinuität mit anderen Säugetieren vorliegt. Schon im Jahre 1964 stellte man fest, dass Rhesusaffen sich weigern, sich durch Ziehen einer Kette Nahrung zu verschaffen, wenn damit einem ihrer Kameraden ein Schock versetzt wird. Sie hungerten lieber, als einander Schmerzen zufügen

zu müssen.

Jedoch können wir auch innerhalb der Spezies evolutionäre Unterschiede beobachten. Sowohl Tier- als auch Menschenaffen verfügen wohl über Empathie per se, jedoch können nur Menschenaffen die Perspektive eines anderen einnehmen, was auf eine zusätzliche kognitive Schicht hinweist.

Menschenaffen haben die Fähigkeit, andere zu trösten. Beobachtet ein Menschenaffe beispielsweise einen Kampf zweier Affen, aus dem ein Verlierer resultiert, versucht er, den Verlierer zu trösten, indem er sanft den Arm um ihn legt. Um erkennen zu können, dass der Ursprung einer Empfindung nicht bei uns selbst, sondern bei anderen liegt, müssen wir zwischen dem Selbst und den anderen differenzieren können. Es gibt also ein großes Spektrum von emotionalen Bindungsmustern, angefangen bei ganz einfachen und automatischen bis hin zu hochkomplexen Mustern.

Aber so, wie das sogenannte Gute in der Natur beobachtet werden kann, gibt es auch Zeugnisse für das sogenannte Böse: Der Verhaltensforscher Volker Sommer beschreibt in seinem Buch *Darwinisch denken* folgenden Sachverhalt: »Im Mai 1977 hörten Fischer Kampflärm am Kahama-Fluss und entdeckten bald darauf die arg zugerichtete Leiche von Charlie. Geradezu makabre Züge nahm der Angriff auf den letzten Kahama-Mann, Sniff, an. Mitte 1977 drangen sieben Kasakela-Männer in die restlichen 1,8 Quadratkilometer der Kahamas ein und attackierten Sniff, bis sein linkes Bein gebrochen war und er aus Mund, Nase, Stirn und Rücken blutete. Als er sich zusammenkauerte, packte ihn Satan am Nacken und lutschte Blut von seiner Nase. Dann griffen Satan und Sherry sich jeweils ein Bein, um Sniff kreischend einen Hang hinunterzuschleifen. Sein Martyrium dauerte 35 Minuten, bevor ihn die Angreifer liegen ließen. Wie verletzte Tiere meist, verkroch sich der todwunde Sniff unauffindbar in ein Dickicht. Als sich nach einigen Tagen in der Gegend ein starker Verwesungsgeruch einstellte, war klar, dass die Kahama-Gesellschaft aufgehört hatte zu existieren. Kurze Zeit später begannen die siegreichen Kasakela-Männer samt Familien in jenem Areal zu schlafen und auf Nahrungssuche zu gehen, das in den fünf Jahren zuvor Kerngebiet der Kahamas gewesen war.«[22]

Hierbei handelt es sich nicht um eine kriegerische Auseinandersetzung zwischen zwei verfeindeten Völkern, sondern um eine Episode aus dem mehrjährigen Eroberungs- und Vernichtungskrieg der Kahama-Schimpansen gegen die Kasakela-Schimpansen am Ufer des Tanganjikasees in Tansania.

Wir können also davon ausgehen, dass es Rousseaus Vorstellung von einem individualisierten Naturmenschen so nie gegeben hat. Sehr wohl können wir aber davon ausgehen, dass die Fähigkeit, mit anderen mitzufühlen, im Menschen von Geburt an angelegt ist. Gleichzeitig gibt es empirische Belege dafür, dass Verhaltensweisen, die dazu führen, andere zu schädigen, ebenfalls evolutionär verankert sind. Trotzdem dürfen wir keinen naturalistischen Fehlschluss begehen und aus der Tatsache, dass Tiere einander töten, den Schluss ziehen, Gewalt unter Menschen zu rechtfertigen.

Nichtsdestotrotz können wir nun die elementaren Rousseau'schen Prinzipien, Mitgefühl und Selbstliebe, auch naturwissenschaftlich nachvollziehen. Denn ohne die genetische Ausstattung des Mitfühlens wären wir vermutlich nicht in der Lage, soziale Gemeinschaften zu bilden und sozial zu handeln, was wir schon bei Aristoteles als wichtige Facette von Glück erkannten.

Aber auch das zweite elementare Prinzip, die Selbstliebe als *amour de soi*, kann nicht nur als Selbsterhaltung im Sinne von Darwins »Kampf ums Dasein« interpretiert werden. Sondern die *amour de soi* ist auch die Selbst- oder Eigenliebe, die wir brauchen, um von einem gelungenen Leben sprechen zu können: Und genau darin könnte der Unterschied von Tier und Mensch bestehen. Abgesehen davon, dass Menschen freiwillig mitmenschliche Güte auf ihr Denken, Fühlen und Handeln anwenden können – auch ohne Gegenleistung, Belohnung oder Dank anderer. Aber was heißt das nun, sich selbst zu lieben: Egoismus?

Ich liebe mich

Wenn wir *amour de soi* im Wörterbuch nachschlagen, bekommen wir als Übersetzung Selbstliebe und Egoismus. Sowohl der Egoismus als auch die Selbstliebe werden gesellschaftlich eher negativ eingeschätzt: Es gilt zwar als eine Tugend, andere zu lieben, aber nicht sich selbst. Selbstliebe ist jedoch etwas anderes als Egoismus oder Selbstsucht. Der Egoist ist derjenige, der nur auf den eigenen Vorteil aus ist, sich rücksichtslos verhält, und wird zu Recht negativ bewertet.

Der Psychoanalytiker Erich Fromm weist in seinem Buch *Die Kunst des Liebens* darauf hin, dass wir im Allgemeinen der Meinung sind, dass wir, wenn wir uns selbst lieben, automatisch andere Menschen oder Dinge nicht mehr lieben. Wenn ich jedoch andere Menschen liebe, muss ich dann nicht auch mich selbst lieben? Oder bin ich etwa kein Mensch? Denn es steht doch schon in der Bibel: »Liebe Deinen Nächsten wie Dich selbst.« Dann ist doch die Liebe zu meinem Selbst nichts anderes als die Liebe zu meinem Nächsten. Für Fromm ist es eine Voraussetzung, sich selbst zu lieben, sich selbst anzunehmen, um überhaupt in der Lage zu sein, andere Menschen beziehungsweise die Menschen überhaupt lieben zu können. Daraus folgert Fromm, dass das eigene Selbst ebenso sehr Objekt der Liebe sein muss wie der andere Mensch. Diese Liebe zu sich selbst ist damit eine Art Fürsorge, Achtung und Verantwortung für sich und das eigene Leben.

Für sich selbst Sorge und Verantwortung zu tragen, heißt bei Rousseau, sich auf keinen Fall selbst etwas vorzumachen und sich selbst zu täuschen. Eine bestimmte Form der Selbsttäuschung ist auch die Selbstleugnung: Nicht selten kehren wir in Krisenzeiten allzu schnell in den Normalzustand zurück. Unterdrücken oder verleugnen wir unsere Gedanken oder Gefühle, weil sie uns daran hindern zu funktionieren, zeigen wir wenig Selbstmitgefühl und verleugnen damit uns selbst.

Die Forderung, sich nicht selbst zu täuschen, ist eine moralische Maxime aus der Philosophie: das philosophische Projekt der Selbsterkenntnis. Der griechische Philosoph Sokrates hat uns in seinen Dialogen gezeigt, dass wir uns erst gegen die Widerstände der Selbsttäuschung durchsetzen müssen, um uns selbst erkennen zu können. Bei Sokrates bemühten sich seine Schüler nicht um Erkenntnis aus der Unkenntnis heraus, sondern viel schlimmer: Sie waren der Meinung, alles zu wissen. Sokrates führte mit den Menschen Dialoge, damit diese erkennen konnten, dass sie nichts wussten. Denn erst dieses Nichtwissen führt uns zur wahren Erkenntnis, zur eigenen Seele, zu uns selbst. Es ist die Sorge um die eigene Seele, die Sokrates umtreibt. Diese Seele soll tugendhaft und gut werden, indem der Mensch sich nichts mehr vormacht, sondern alle Selbsttäuschungen entlarvt und sich damit selbst erkennt.

Selbsterkenntnis ist ein grundlegendes Element der philosophischen Existenz. Der Mensch muss sich in jedem Moment selbst anerkennen, auch in Momenten, in denen wir uns selbst als böse bewerten müssen. Oftmals ist es nur ein Gefühl, eine Regung, die uns sagt, etwas Böses getan zu haben. Bei der Selbsterkenntnis geht es darum, dazu zu stehen und es auch auszusprechen.

Jede Art von moderner Gesprächstherapie basiert auf diesem Prinzip. Schon Freud wies darauf hin, dass wir unangenehme Dinge, die uns im Leben passieren oder die wir selbst verschulden, gerne verdrängen. Diese Verdrängung ist oft kein bewusster Vorgang, sondern eine unbewusste Schutzreaktion unseres Körpers. Eine Verdrängung bedeutet jedoch nicht, dass die Ereignisse vergessen, sondern dass sie nicht mehr erinnert werden. Wir wissen heute sehr gut, dass wir mit jeglicher Art von Verdrängung unsere psychische und auch physische Gesundheit aufs Spiel setzen. Dadurch, dass wir negative Dinge, die zu uns und unserem Leben gehören, nicht einmal mehr erinnern, nehmen wir uns die Chance, damit umzugehen.

Freud war noch der Meinung, dass wir dann schon geheilt sind, wenn wir Verdrängtes einfach aussprechen. Heute wissen wir, dass dies meist nicht ausreicht. Trotzdem ist das Erinnern und Aussprechen der erste und wichtigste Schritt, um Vergangenes aufarbeiten zu können. In der Aufarbeitung lernen wir, damit umzugehen, diesen Teil unserer Vergangenheit als Teil von uns selbst zu akzeptieren und in unser Leben zu integrieren. In seinen Bekenntnissen schreibt Rousseau: »Mag die Posaune des Jüngsten Gerichts wann immer erschallen, ich werde mit diesem Buch in der Hand mich vor den obersten Richter stellen. Ich werde laut sagen: ›Sieh, so handelte ich, so dachte ich, so war ich! Ich habe das Gute und das Böse mit gleichem Freimut erzählt. Ich habe nichts Schlimmes verschwiegen, nicht Gutes hinzugefügt ... Ich habe mich so gezeigt, wie ich war. Verächtlich und niedrig, wenn ich es war, gut, edelmütig, groß, wenn ich es war. Ich habe mein Innerstes entblößt, so wie Du selbst es gesehen hast.‹«[23]

Denken wir einmal kurz darüber nach, was es heißt »sein Innerstes zu entblößen«. Warum ist es eigentlich so schwierig, sich bloßzustellen? Meistens sind nicht wir selbst es, die uns bloßstellen, sondern die anderen. Wir fühlen uns dann bloßgestellt, wenn etwas über uns erzählt wird, von dem wir nicht möchten, dass es öffentlich wird. Es ist uns peinlich. Aber oft könnten wir ein Bloßstellen vermeiden, wenn wir von Anfang an offen mit unseren Schwierigkeiten umgehen würden. Eigentlich fängt »Bloßstellen« mit einem Geheimnis an: Wir machen aus etwas ein Geheimnis, weil wir diese Begebenheit als Schwachstelle in unserem doch so perfekten Leben werten.

Auch ich hatte anfangs die größten Schwierigkeiten damit, vor mir und vor allem vor anderen zuzugeben, dass meine Tochter behindert ist. Eigene Kinder haben doch perfekt zu sein: schön, intelligent und natürlich auch sportlich und musikalisch. Was diesen »objektiven« Perfektionsgrad anging, musste ich Abstriche machen. Eine Behinderung, egal welcher Art, wird in unserer Gesellschaft meist als Schwäche bewertet. Und wenn wir ehrlich sind, tun wir das selbst auch: Wenn wir von einer Behinderung hören, spüren wir Gefühle wie Mitleid, aber auf keinen Fall Neid. Aber wenn wir etwas leugnen, das zu uns und unserem Leben gehört, kämpfen wir einen schrecklichen Kampf mit uns selbst und fühlen uns innerlich zerrissen. Deshalb tun wir gut daran, das, was zu uns gehört, auch anzunehmen. Integrieren wir die guten und die schlechten Zeiten in unser Leben und gehen offen damit um, können wir unsere Energie für sinnvolle Dinge nutzen. Und ob Menschen, Zeiten oder Dinge gut oder schlecht sind, sehen wir ohnehin oft erst, wenn wir später auf sie zurückblicken.

Bei Rousseau hat der Naturmensch noch keine Vernunft und kann sich selbst nicht als Objekt erkennen. Er muss noch nicht unterscheiden zwischen Täuschung und Wahrheit, zwischen Subjekt und Objekt, zwischen Gut und Böse. Für den Naturmensch bedeutet *amour de soi*, völlig intuitiv sich selbst erhalten zu wollen, das zu wollen, was den eigenen Bedürfnissen entspricht.

Der Philosophieprofessor Harry G. Frankfurt beschreibt, dass der Mensch keine Gründe braucht, um überleben zu wollen. Denn allein die Liebe zum Leben, vielleicht aus der natürlichen Selektion entstanden, reicht aus, um alles dafür zu tun, einfach nur zu leben. Um am Leben zu bleiben, wird auch jede Menge Leid toleriert, denn zu jedem menschlichen Leben gehören positive wie auch negative Seiten. Frankfurt schreibt in diesem Zusammenhang von einem prärationalen Drang, was so viel bedeutet wie eine angeborene Motivation ohne das Zutun unserer Vernunft. Wir brauchen unsere Vernunft nicht, um nach Gründen für unser Überleben zu suchen. Denn nur dann, wenn dieser *prärationale Drang* geschwächt wird, verlangen wir nach Gründen, warum das Leben geschützt werden soll. Unser eigenes Interesse an Selbsterhaltung beruht deshalb nicht auf Gründen, sondern auf Liebe: auf der *amour de soi* von Rousseaus Naturmenschen?

Diese grundsätzliche Lebensbejahung finden wir auch bei Friedrich Nietzsches *amor fati*, was so viel heißt wie »Liebe zum Schicksal«. Diese Liebe zum Leben ist bei Nietzsche so stark, dass der Mensch mit den Strukturen der Welt und des Seins vermittelt wird. Das, was kommt, müssen wir lieben, weil wir unserem Schicksal nicht ausweichen können. Wir können uns vom tragischen Wesen der Welt nicht distanzieren, aber indem wir dies erkennen und annehmen, ist das der Weg zum Glück. *Amor fati* als Liebe zum Verhängnis und zum Schicksal ist ein Ja-Sagen zur Welt, zu anderen Menschen und zu sich selbst.

Jean-Jacques Rousseau hat uns bisher gezeigt, dass unsere natürlichen, menschlichen Prinzipien des Mitgefühls und der Selbstliebe wichtige Komponenten für unser Glück sind. Sowohl beim Mitgefühl als auch bei der Selbstliebe geht es um die Liebe. Es ist die Liebe zu anderen Menschen, aber auch zu uns selbst, um die wir uns kümmern und sorgen sollten – und weniger um Konventionen, Besitz und das, was wir allgemein unter Kultur verstehen.

Der heutige Inselstaat Vanuatu könnte der lebende Beweis dafür sein, dass mehr Natur und weniger Kultur die Menschen glücklicher machen. Wagen wir einen Blick!

Vanuatu: Insel der Glückseligkeit

Vanuatu ist ein souveräner Inselstaat im Südpazifik. Ein Archipel aus 83 Inseln beziehungsweise Inselgruppen, das keine nennenswerten Bodenschätze, keine geteerten Straßen und auch keine Armee besitzt. Die ca. 240 000 Menschen, die dort leben, arbeiten als Bauern, als Fischer oder sind in Restaurants und Hotels tätig. Sie pflegen Bräuche und Traditionen im Wasser und an Land: Im Wasser machen sie mit ihren Händen in der Gemeinschaft ihre ganz eigene Musik. An Land tanzen sie zusammen traditionelle Tänze oder erfinden den Bungee-Sprung.

Ja, in Vanuatu wurde der Bungee-Sprung erfunden. Von einem Holzgerüst stürzen sich die Insulaner von 30 Meter Höhe in die Tiefe. Sie sind dabei nicht hochtechnisch abgesichert – zwei Lianentaue an den Knöcheln müssen genügen. Es handelt sich dabei um die Naghol-Zeremonie, die mehrfach jeweils für einen Tag im April und im Mai stattfindet.

Der Naghol-Sprung ist für die Menschen nicht nur ein Kick, sondern ein Männlichkeitsritual für junge Erwachsene. Außerdem sollen die Götter gut gestimmt werden, damit es eine reiche Yam-Ernte gibt. Yam ist ein Wurzelgewächs, das hauptsächlich in Afrika, Südamerika und in der Karibik als Nahrungsmittel angebaut wird. In Europa kennen wir es höchstens in Tablettenform aus der Apotheke.

Wenn die Männer von Vanuata von 30 Meter Höhe in die

Tiefe stürzen und dabei ihr Kopf fast den Boden berührt, soll genau das gut sein für die Fruchtbarkeit des Bodens. Damit ist ein solcher Sprung alles andere als ungefährlich. Diese Sprünge werden auch nicht als Touristenattraktionen vermarktet, denn es sind nur ganz wenige Besucher als Zuschauer überhaupt zugelassen. Die Einheimischen trommeln, singen, klatschen und tanzen sich in Trance, sodass vor jedem Sprung ein riesiger Lärm entsteht. Wenn der Springer glücklich gelandet ist, erreicht das Schreien seinen Höhepunkt. Auch der Springer tanzt und schreit dann mit. Die Gemeinschaft befindet sich ganz ohne Drogen in einer Art kollektivem Rausch. Vielleicht sind deshalb die Menschen dort am glücklichsten. Denn obwohl sie durchschnittlich nur 68 Jahre alt werden und sich aufgrund ihrer Sprachenvielfalt nur beschränkt miteinander unterhalten können, gelten die Bewohner Vanuatas laut dem »Happy Planet Index« als die glücklichsten Menschen der Welt.

Der »Happy Planet Index« ist das Resultat einer Studie der New Economics Foundation aus dem Jahre 2006. Ziel dieser Studie war es, herauszufinden, wie stark der Mensch in die Natur eingreifen muss, um Bedingungen zu schaffen, die die Menschen glücklicher machen. Rousseau wäre mit dem Ergebnis der Studie vermutlich zufrieden: Weniger ist mehr!

Der »Happy Planet Index« setzt sich zusammen aus Lebenszufriedenheit, Lebenserwartung und dem »ökologischen Fußabdruck«. Die Lebenszufriedenheit wurde durch Befragung ermittelt und ist damit abhängig von der subjektiven Einschätzung eines jeden Befragten. Lebenserwartung und der »ökologische Fußabdruck« sind objektive Messgrößen. Unter »ökologischem Fußabdruck« versteht man die Fläche der Erde, die notwendig ist, um den Lebensstil und Lebensstandard eines Menschen dauerhaft zu ermöglichen. Dabei berücksichtigt werden Areale, die zur Produktion von Nahrung und Energie benötigt werden, aber auch der Abbau des erzeugten Mülls oder die Neutralisierung von freigesetztem Kohlendioxid.

Auf Platz zwei und drei der glücklichsten Plätze der Welt sind Kolumbien und Costa Rica.

In den reichen Ländern der industrialisierten Welt, in Ländern des Fortschritts, der hohen Lebenserwartung und des umfangreichsten Angebots von Konsum, Freizeit und Unterhaltung, sieht es dagegen verheerend aus.

Die Platzierung der G7-Staaten ist wie folgt:

Platz 66:	Italien
Platz 81:	Deutschland
Platz 95:	Japan
Platz 108:	Großbritannien
Platz 111:	Kanada
Platz 129:	Frankreich
Platz 150:	USA

(The new economics foundation 2006)

In diesem Ranking wurden 178 Länder gelistet. Die drei Schlusslichter sind Burundi, Swaziland und Simbabwe. In Ländern wie beispielsweise Simbabwe liegt die Lebenserwartung bei durchschnittlich nur 36,9 Jahren. Hunger und extreme Armut dominieren das Leben der Menschen. Diese Bedingungen führen zwangsläufig dazu, dass die subjektive Lebenszufriedenheit der Einwohner sehr niedrig ist, was letztendlich zu einem schlechten »Happy Planet Index« führt. Trotzdem lässt sich anhand der Ergebnisse der Studie argumentieren, dass der Mensch vielleicht zu stark in die Natur eingreift. Mit den Eingriffen in die Natur will der Mensch Bedingungen schaffen, die ihn glücklicher machen sollen. Aber wie so oft passiert genau das Gegenteil.

Natur ist damit all das, was nicht vom Menschen geschaffen wurde. Kultur könnte man als das Gegenteil von Natur bezeichnen. Es sieht ganz danach aus, als ob Rousseau mit seiner Kulturkritik richtig liegt. Vielleicht sollten wir ernsthafter darüber nachdenken, ob die Kultur uns Menschen nicht manchmal tugendloser und damit unglücklicher macht. Die Unterscheidung von Natur und Kultur erstreckt sich aber nicht nur auf unsere Umwelt und die Lebensumstände, sondern auch auf uns Menschen selbst. Denn versuchen wir Menschen nicht auch immer mehr, unsere eigene Natur zu verändern? Und führt dieses Streben nach Perfektion nicht oft genug zum Schönheitschirurgen und damit weg vom authentischen Leben, hin zum perfekten unglücklichen Dasein?

Auf Glückssuche beim Schönheitschirurgen

In Deutschland gibt es rund eine Million Schönheitsoperationen im Jahr – Tendenz steigend. Fettabsaugung, Facelift und Haartransplantationen sind heute nichts Besonderes mehr. 60 Prozent aller Deutschen können sich vorstellen, eine Schönheitsoperation an sich vornehmen zu lassen.[24]

Also ist das mit dem Glück doch eigentlich ganz einfach. Ein kleiner oder vielleicht auch ein großer Schnitt beim Arzt deines Vertrauens, und schon kann nichts mehr schiefgehen. Denn wer schön ist, kann doch nur glücklich sein. Warum sonst wollen sich wieder einmal 14 000 Mädchen ihre Schönheit im Fernsehen bestätigen lassen? Genau so viele haben sich für die siebte Staffel von *Gemany's next Topmodel* beworben.

»Schöner gleich glücklicher« scheint jetzt sogar wissenschaftlich bewiesen zu sein. Denn das mit 18 Kliniken in Deutschland führende Schönheitsinstitut, Medical One, beauftragte die Universität Basel mit der Studie »Machen Schönheitsoperationen glücklich?«. Die Abteilung für Klinische Psychologie und Psychotherapie untersuchte 2007 gemeinsam mit Medical One, ob ein Chirurg ein Glücksbringer sein kann. Teilnehmer, die in einer Medical-One-Klinik operiert wurden, füllten dabei vier Fragebögen aus: vor der Operation, sowie drei, sechs und zwölf Monate danach. Diese Teilnehmer wurden dann verglichen mit Kontrollpersonen in Form von Altinteressenten ohne Operation und einer repräsentativen Bevölkerungsstichprobe.

In der Regel fühlten sich die Teilnehmer nach der Operation wohler als vorher. Professor Markgraf von der Universität Basel weist darauf hin, dass die evaluierten Operationen zu positiven Veränderungen der psychologischen Variablen der Studienteilnehmer führten. Dagegen haben US-Forscher nach einer Auswertung der Daten von mehr als 12 000 US-Amerikanerinnen festgestellt, dass die Selbstmordrate bei Frauen mit Brustimplantaten überdurchschnittlich hoch ist.

Für die einen ist ihre operierte Schönheit demnach das Glück auf Erden, für die anderen das absolute Gegenteil. Auch wenn die heutige Schönheitschirurgie auf Natürlichkeit setzt und so das Risiko gering halten will, lassen prominente Beispiele wie Michael Jackson vermuten, was Schönheitschirurgie anrichten kann, sowohl auf der körperlichen als auch auf der seelischen Ebene.

Schönheit im philosophischen Sinne bedeutet jedoch nicht, einen größeren Busen oder schlankere Hüften zu haben. Der Philosoph Michel Foucault versteht unter der Ästhetik der Existenz, dass es darauf ankommt, der Existenz die schönstmögliche Form zu geben. Dies ist aber nur dann realisierbar, wenn ich selbst etwas dafür tue: Das Individuum gibt sich und seinem Leben die Form, für die es sich entscheidet. Ausschlaggebend sind dabei nicht gesellschaftliche Normen oder Vorschriften. Im Gegenteil: Der Einzelne muss sich gegebenenfalls gegen Normen entscheiden, um die Möglichkeit zu haben, anders zu denken, Kritik an Bestehendem zu üben und frei zu leben. Das eigentliche Ziel besteht im Versuch, mich von mir selbst zu lösen, Distanz zu schaffen, indem ich meine kritische Aufmerksamkeit auf das lege, was die Gesellschaft und ich selbst von mir fordern und damit auch aus mir machen.

Für den Philosophen Wilhelm Schmid ist das schön, was bejahenswert ist. Und zwar nicht nur das, was perfekt und positiv ist: Bejahenswert kann durchaus auch das Hässliche und Unangenehme sein. Leider haben wir meistens ein kulturelles Muster im Kopf, wenn wir an Schönheit denken. Aufgrund unserer jeweiligen Kultur und der momentanen Modebewegung, die uns medial vermittelt wird, empfinde ich meist das als schön, was die Medien mir vorschreiben. Denke ich darüber nach, warum ich was als schön empfinde, gewinne ich Distanz zu den vorherrschenden kulturellen Mustern in meinem Kopf und schaffe mir dadurch die Freiheit, das für mich als schön zu definieren, wozu ich Ja sage. Und das kann auch eine krumme Nase sein. Und ich sage deshalb dazu Ja, weil ich meine Lebensenergie nicht damit verschwenden möchte, mir über meine krumme Nase Gedanken machen zu müssen. Denn in dem Moment, wo ich auch etwas, was im herkömmlichen Sinn nicht perfekt ist, akzeptieren kann, habe ich freie Energien für das, was für mein Leben förderlich ist. Außerdem kann der Mensch sich nur dann selbst achten, wenn er das, was er denkt und tut, auch bejahen kann. Grundsätzlich ist das im Leben eines Menschen bejahenswert, was dem Leben einen Sinn gibt, denn dafür lohnt es sich, sich einzusetzen.

Ein solches Leben bekommen wir jedoch nicht umsonst. Wir müssen an uns selbst arbeiten: an unserem Charakter, an der Gemeinschaft mit anderen Menschen und an den Umständen, unter denen wir leben. Wenn Schmid davon redet, dass wir an uns selbst arbeiten sollen, meint er wohl eher nicht, dass wir morgens ein gutes Make-up auflegen 111 oder mindestens alle sechs Wochen unserem Friseur den neuesten Cut abverlangen sollten. Was heißt dann »Arbeit an sich selbst«? Es kann zum Beispiel heißen, dass wir Umstände, die uns unzufrieden machen, kritisch überprüfen. Nicht immer lassen sich die äußeren Gegebenheiten verändern. Aber auch dann bleibt immer noch die Möglichkeit, die eigene Einstellung zu den Dingen zu überdenken.

In meinem Leben habe ich an mir gearbeitet, als ich versucht habe, die Behinderung meiner Tochter anzunehmen und Alina nicht mehr verändern oder verbiegen zu wollen. Dieser mentale Lernprozess hatte zur Folge, dass ich anders mit meiner Tochter umgehen konnte: Ich habe nicht mehr verkrampft versucht, sie normgerecht in eine Schublade zu drücken. Damit habe ich nicht nur an meinem eigenen Leben, sondern auch am Leben meiner Familie gearbeitet. Und ein Stück weit hatte ich dann das Gefühl, dass ich mit der Behinderung umging und nicht die Behinderung mit mir. Das ist wohl die Selbstmächtigkeit, die mir das Gefühl gibt, mein Leben im Griff zu haben.

Nicht umsonst ist das gute Leben nicht dasjenige, das nur aus Glücksmomenten besteht, sondern das gute Leben ist schwierig, und man muss gegen Widerstände kämpfen. Es ist nicht das Leben, das voller Lust ist und Schmerz vermeidet. Hier können wir wieder Aristoteles' Theorie des glückseligen Lebens erkennen: Denn auch bei ihm geht es um Selbstaneignung und Selbstmächtigkeit des Individuums. Es geht um den glückseligen Menschen, der ideelle Güter höher schätzt als materielle, der sein Leben führt, seine eigenen Lüste kennt und damit umzugehen weiß, der die Wahl trifft, das gute Leben zu leben.

Zu keiner Zeit konnte und kann im Leben eines Menschen alles positiv sein. Auch die moderne Welt ist nicht in der Lage, negative Dinge einfach verschwinden zu lassen. Es kommt darauf an, die Polarität des Lebens zu akzeptieren:

zu akzeptieren, dass es positive, aber auch negative Seiten im Leben gibt. Denn das Glück der Fülle umfasst Gutes wie Schlechtes und ist dauerhafter als beispielsweise die Lust. Es geht darum, in guten Zeiten Kraft zu schöpfen, um auf schlechte Zeiten vorbereitet zu sein. Das ist die Balance des Lebens, die wir immer wieder aufs Neue suchen und finden müssen.

Wichtig und unentbehrlich ist dabei, dass jeder Mensch seine eigenen Erfahrungen zwischen Angst und Unerschrockenheit, Beharrlichkeit und Beweglichkeit, Lust und Schmerz, Alleinsein und Zusammensein macht, um immer wieder eigene Wege zu finden, die es ermöglichen, positive und negative Pole ins eigene Leben zu integrieren.

In einem Gespräch mit Ducio Trombadori sagte der Philosoph Michel Foucault: »Der Mensch ist ein Erfahrungstier: Er tritt ständig in einen Prozess ein, der ihn als Objekt konstituiert und ihn dabei gleichzeitig verschiebt, verformt und verwandelt – und der ihn als Subjekt umgestaltet.«[25]

Mit dieser Umgestaltung des Menschen, von der Michel Foucault spricht, meint er vermutlich nicht die gelungene Schönheitsoperation. Menschen müssen sich gestatten, Erfahrungen zu machen und dürfen sich dann auch gestatten, sich zu verändern. Vielleicht passt der Arbeitsplatz, der 20 Jahre lang der richtige war, irgendwann einmal nicht mehr. Wenn ich trotzdem aus Gewohnheit ausharre, erlebe ich meine Arbeit und damit auch mich selbst und mein Leben nicht mehr als erfüllend. Das heißt aber nicht, dass zwanghaft Veränderungen herbeigeführt werden müssen. Veränderung ist nicht Pflicht! Aber ich muss den Gedanken akzeptieren, dass eine Veränderung auch dann passieren kann, wenn ich sie nicht plane.

Alles ist im Fluss. Nichts steht still. Die Welt und auch der Mensch verändert sich ständig. Es ist normal, dass jeder Mensch einfach älter wird. Diese Tatsache kann ich zwar   113 vor mir selbst ignorieren, aber auch das wird mich nicht schützen. Es sieht nicht so aus, als ob der alte Menschheitstraum von der ewigen Jugend in Erfüllung gehen könnte. Und wäre das wirklich so erstrebenswert? Was denken Sie?

- Inwiefern sind die Veränderungen der Natur durch den Menschen kulturelle Errungenschaften?

- Sind Sie zufrieden mit dem, was Sie haben? Oder hätten Sie gern mehr? Wenn Sie gern mehr hätten: Mehr wovon? Mehr Materielles oder mehr Ideelles?

- Warum sind die Menschen in Vanuatu glücklicher als die Menschen in Europa? Weil sie zu viel oder zu wenig haben? Zu viel und zu wenig wovon?

- Wenn Sie morgens in den Spiegel schauen: Sind Sie zufrieden mit dem, was Sie sehen? Wenn nicht, könnte der Schönheitschirurg helfen?

- Akzeptieren Sie sich selbst, so wie Sie sind, mit Ihren Stärken und Ihren Schwächen?

- Welche Erfahrungen haben Ihr Leben und Sie selbst verändert? Gestatten Sie sich, sich zu verändern?

- Sagen Sie Ja zu sich und Ihrem Leben? Wenn nicht: Was können Sie ändern, um Ja sagen zu können.

Authentizität:
Habe Mut, du selbst zu sein

Was ist so schlecht daran, sich zu vergleichen?

Goldene Zeiten

Bei Jean-Jacques Rousseau entwickelt sich der Naturmensch im Laufe der Zeit zum Kulturmensch. Rousseau stellte sich vor, dass diese Entwicklung in Phasen, beziehungsweise in geschichtlichen Stadien, verläuft. Das erste Stadium ist der Mensch im konstruierten Naturzustand. Das zweite Stadium ist der Mensch im »Goldenen Zeitalter«.

Die Epoche des »Goldenen Zeitalters« ist das »eigentliche Jugendalter der Welt«. Es ist die Zeit, in der Menschen sesshaft werden, sich Hütten bauen und gemeinsam arbeiten. Menschen teilen sich die Mühsal der Arbeit und stellen dabei fest, dass sie durch Arbeitsteilung ihre Bedürfnisse schneller befriedigen können. Damit entsteht zum ersten Mal so etwas wie Muße oder Freizeit. Die Menschen lernen den Wechsel von Muße und Arbeit kennen und leben immer enger zusammen. Es entstehen Dörfer.

Diese Menschen beginnen nach und nach, ihren Verstand auszubilden, um kommunizieren zu können. Eine einfache Sprache ermöglicht es den Menschen, miteinander leben, arbeiten und faulenzen zu können. Da diese Sprache jedoch noch recht einfach ist, sagen die Menschen das, was sie fühlen und denken. Ihr Verhalten, ihr Tun, und ihre Handlungen entsprechen dem, was sie sagen. Sprache wird noch nicht dazu genutzt, auf rhetorische Art und Weise andere Menschen zu täuschen.

Die Einwohner des »Goldenen Zeitalters« befinden sich im Einklang mit sich und ihrer Umwelt: Sie müssen anderen nichts vormachen, denn sie werden so wie sie sind, akzeptiert. Denn hier sind noch alle gleich, und keiner muss sich profilieren. Nach Rousseaus Vorstellung möchte auch keiner mehr wert sein als der andere. Es gibt noch keinen Vergleich und damit auch keinen Neid. Damit sind die »goldenen Zeiten« glückliche Zeiten: Zeiten, in denen Menschen dauerhaft in Familien und Dörfern miteinander leben, einander nichts neiden und deshalb so sein können, wie sie sind. Einfach authentisch. Rousseau schreibt in »Über den Ursprung der Ungleichheit unter den Menschen«: »Zwar waren die Menschen weniger geduldig geworden, und das natürliche Mitgefühl hatte schon Veränderung erlitten, dennoch musste diese Periode [das ›Goldene Zeitalter‹] der Entwicklung der menschlichen Fähigkeiten, da sie die richtige Mitte zwischen Lässigkeit des primitiven Zustandes und der ungestümen Aktivität unserer Selbstsucht hielt, die glücklichste und dauerhafteste Epoche werden.«[26]

Die glücklichste und dauerhafteste Epoche soll also die sein, in der die Menschen »die richtige Mitte zwischen Lässigkeit des primitiven Zustandes und der ungestümen Selbstsucht« fanden. Was könnte das für uns heißen? Der »primitive Zustand« des Menschen ist für Rousseau der Zustand des Naturmenschen. Wie wir wissen, hatte dieser Naturmensch weder Verstand noch Vernunft, aber dafür Selbstliebe und Mitgefühl. Dieser Naturmensch hat sich dahingehend weiterentwickelt, dass er mit einfachem Verstand, aber immer ungestüm versuchte, sein eigenes Selbst aktiv zu gestalten.

Nun können wir uns fragen, ob es diese Goldenen Zeiten auch heute noch gibt. Wenn Rousseau einen Blick in unsere heutige Welt werfen würde, wäre er vermutlich der Ansicht, dass das Stadium der Geschichte, das Stadium der Goldenen Zeiten, längst vorbei ist. Rousseau plädierte für Authentizität. Damit verbunden ist ein ausgeprägtes Interesse an Sicherheit und Transparenz – genau das, was moderne Gesellschaften nicht mehr bieten können. Moderne Gesellschaften sind eher widersprüchlich und mehrdeutig. Was sie produzieren, ist höchstens die Gewissheit, dass traditionellen Sicherheiten und Gewissheiten nicht mehr zu trauen ist.

Stellen wir uns vor, Rousseau wirft abends einen Blick in unsere Wohnzimmer. Was machen wir da? Alle sitzen vor einer Maschine: Oft ist es der Computer, der Menschen in zweite Welten entführt. Im »Second life«, in den Sekundärwelten des Internets, werden soziale Prozesse vollständig virtualisiert. In dieser Parallelwelt zeigen sich die Menschen nie so, wie sie wirklich sind.

Denselben Effekt haben auch viele der populären Fernsehformate, wie zum Beispiel Casting-Shows: Langhaarige, schlanke Mädchen gehen über die Laufstege der ganzen Welt, um was zu tun? Um sich mit anderen zu vergleichen. Ja, das Mädchen, das die Casting-Show gewinnt, mag danach glücklicher sein. Genauso wie der, der bei den Olympischen Spielen eine Goldmedaille gewinnt. Doch was ist mit all den anderen? Denen, die nicht »Erster« oder »Erste« werden? Alle anderen sind eher unglücklich, da sie schlechter waren. Bei den Olympischen Spielen ist es der Gewinner der Bronze-, nicht der Silbermedaille, der glücklich ist, denn er hat noch eine Medaille bekommen. Der Bronzemedaillengewinner vergleicht sich nämlich direkt mit dem Viertplatzierten und ist daher froh, überhaupt noch eine Medaille bekommen zu haben, wohingegen sich der Silbermedaillengewinner eher mit dem Erstplatzierten vergleicht. Es ist also der direkte Vergleich, der für unser persönliches Glücksempfinden eine große Rolle spielt.

In einer Untersuchung wurden Studenten befragt, in welcher Welt sie lieber leben wollten: In einer Welt, in der sie, absolut gesehen, mehr verdienen würden als in einer zweiten Welt, oder in einer zweiten Welt, in der sie mehr verdienen als alle anderen. Die Studenten entschieden sich in der Mehrzahl für die zweite Welt. Ein amerikanisches Sprichwort sagt: Derjenige ist glücklich, der mehr verdient als der Mann der besten Freundin seiner Frau.

Tatsächlich ist derjenige, der besser abschneidet, glücklicher. Doch leider gibt es immer irgendjemanden, der noch besser, schöner oder schneller ist. Pech gehabt! Ständiges Vergleichen macht also doch eher unglücklich. Außerdem steht, wer sich permanent mit anderen vergleicht, sich nur allzu oft selbst im Weg, da er ständig mit anderen beschäftigt ist statt mit sich selbst. Versuchen Sie also, sich auf sich selbst zu konzentrieren. Was wollen Sie mit sich und Ihrem Leben anfangen? Welche Ziele haben Sie? Verlieren Sie sich selbst und Ihre Ziele nicht aus den Augen. Anstatt zu vergleichen, was andere haben und Sie nicht, vergleichen Sie sich lieber mit sich selbst: Was tun Sie für Ihr glückliches Leben, verglichen mit dem, was möglich wäre? Bringen die Dinge, die Sie tun, Sie Ihren Zielen näher? Haben Ihre Ziele nur mit beruflichem Erfolg oder mit mehr Lebensglück zu tun?

Diese und viele andere Fragen können Sie sich stellen. Reflektieren Sie sich selbst. Aber nicht nur im großen Stil: Es geht auch um die vermeintlich kleinen Dinge im Leben, um einzelne Handlungen und Gedanken. Fangen Sie da an!

Halten wir zusammenfassend fest, dass der vollendete Glückszustand von Rousseau darin besteht, die richtige Mitte zwischen dem primitiven Naturzustand und der ungestümen Selbstsucht zu finden. Der primitive Naturzustand ist bestimmt durch das Gefühl der Liebe. Die ungestüme Selbstsucht durch den Verstand, über den der Naturmensch noch nicht verfügt. Der Verstand bietet uns jetzt die Möglichkeit, uns reflektierend auf uns selbst zu beziehen, auf das, was wir tun, und darauf, wer wir sind. Damit gibt uns der Verstand die aktive Möglichkeit, unser eigenes Selbst zu gestalten. Gleichzeitig verändert die Verstandestätigkeit jedoch auch die Gefühlsseite der Liebe. Die Gefahr besteht nun darin, nicht die richtige Mitte zu finden beziehungsweise zu halten.

Wir leben in einer Welt der Medien, der Schönen und Reichen, der Erfolgreichen und Schlanken. Da können wir uns schon fragen: Gibt es in unserer Welt, in der wir uns vergleichen, in der wir ständig versuchen, uns nach außen hin zu profilieren, keine authentischen glücklichen Menschen mehr? Können wir unsere richtige Mitte heutzutage überhaupt noch finden? Und was bedeutet überhaupt »authentisch sein«? Ist das authentische Leben wirklich das bessere Leben?

Natürlich echt!

Auf der Straße hat man Menschen gefragt: »Was ist echt?« Auf diese Frage, bekam man unter anderem folgende Antworten: »Auf dieser Welt nichts.« – »Ich weiß nur, was nicht echt ist: Politiker sind es nicht.« – »Keine Ahnung. Selbst ›Werthers Echte‹ sind jetzt nur noch ›Werthers Originale!‹«

Nach diesen Antworten scheint heute tatsächlich nicht mehr allzu viel »echt« zu sein. Abgesehen davon, verbindet mit »Echtsein« jeder etwas anderes. Versuchen wir doch einmal die Frage »Was ist echt?« und den Begriff des »Echtseins« zu klären.

»Echt« ist ein Wort, das sich von »ehelich« ableitet. Der »echte«, das heißt, der legitime Sohn. Im Unterschied dazu gibt es den unehelichen »Bastard«. Mit der Zeit nahm »echt« dann im übertragenen Sinn auch die Bedeutung von »wahr« 119 und »unverfälscht« an: der »echte« Freund, der »echte Edelstein«. Schon Platon entwickelt in seinem berühmten Höhlengleichnis eine vielschichtige Lehre der Erkenntnis, die zum Wahren, zum Echten, zur Wahrheit führen soll. Nach dem Höhlengleichnis sitzen angekettete Gefangene in einer Höhle und sehen auf der Innenwand der Höhle Schatten von Figuren, die hinter ihrem Rücken vorbeigetragen werden. Die Höhle steht für die Welt, die sichtbar ist, für die Welt der Erfahrungen. Erst die Welt außerhalb der Höhle ist die wahre, die echte Welt. Ein schmerzhafter Weg führt die Gefangenen aus der scheinbaren Welt in die wahre Welt. In der Höhle sieht der Mensch nur Schatten und Spiegelbilder, in der wahren Welt sieht der Mensch dann die Dinge selbst.

Auch heute noch sind wir auf der Suche nach der »wahren Welt«, oder zumindest dem »authentischen Leben«, dem »eigentlichen Existieren«. Zum einen suchen wir damit uns selbst, unser eigenes Ich, zum anderen suchen wir aber auch echte Berichte, Bilder und Dokumente, da wir diese in einer Welt der Massenmedien immer mehr infrage stellen. Viel mehr noch als in der Welt Platons bekommen wir die scheinbare Welt zu spüren. In Twitter erfahre ich von einer ganz persönlichen Seite mir völlig fremder Personen. In Chats diskutiere ich mit Menschen, die ich überhaupt nicht kenne. Und das alles von meinem Schreibtisch aus. Rein virtuell stehen mir Personen scheinbar nahe. Aber diese Welt via Bildschirm scheint nicht zu genügen: Wahrscheinlich ist sie wirklich zu viel Schein und gar kein Sein.

Rousseau kritisiert jede Art von Schein, weil jeder Schein das eigentliche Sein verhindert. Er kritisiert Kultur, weil Kultur Natur verhindert. Kultur ist für Rousseau auch eine Art Schein, der von Menschen gemacht wird, der Natur sozusagen aufgesetzt wird und somit alles Natürliche verhindert

oder verdeckt.

x

x

Vielleicht spüren wir heute den Unterschied von Kultur und Natur noch viel stärker als zuzeiten Rousseaus. Wenn wir uns in einer unserer hektischen Großstädte befinden, mit Leuchtreklamen, Autos, Smog, Lärm und Hektik, wünschen wir uns oft das vermeintliche Gegenteil: die Natur.

Wenn wir uns überlegen, dass heute die meisten Menschen in Büros arbeiten und im Schnitt weniger als drei bis fünf Kilometer am Tag gehen, im Gegensatz dazu in früheren Kulturen Jäger und Sammler 20 bis 40 Kilometer am Tag gingen, können wir uns vorstellen, dass wir uns in unserer Kultur manchmal nicht so richtig wohlfühlen. Wahrscheinlich sehnen wir uns nach unserer Natur. Unser Körper ist dafür angelegt, dass wir 20 bis 40 Kilometer am Tag gehen. Das ist unsere Natur. Wir Büromenschen schaffen, wenn's hochkommt, gerade mal fünf Kilometer. Das ist unsere Kultur. Heute bewegen wir uns, wenn wir uns bewegen, eher sitzend in virtuellen Räumen. Unser Lebenstempo, unsere Aktivitäten und unsere Arbeitsabläufe verlaufen jedoch immer schneller, immer flüchtiger, im Gegensatz zu unserer eigenen Bewegung. Einerseits rasante Beschleunigung, andererseits Bewegungsarmut. Der Mensch gerät aus der Balance, aus seinem natürlichen Gleichgewicht. Um ein natürliches Gleichgewicht herstellen zu können, brauchen wir zu unserer hektischen Alltagswelt die beruhigende Natur. Da wir in einer sehr schnellen Zeit leben, sehnen wir uns oft nach mehr Ruhe, um ausgeglichen zu sein, um unser inneres Gleichgewicht nicht zu verlieren.

Die natürlichste Form der Entschleunigung ist das Wandern. In der freien Natur erleben wir einen langsamen Strom von Eindrücken. Die Welt der Sinne kann sich in der Natur voll erschließen: Sonne, Himmel, Regen, frische Luft. In einer Studie hat die Universität Bern nachgewiesen, dass Bäume, Wiesen und Felder unsere Konzentration und positiven Gefühle fördern, gleichzeitig Frustration, Ärger und Stress reduzieren. Denn Natur unterstützt kognitive, motorische, soziale und emotionale Entwicklungen, vor allem bei Kindern. Es ist wissenschaftlich nachgewiesen, dass Naturerlebnisse Stresshormone abbauen, Verspannungen und Ängste mildern. Denn der Noradrenalin- und Cortisolspiegel sinkt, Herzaktivität, Muskelspannung und Hautleitfähigkeit nehmen ab und die ruhigen Alphawellen im Gehirn nehmen zu.

Selbst die Vorstellung von Natur kann schon wirken. Die Universität Witten Herdecke fand heraus, dass ängstliche Zahnarztpatienten ruhiger bleiben und weniger Schmerzen und Angst empfinden, wenn man sie mit Meeresrauschen beschallt. Dieser positive Effekt der Natur ist noch wenig erforscht. Man vermutet jedoch, dass unsere Sinne in der Natur gleichmäßiger angesprochen werden, also weniger über- oder unterbelastet werden. Aber nicht nur mit allen Sinnen erleben, auch Strapazen gehören dazu. Ein nicht enden wollender Aufstieg bis zur Hütte, der alle Kräfte fordert, steigert unser Vertrauen in uns selbst. Nicht zu unterschätzen ist dabei die Erfahrung, dass wir auch mit Wenigem zurechtkommen können: Wie gut schmeckt ein Schluck Wasser, wenn ich nach körperlicher Anstrengung nur noch Durst habe.

Evolutionswissenschaftler gehen davon aus, dass die Liebe zur Natur in unserer Spezies genetisch verankert ist. Viel haben wir dafür getan, uns von unserer Natur zu entfernen: In Autos fahren wir von einem Gebäude zum nächsten. Landschaften nehmen wir nur noch durch Autoscheiben wahr. Möglicherweise ist diese zivilisierte Lebensweise jedoch gar nicht artgerecht. Die normalisierende Wirkung der Natur führt uns zu unserem inneren Gleichgewicht, auf das wir vermutlich nicht verzichten wollen und auch nicht verzichten können.

Führen wir uns an dieser Stelle vor Augen, dass sinnbildlich Wald und Bäume für Natur und Städte für Kultur stehen. Rousseaus richtige Mitte könnte hier die jeweils subjektiv empfundene richtige Mischung von Wald und Stadt sein. Vielleicht sorgt diese richtige Mischung sogar für ein ökologisches Gleichgewicht. Darum geht es uns hier aber nicht: Es geht darum, dass dieses Äußere auf das Innere von uns Menschen wirkt und damit Welt und Mensch gar nicht mehr wirklich getrennt werden können. Es handelt sich dabei um eine sinnliche Ausgewogenheit, um Einheit, um Glück.

Bei uns Menschen geht es aber immer auch um ein reflektiertes, inneres Gleichgewicht. Denken wir deshalb noch darüber nach, was uns daran hindern könnte, unser reflektiertes inneres Gleichgewicht zu finden.

Eigentlich sollten wir doch denken, dass der heutige, moderne Mensch unendlich viel freier ist als der Proletarier früherer Zeiten. Heute haben wir doch viel mehr Freizeit, unsere Arbeit ist viel selbstbestimmter, und wir können unseren Beruf frei wählen. Trotzdem ist es ein Symptom unserer Zeit, dass wir einen Mangel an Glaubwürdigkeit und Echtheit und damit innerer Balance empfinden. Denn sehnen wir uns nicht nach einem Leben, in dem wir nicht beeinflusst, bevormundet und manipuliert werden? Und stellen wir uns nicht die Fragen: Wer bin ich? Was will ich? Viel zu selten vertrauen wir auf uns selbst und viel zu oft auf das Urteil von anderen. Selbstzweifel beeinflussen uns negativ und untergraben unser Selbstvertrauen. »Bin ich dafür gut genug?« – »Kann ich das?« Meist sind es solche Fragen, die uns daran hindern, an unsere Fähigkeiten und unseren gesunden Menschenverstand zu glauben. Denn das, was wir uns wert sind, was unseren Selbstwert ausmacht, bestimmen wir selbst. Erst dann, wenn wir uns selbst etwas wert sind, wenn wir uns selbst vertrauen, sind wir auch anderen Menschen etwas wert. Wir sind uns dann etwas wert, wenn wir uns so akzeptieren, wie wir sind. Dazu gehören auch unsere Schwächen.

Akzeptieren wir unsere Schwächen, aber konzentrieren wir uns nicht zu sehr darauf. Denn Menschen, die nur ihre eigenen Schwächen im Blick haben, sehen sich selbst viel zu negativ. Konzentrieren wir uns auf unsere Stärken!

Bauen wir unser Selbstvertrauen auf, indem wir nicht nur die einfachen Wege im Leben gehen: die geteerten Straßen, auf denen uns nichts passieren kann, aber die eigentlich doch gar nicht zu uns passen. Versuchen wir eigene Pfade zu gehen, auch wenn wir dafür den einen oder anderen Stein aus dem Weg räumen müssen. Das schafft Selbstvertrauen. Denn Selbstvertrauen wächst aus der Erfahrung heraus, Dinge anzupacken, aus eigener Kraft zu schaffen, Probleme zu lösen. Dafür müssen wir uns aber vor allem erst einmal fragen, was wir eigentlich wollen.

Was wollen wir wirklich?

Fast alle Menschen wollen heute authentisch sein. Vermutlich deshalb, weil Sie der Überzeugung sind, dass sie dann auch glücklich sind. Ganz im Sinne Rousseaus. Als authentisch gilt der, der in Übereinstimmung mit sich, seinen innersten Überzeugungen und Werten lebt und aus eigenem Antrieb handelt. Kurzum: Wir wollen so leben, dass wir uns selbst treu bleiben können. Denn wir leiden, wenn wir uns verbiegen und so stark anpassen müssen, dass wir nicht mehr unserem Selbstbild entsprechen.

Authentizität hat weniger mit einem »ehrlichen« Gefühlsausbruch zu tun oder besteht auch nicht in unbedingter Offenheit. Es geht mehr um reflektierte innere Überzeugungen und Werte, angewandt auf die unterschiedlichsten Situationen. Es gibt damit ein Fundament an Werten, das in den verschiedenen Rollen eines Menschen zu erkennen ist.

Wir wollen nicht fremdgesteuert und unter Zwängen leben, und wir wollen uns auch nicht hinter einer Maske verstecken müssen. Vor allem brauchen wir Menschen ein Fundament, etwas, auf das wir uns verlassen können. Gerade weil wir in Gesellschaften leben, in denen vieles widersprüchlich und mehrdeutig ist, in denen Ungewissheiten auf der Tagesordnung stehen, brauchen wir Menschen und Dinge, denen wir vertrauen können. Die uns sicher sind. Freunde, Familie, Vereine, Gemeinschaften schaffen wir uns, um in diese Welt Verlässlichkeit und Sicherheit zu bringen. Auch dann, wenn die ganze Welt auf Wachstum, Dynamik, Virtualität und Medialität setzt, baue ich mir meine kleine heile Welt, in der ich mir Sicherheit verschaffe: Heimat.

Aber nicht erst heute, sondern auch schon früher, in Zeiten Rousseaus, steckte hinter seinem Plädoyer für Authentizität der Wunsch nach Sicherheit. In seinen Schriften zur Kulturkritik, in *Über Kunst und Wissenschaft*, schreibt Rousseau: »Wie angenehm lebte es sich unter uns, wenn die äußere Haltung stets das Abbild der Herzensneigung wäre, wenn Anstand schon Tugend wäre, wenn unsere Maximen unser Verhalten regelten, wenn die wahrhafte Philosophie vom Titel Philosoph unzertrennlich wäre.«[27]

In den »Goldenen Zeiten« konnten die Menschen mühelos durchschauen, was voneinander zu halten ist. Der »gleichausschauende und scheinheilige Schleier der Höflichkeit« der neueren Zeit ist in den Augen Rousseaus eine Verfälschung des Charakters. Durch Höflichkeit kann der Mensch sich tarnen. Sein Inneres ist nicht mehr zu erkennen. Weder auf Welt, noch auf Mensch ist mehr Verlass. Unter diesen Unsicherheiten leidet die ganze Menschheit.

Wir alle wollen Sicherheit, gleichzeitig wollen wir aber auch frei sein. Beides zu wollen, scheint schwierig zu sein. Denn sind Sicherheit und Freiheit nicht zwei Gegensätze, die sich ausschließen? Ein »Entweder-oder«? Mir scheint 125 jedoch, dass wir beides nicht nur wollen, sondern auch brauchen. Und damit besteht die Kunst des Lebens auch darin, die beiden Pole von Sicherheit und Freiheit in Einklang zu bringen.

Ein erster Schritt, um beides zu vereinen, besteht darin, dass wir für uns akzeptieren, beides zu brauchen. Trotzdem gibt es Menschen, die mehr Sicherheit und weniger Freiheit brauchen, und umgekehrt. Lehnen wir uns zurück, schließen wir die Augen und versuchen wir, uns unsere Lebensgeschichte und unsere bisher gemachten Erfahrungen anzuschauen. Stellen wir uns dabei folgende Fragen: »Haben wir uns schon immer gerne in unserem vertrauten Umfeld bewegt?« – »Füllen hauptsächlich Routinen unseren Tag?« – »Haben Umstellungen uns schon immer Probleme bereitet?« Dann sind wir wahrscheinlich mehr sicherheits- als freiheitsliebend. Im umgekehrten Fall, wenn wir vielleicht immer auf der Suche nach Neuem sind, uns recht schnell langweilen und wir oft Aktivitäten mittendrin abgebrochen haben, sind wir eher freiheits- als sicherheitsliebend.

Um unsere Mitte zu finden, sollten die eher sicherheitsliebenden Menschen sich trauen, mehr neue Herausforderungen anzunehmen und sich nicht gegen jegliche Neuanfänge zu wehren. Geht es uns hauptsächlich um unsere Freiheit, sollten wir uns verstärkt auch darum bemühen, Aufgaben zu Ende zu führen und nicht gleich aufzugeben, wenn die ersten Probleme auftauchen.

In Rousseaus zweitem Stadium der Geschichte sind wir auf dem Weg, etwas hinzuzugewinnen: den Verstand. Gleichzeitig laufen wir aber auch Gefahr, etwas zu verlieren: Selbstliebe und Mitgefühl. Der Verstand hilft uns, uns selbst autonom zu gestalten: Wir gewinnen an Freiheit. Gleichzeitig verlieren wir, durch den Verlust von Selbstliebe und Mitgefühl, die vollkommene Eingebundenheit in die Natur: die

Sicherheit. Eine zweite Natur und damit das vollkommene

Glück haben wir dann gefunden, wenn wir von der Vernunft aufgeklärt und vom moralischen Empfinden getragen werden. Um diesen Balanceakt zwischen Freiheit und Sicherheit leben zu können, müssen wir uns immer wieder die Frage stellen, wer wir sind.

Diese Frage der Selbsterkenntnis ist nicht leicht zu beantworten. In der Philosophie ist sie eine der ältesten Fragestellungen überhaupt. Wagen wir einen Versuch.

Wer bin ich?

Wer bin ich wirklich? Lebe ich wirklich so, wie ich bin? Diese Fragen oder ähnliche stellen wir uns nicht nur einmal im Leben. Wenn wir nach unserem Ich fragen, fragen wir nach unserem Wesen, nach unserem Kern. Wir fragen nach dem, was uns eigentlich ausmacht. Schon viele Philosophen, Denker wie Martin Heidegger oder Sören Kierkegaard, waren der Überzeugung, dass sich das Wesen, das Eigentliche des Menschen nicht einfach so zeigt. Der Mensch ähnelt eher einer Zwiebel als einer Nuss: Er hat keinen Wesenskern, sondern viele übereinanderliegende Schalen und Schichten. Friedrich Nietzsche zog daraus den Schluss, dass der Mensch kein feststehendes Wesen hat, sondern immer irgendwie unfertig ist, also an sich selbst arbeiten muss und sich auch immer verändern wird.

Selbst wenn sich der Mensch verändert und alles im Fluss ist, verlangt Nietzsche vom Menschen Authentizität. Wenn der Mensch aber kein feststehendes Wesen ist und auch keinen unveränderlichen Kern hat, was könnten dann die Grundlagen für ein authentisches Leben sein? Heute geht man davon aus, dass die Voraussetzungen für Authentizität im Ich- oder Selbstbewusstsein liegen. Schon im Embryonalstadium beginnt sich eine Persönlichkeit, ein Ich, zu entwickeln, indem das limbische System entsteht. Kommt das Baby auf die Welt, tritt sein Gehirn in Kontakt mit der Außenwelt, verringert dabei die Zahl der Nervenzellen und ummantelt gleichzeitig die Leiterbahnen. Es bildet sich im Alter von 18 bis 24 Monaten ein Ich-Gefühl. Kleinkinder können sich auf Fotos selbst erkennen und sagen im Alter von etwa drei Jahren »Ich« zu sich selbst. Der Mensch lernt sich selbst von der Welt zu unterscheiden und entwickelt mit der Zeit ein autobiografisches Gedächtnis, um seine eigene Geschichte rekonstruieren und konstruieren zu können, um zu einer personalen Identität zu gelangen. Das sogenannte Selbstsein bildet sich demnach aus dem Selbst- beziehungsweise Ichbewusstsein und der personalen Identität.

Wenn wir heute Hirnforscher wie Wolf Singer bitten, uns unser Ich auf einem Monitor, der Hirnaktivitäten misst, zu zeigen, muss er leider passen. Denn es gibt offensichtlich keinen einzelnen Ort, an dem alle Informationen zusammenlaufen: Das Gehirn gleicht eher einem dezentral organisierten System, an dem an vielen Stellen gleichzeitig visuelle, auditorische oder motorische Teilergebnisse erarbeitet werden. Auf recht geheimnisvolle Weise koordiniert das Gehirn diese Teilergebnisse zu einer zusammenhängenden Deutung der Welt. Dieses System deutet jedoch nicht nur die Welt, sondern führt auch über sich selbst Protokoll und wird damit seiner selbst bewusst. Weitgehend übereinstimmend gehen heute Hirnforscher, Philosophen und auch Psychologen davon aus, dass dem Menschen wohl kein Wesen, keine Seele und kein Selbst zugrunde liegen, das über die Zeit hinweg identisch bleibt. Allerdings gibt es sehr wohl das erlebte Ich-Gefühl und auch die verschiedenen, ständig wechselnden Inhalte des Selbstbewusstseins.

Aber auch dann, wenn wir keinen Kern, kein feststehendes Wesen haben, haben wir ein schillerndes, vielschichtiges und multi-perspektivisches Ich. Denn in der Hirnforschung wird nicht bewiesen, dass es kein Ich gibt. Es wird nur bewiesen, dass unser gefühltes Ich ein unheimlich komplizierter Vorgang in unserem Gehirn ist. Hirnforscher weisen auch immer wieder darauf hin, dass sie als Wissenschaftler stets aus der »Dritte-Person-Perspektive« urteilen. Damit sind Untersuchungsgegenstand und Untersuchender niemals identisch. Wolf Singer gibt zu, dass es Phänomene in der subjektiven »Erste-Person-Perspektive« gibt, die in der naturwissenschaftlichen Beschreibungsweise der »Dritte-Person-Perspektive« nicht existieren, so das erlebte Ich-Gefühl. Es bleibt dahingestellt, ob wir es jemals wissenschaftlich ergründen.

Dass wir Menschen mehr einer Zwiebel denn einer Nuss gleichen, macht das Menschsein nicht gerade leichter. Hätten wir diesen Wesenskern, könnten wir versuchen, einmal in unser Inneres zu schauen, um uns selbst zu erkennen, um uns davon ausgehend ein glückliches und erfülltes Leben aufzubauen. Das müsste dann eigentlich ein Leben lang halten.

Es ist wohl nicht vorherbestimmt, was ein Mensch ist. Eher können wir erst am Ende eines Menschenlebens sagen, dass der Mensch das gewesen ist, was er angesichts seiner Lebensumstände aus sich machte. Deshalb können wir uns weniger auf einen bestimmten Wesenskern beziehen, sondern wir bemessen Authentizität eher an unserem eigenen Entwurf, den wir für unser Leben, nach unseren Möglichkeiten, entwickeln. Authentizität oder Eigentlichkeit, wie Heidegger dies nennt, ist dann die Übereinstimmung von Entwurf und Realität.

Dieser Entwurf ist eine Art »Selbstbild«, das sich im Laufe des Lebens ändern kann. Wichtig dabei ist, dass wir ehrlich zu uns selbst sind, um einschätzen zu können, zu was wir fähig sind und zu was nicht. Oder besser: Welche Fähigkeiten oder Eigenschaften wir haben und an welchen wir arbeiten müssen, wenn wir uns ändern wollen. Natürlich ist auch das eine Art von Selbsterkenntnis. Aber nicht in dem Sinne, dass ich versuche, in mein Inneres zu schauen, um mein Wesen zu erkennen. Dem Entwurf von mir kann ich nur dann näherkommen, wenn ich meine Person und mein Handeln in meiner Welt so sehe, dass ich mich selbst nicht täusche. Unser Selbst erschaffen wir, indem wir uns immer wieder für die uns eigene Handlungsweise entscheiden.

Stellen wir uns vor: Weiblich, nicht unattraktiv, sympathische Ausstrahlung, sportliche Figur, schüchtern, ungeschminkt und Mitte dreißig, sagt von sich selbst: »Ich bin keine attraktive Frau.« So ihr Selbstbild. Nennen wir sie Sabine. Sabine folgte keiner Einladung, da sie kein Stimmungstöter sein wollte. Mit der Zeit lud sie auch keiner mehr ein. Für Sabine eine Bestätigung ihres Selbstbildes. Schade!

Unser Selbstbild, unser Entwurf von uns selbst, ist der Auslöser für unser Verhalten. Das, was wir gegenwärtig tun, so wie wir zukünftig handeln, ist abhängig von dem Bild, das wir uns von uns selbst machen. Haben wir ein negatives Selbstbild, so verhalten wir uns entsprechend. Unser Selbstbild soll zwar authentisch sein, aber was heißt das? Meistens haben wir doch gute und schlechte Seiten, Stärken und Schwächen. Im Fall von Sabine heißt das vielleicht, dass sie nicht dazu bestimmt ist, Model zu sein. Aber das heißt noch lange nicht, nicht attraktiv zu sein. Wenn Sabine von sich selbst denkt, nicht attraktiv zu sein, bestimmt dieses negative Selbstbild ihr Leben. Hüten wir uns davor, uns selbst aus einer rein negativen Perspektive heraus zu sehen. Fangen wir an, positiv von uns selbst zu denken, indem wir unsere Stärken in den Fokus stellen.

Was sind unsere Fähigkeiten, unsere Stärken? Natürlich auch: Was sind unsere Schwächen? Authentisch sein bedeutet natürlich auch, seine Schwächen zu kennen und zu akzeptieren. Können wir beispielsweise nicht singen, sollten wir uns das eingestehen und nicht versuchen, Popstar zu werden. Trotzdem sollten wir uns zu jedem Zeitpunkt bewusst machen, dass unser Gehirn plastisch und flexibel ist und sich dementsprechend unser Selbstbild und wir selbst uns verändern können. Wenn auch nur ganz langsam und in kleinen Schritten. Das bedeutet, dass unsere Stärken und unsere Schwächen nicht ein Leben lang gleich sind. Ausgangspunkt dafür ist unser Gehirn. Wenn wir uns ändern wollen, sollten wir damit beginnen, unser Bild von uns selbst zu überarbeiten. Aber Vorsicht: Bleiben Sie realistisch! Wenn wir uns ändern, ändern wir uns meist in ganz kleinen Schritten.

Es ist erwiesen, dass mentale Übungen und die Kraft unserer Vorstellung tatsächlich materielle Veränderungen an unserem Gehirn bewirken können. Der Neurologieprofessor Pascual-Leone stellte fest, dass Üben am Klavier physische Veränderungen im Bewegungszentrum des Gehirns hervorruft. Interessant dabei ist, dass nicht nur das Klavierüben selbst die Änderung bewirkt, sondern auch die mentale Vorstellung von Übungen. Wenn es um eine Änderung unseres Selbstbildes geht, sollten wir beides nutzen: unsere Vorstellungskraft und unser aktives Handeln. Steuern Sie Ihr Verhalten, indem Sie sich Ihr Ziel vorstellen. Spielen Sie in Ihren Gedanken immer wieder gewisse Situationen durch, in denen Sie sich so verhalten, wie Sie es sich wünschen. Auch durch praktische Erfahrungen können Sie eine Änderung Ihres Verhaltens bewirken. Wollen Sie beispielsweise mehr Mut und Zuversicht gewinnen, trainieren Sie für einen Marathon oder trauen Sie sich, etwas zu tun, was für Sie wagemutig ist, vielleicht einen Fallschirmsprung. Oft sind es aber Kleinigkeiten, die Sie tun können, beispielsweise einen Wellnesstag oder ein gutes Essen in einem schönen Restaurant genießen. Denn wenn Sie sich selbst wohlfühlen, sind Sie 131 sich automatisch etwas wert. Wenn Sie sich etwas wert sind, wird Ihr Selbstbild positiv.

Der Wunsch nach Authentizität und das damit zusammenhängende gute Leben ist nicht nur eine Modeerscheinung der heutigen Zeit. Als der Philosoph Sokrates zum Tode verurteilt wurde, zeigte er seinen Schülern, was es heißt, authentisch zu sein: Sein Schüler Kriton besucht ihn im Gefängnis und versucht Sokrates zur Flucht zu überreden, um der Todesstrafe zu entgehen. Kriton rechtfertigt dieses Handeln damit, dass das Volk für eine Flucht volles Verständnis hätte. Damit wird Kriton zu einem Vertreter der konventionellen Moral, der auf die öffentliche Meinung Wert legt. Sokrates flieht jedoch nicht, weil er damit gesetzeswidrig handeln würde. Im Sinne von Gerechtigkeit ist es für Sokrates wichtig, nicht gegen das Gesetz zu verstoßen, auch dann nicht, wenn dieser Gesetzesvollzug das eigene Leben kostet. Die öffentliche Meinung ist dabei für ihn völlig irrelevant. Was zählt, ist, dass er in Überstimmung mit dem handelt, was er selbst sein möchte: ein gerechter Mensch. Würde Sokrates fliehen, könnte er nicht mehr hinter dem stehen, was er tut. Er wäre nicht mehr der Mensch, der seinem Selbstbild entspricht und damit nicht mehr authentisch und zufrieden!

Für Rousseau würde das bedeuten, dass der Mensch sich selbst fremd wird und das Ich damit keine Einheit mehr wäre. Ein gespaltenes und sich selbst entfremdetes Ich ist nach Rousseau jedoch nicht in der Lage, glücklich zu sein. Tun wir also, was wir für richtig halten und stehen wir, wofür wir stehen wollen. Der Popsänger Sasha sagte dazu in einem Interview: »Um authentisch zu sein, muss ich sein, was ich bin: ein kommerzieller Popsänger – und dazu stehen.«

Wie wir also sehen ist Authentizität für unser Lebensglück besonders wichtig. Der zentrale Gedanke besteht nach

Rousseau darin, die richtige Mitte zu finden. Unsere Gefühle der Selbstliebe und des Mitgefühls müssen eine genauso große Rolle spielen wie unser Verstand. Die Selbstliebe stärkt unseren Lebenswillen und hilft uns, uns so anzunehmen wie wir sind. Das Mitgefühl ist unerlässlich für die Bildung von sozialen Gemeinschaften. Gleichzeitig brauchen wir unseren Verstand, der uns dazu befähigt, uns reflektierend auf uns selbst zu beziehen, um uns über unsere Gefühle, Wünsche, Ziele, Stärken und Schwächen bewusst werden zu können. Wir sind damit in der Lage, Schlüsse auf unser Verhalten zu ziehen, um uns selbst aktiv gestalten zu können.

Die Fähigkeit zur Reflexion kann jedoch auch zur innerlichen Spaltung führen und dazu, dass wir uns selbst fremd werden. Wir sagen Dinge, von denen wir nicht überzeugt sind, wir handeln so, wie andere das von uns erwarten. Wir täuschen damit andere und uns selbst. Damit verändern wir entsprechend unseren Umgang mit Dingen, unsere Haltung und nicht selten auch unser Selbstbild. Wir geraten aus unserem inneren Gleichgewicht und verlieren unser Glück. Damit das nicht passiert, benötigen wir unsere innere Balance, und das Gefühl eines einheitlichen Selbst. Kurz: das Glück!

Die Sozialpsychologen Michael Kernis und Brian Goldman haben in mehreren Studien nachgewiesen, dass sich das Streben nach Authentizität positiv auf das Wohlbefinden und die psychische Gesundheit der Menschen auswirkt. Ein Gefühl der Authentizität verleiht uns ein höheres Selbstwertgefühl und lässt uns Krisen besser bewältigen. Menschen, die in Tests eine hohe Punktzahl bezüglich der Authentizität erreichten, bewältigten ihre Probleme nicht mit Drogen, Alkohol oder sonstigen selbstzerstörerischen Gewohnheiten, sondern vertrauten auf sich selbst. Meist hatten sie auch bessere Beziehungen und bessere Freunde, die 133 sie unterstützten. Dieses erhöhte Selbstwertgefühl und auch Selbstvertrauen hilft ihnen, ihre Ziele besser zu erreichen.

Die größte Herausforderung liegt wahrscheinlich darin, dass es sich hierbei um einen lebenslangen Prozess handelt, den wir nie endgültig abschließen können. Wir müssen uns stets darum bemühen, schon allein deshalb, weil wir selbst uns immer wieder ändern. Und auch die Welt um uns herum nicht stehen bleibt.

Kein einfacher Prozess, aber dennoch einer, der viele kleine und große Erfolge mit sich bringt: in den Spiegel blicken zu können, sich wertvoll zu fühlen, Stärke zu beweisen, Krisen zu meistern und seinen Mitmenschen vertrauen zu können. Denn wenn alle Menschen das sagen und nach dem handeln, was sie wirklich denken, meinen wir es doch ehrlich miteinander – und gewinnen an Sicherheit. Kurzum, wir schaffen die Art von Vertrauen, die für Rousseau die Grundlage für alles andere ist.

Natürlich gibt es gewisse soziale Konventionen, die wir einhalten sollten. Würden wir immer alles aussprechen, was wir denken, würden wir unsere Mitmenschen tendenziell öfter verletzen, als wenn wir die manchmal nötige Distanz wahren. Ja, wir spielen Rollen, soziale Rollen. Die Freundlichkeit einer Verkäuferin ist vielleicht nicht echt. Aber wollen wir sie wirklich nicht mehr haben? Können wir es ertragen, dass Menschen die Sachlichkeit ihrer Rolle aufgeben? Wie viel Echtheit braucht der Mensch?

Diese Frage kann nicht allgemein beantwortet werden. Beantworten Sie sie für sich selbst, indem Sie sich Gedanken über folgende Fragen und Anregungen machen.

- Was ist für Sie »authentisch«?

- Denken Sie, dass Menschen in unserer Gesellschaft immer ehrlich miteinander umgehen?

- Wo liegt Ihre Grenze zwischen Echtheit und Rücksichtnahme?
  Sind Sie ehrlich zu sich selbst?

- Haben Sie ein grundsätzlich positives Selbstbild, in Anerkennung all Ihrer eigenen Stärken und Schwächen?

- Arbeiten Sie an Ihrem positiven Selbstbild! Nutzen Sie dazu Ihre mentalen und körperlichen Fähigkeiten, sowohl Ihre Vorstellungskraft als auch Ihre praktischen Erfahrungen.

- Wenn Sie sich selbst ändern wollen, müssen Sie Ihr Selbstbild, Ihr Verhalten, Ihre Handlungen und damit Ihre Gedanken und praktischen Erfahrungen ändern. Und zwar durch ständige Wiederholung. Allein der Wille wird wohl nicht ausreichen!

Von Menschenhand gemacht:
Die Kultur

Führen die Errungenschaften der Menschheit
zu Freiheit und Glück?

Der »vergesellschaftete« Mensch

Jean-Jacques Rousseau stellte sich vor, dass der Mensch sich
aus dem »Goldenen Zeitalter« heraus weiterentwickelte zum
Gesellschafts- beziehungsweise Kulturmenschen. Denn durch
einen, wie Rousseau es nannte, »verhängnisvollen Zufall«
entdecken die Menschen die Vorzüge der Arbeitsteilung.
Sie produzieren nicht mehr nur für Ihren eigenen Bedarf,
sondern über ihre Bedürfnisse hinaus und gelangen so von
einer Substitutionswirtschaft zur Produktionswirtschaft.
Zum ersten Mal in der Geschichte wollen Menschen besitzen!

Eigentum besitzen kann der Mensch jedoch nur dann,
wenn er das Land, auf dem er lebt, eingrenzt und verteidigt.
Grenzzäune werden gebaut. Es findet eine Spaltung, eine
Trennung von Innen und Außen statt. Das betrifft aber nicht
nur die Dinge der Welt, sondern vor allem den Menschen
selbst. In dem Moment, wo der Mensch sein Eigentum ein-
zäunt, fängt er an, sich mit anderen zu vergleichen. Damit
steigt das Bedürfnis, mehr besitzen zu wollen, und es entsteht eine Dissymmetrie von Bedürfnis und Bedürfnisbefrie-
digung. Immer mehr versucht der Mensch, Herr über die
Natur zu werden, sie auszubeuten, und zerstört damit das
natürliche Gleichgewicht. Jetzt zählt nur noch eins: Was bin   137

ich wert, was gelte ich? Das natürliche Prinzip der *amour de soi*, der Selbstliebe, geht verloren, denn die *amour propre*, die Selbstsucht, ist geboren. Jetzt kommt es dem Menschen nur noch darauf an, in den Augen der anderen viel wert zu sein. Die äußere Haltung entspricht nicht mehr dem Herzen. Der Mensch entfremdet sich selbst in seinem Schein. Er wird abhängig von seinem Besitz und damit unfrei.

Da die Freiheit für Rousseau jedoch ein wesentlicher Bestandteil des Menschseins ist, geht für ihn der Mensch als Gattungswesen zugrunde. Den zivilisierten und kultivierten Menschen beschreibt Rousseau in seiner Schrift *Über den Ursprung der Ungleichheit unter den Menschen* wie folgt: »Alle unsere Fähigkeiten sind also jetzt entwickelt, Gedächtnis, Einbildungskraft sind im Spiel, die Selbstsucht ist geweckt, der Verstand ist tätig, der Geist hat bald den Gipfel der ihm möglichen Vollendung erreicht. Alle unsere natürlichen Eigenschaften finden ihre Verwendung, Rang und Schicksal jedes Menschen sind festgelegt, nicht allein in Bezug auf den Geist, die Schönheit, die Kraft oder die Gewandtheit und in Bezug auf Verdienst oder Talente. Da diese Eigenschaften allein Achtung verschaffen konnten, musste man sie entweder besitzen oder vortäuschen. Man musste sich um seines Vorteils willen anders zeigen als man wirklich war. Sein und Scheinen wurden zwei völlig verschiedene Dinge.«[28]

Der zivilisierte und kultivierte Mensch, der Mensch im Gesellschaftszustand, ist für Rousseau das Wesen, das nur noch im Außen und nicht mehr im Innen lebt. Es zählt nur noch das, was er besitzt. Denn dieser Besitz bestimmt, ob der Mensch etwas wert ist oder nicht. Ob er Dinge jedoch wirklich besitzt oder ob er nur so tut, spielt keine Rolle mehr: Der Gedanke dürfte uns nicht unbekannt sein, wenn wir die vielen teuren Leasingautos auf unseren Straßen sehen.

Der kultivierte Mensch Rousseaus nutzt die Sprache nicht mehr, um seine unmittelbaren Bedürfnisse ausdrücken zu können, sondern entwickelt eine Rhetorik, eine unpersönliche Sprache, die er dazu nutzt, als etwas zu erscheinen, das er gar nicht ist. Damit vollziehen die Menschen ihre eigene Trennung von Innen und Außen, von Sein und Schein. Menschen werden ungleich und kämpfen mit allen ihnen zur Verfügung stehenden Mitteln darum, etwas wert zu sein. Für Rousseau steht fest, dass die Zivilisation und die Kultur den Menschen böse gemacht haben. Da Gutsein eine Voraussetzung für unser Glück ist, haben wir kultivierten und zivilisierten Menschen unser Glück verspielt. Ist das wirklich so?

Wie viel Gesellschaft braucht der Mensch?

Rousseau war der Ansicht, dass der eigentliche Mensch verschüttet sei unter einem Berg von Konventionen, Anpassungsleistungen, Gewohnheiten, Regeln und Bequemlichkeiten. Dieser Berg, diese Kultur verhindert es, dass der Mensch so sein kann, wie er eigentlich ist. Denn Kultur entfremdet den Menschen von sich selbst. Menschen werden zu Konformisten: Sie tun nur noch das, was andere von ihnen erwarten, und werden unglücklich. Die Menschen entfremden sich so sehr von sich selbst, dass sie gar nicht mehr wissen, welche eigenen Wünsche sie haben.

Der Psychoanalytiker, Philosoph und Sozialpsychologe Erich Fromm unterstützt diese These. Im Jahre 1900 wird Fromm in Frankfurt am Main in eine streng religiöse jüdische Familie hineingeboren. Er ist das einzige Kind von überängstlichen Eltern, wie er selbst einmal betont. Schon als kleiner Junge interessiert er sich für jüdische Mystik, fühlt sich jedoch zwischen zwei Welten hin und her gerissen: die jüdisch religiöse Welt mit all ihren Traditionen und 139 die säkulare Welt Frankfurts, die Welt seiner späteren Mitschüler. Auch seine Schulfreunde nahmen den Jungen als einen streng religiösen Jungen wahr. Es kursierte der Spruch: »Lieber Gott, mach mich wie den Erich Fromm, dass ich in den Himmel komm.«

1922 promoviert Fromm über *Das jüdische Gesetz* im Rahmen eines Soziologiestudiums. Durch neue Freunde löst sich Fromm vom jüdisch orthodoxen Leben, lernt Frieda Reichmann kennen und lieben und findet eine neue faszinierende Herausforderung: die Psychoanalyse Sigmund Freuds. Fromm hat Freud nie persönlich kennengelernt, aber er hat sich sein ganzes Leben lang mit der Person Freud als Schöpfer der Psychoanalyse beschäftigt. Er macht eine psychoanalytische Ausbildung bei Mitarbeitern von Freud und eröffnet zusammen mit seiner derzeitigen Frau Frieda eine psychoanalytische Praxis in Berlin. Die psychoanalytische Charakterologie nutzt Fromm für die Entwicklung einer ethischen Theorie. Denn für Fromm genügt es nicht, isolierte Tugenden oder Laster zu betrachten, wenn sie aus dem Gesamtzusammenhang, dem Charakter eines Menschen, herausgerissen werden. Gegenstand der ethischen Forschung müssen deshalb nicht Tugenden oder Laster sein, sondern der tugend- oder lasterhafte Charakter.

Es ist insbesondere die unbewusste Motivation, die Fromm an der Psychoanalyse interessiert. Denn nicht so sehr das Verhalten selbst soll beurteilt werden, sondern seine Motivation. Fromm unterscheidet hier zwischen Verhaltensweisen und Charakterzügen: Verhaltensweisen sind Dinge, die wir an anderen Menschen beobachten können. Sparsamkeit oder Mut sind solche Verhaltensweisen. Was wir jedoch nicht sehen können, ist die Motivation, warum sich ein Mensch zum Beispiel sparsam verhält. Jedem Verhalten liegen Charakterzüge zugrunde. Diese Charakterzüge leiten

sich, nach Fromm, von einer sogenannten Charakterorganisation ab. Dabei ist eine Charakterorganisation eine spezifische Orientierung des Charakters, die sich dadurch bildet, dass sich der einzelne Mensch mit seiner Umwelt in Beziehung setzt: zum einen mit den Dingen, zum anderen mit den Menschen der Welt.

Aber nicht nur Fromm selbst, auch die Welt um ihn herum verändert sich. Bürgerliche Traditionen werden abgelöst durch die Ballung der wirtschaftlichen Macht. Im Institut für Sozialforschung in Frankfurt begründet Fromm eine *analytische Sozialpsychologie*: Er versucht zu ergründen, warum Menschen, oft unbewusst gesteuert, sich nicht gegen Unterdrückungen wehren.

Wie viele andere deutsche Juden flieht Fromm 1933 vor dem Naziregime in die USA. Als Psychoanalytiker hat er in den USA schnell Erfolg, aber auch mit seinem 1941 erschienenen Buch *Die Furcht vor der Freiheit* wird er über Nacht berühmt. Nach dem Krieg kehrt Fromm nicht nach Deutschland zurück. Er unterstützt Friedens- und Ökologiebewegungen und gewinnt zunehmend die Überzeugung, dass physisches Überleben von der psychischen Verfassung der Menschen abhängt. Der Mensch ist unfrei, wenn er von der Wirtschaft oder der vorherrschenden Moral daran gehindert wird, sich frei zu entfalten. In dieser »kritischen Theorie« vereinen sich Psychoanalyse und *Marxismus*. Fromm redet von einem Missbehagen in der Kultur. Denn obwohl wir Menschen in der materiellen Fülle leben, sind wir nicht glücklich. In dieser Fülle verspüren wir vielleicht Vergnügen und Lust, aber keine Freude und auch kein Glück.

Das kann nicht daran liegen, dass wir zu wenige Güter haben. Aber können diese Waren unsere Bedürfnisse befriedigen? Was brauchen wir überhaupt? Kennen wir unsere eigenen Bedürfnisse? Sind wir uns selbst fremd? Für Fromm war der Kapitalismus die Wurzel allen Übels. Denn im Kapitalismus bestimmen Besitz und Konsum den Menschen.

Daraus entwickeln sich die Werte des Kapitalismus: Erwerben, Besitzen, Gewinne erwirtschaften. Durch Waren werden wir jedoch nicht glücklich, wir können höchstens selbst zu Waren werden. Denn wertvoll ist in einem kapitalistischen System nur das, was berechenbar und zählbar, was quantifizierbar ist.

Fromms Buch *Haben oder Sein* wird ein internationaler Erfolg. Dort beschreibt er noch einmal eindringlich, warum der Mensch entfremdet von seinem eigenen Sein ist. Wie kann mein Leben sinnvoll sein, wenn ich mich, meine Wünsche, meine Träume, meine Bedürfnisse nicht einmal kenne, da ich meinen Blick nur nach außen und nicht nach innen richte? Wie schon Marx ist es auch Fromm ein Anliegen, dass der Mensch seine eigene Geschichte schreibt. Er wird jedoch von außen derartig beeinflusst, dass er sich vormacht, das gerne zu tun, was er tun muss. Dies sind Täuschungen und Illusionen, die der Mensch wahrnehmen muss, um sich selbst erfahren und erkennen zu können.

Der moderne Mensch verdrängt bei Fromm jedoch die Wirklichkeit, indem er sich Täuschungen und Illusionen hingibt. Damit hindert er sich selbst daran, ein glückliches und erfülltes Leben zu führen. Er muss sich frei machen von seinen weltlichen, ihm durch Werbung und Medien suggerierten Bedürfnissen, von Zwang und Illusion, um eigene Bedürfnisse erkennen und erfahren zu können, um letztendlich entsprechend handeln und sein eigenes Glück finden zu können, so Fromm.

Für Richard David Precht ist Fromms Vorstellung, ohne ein Habenwollen auskommen zu können, »eine Luxusidee eines Wohlstandsmenschen«, da Fromm selbst als wohlhabender Mann 1980 im Tessin gestorben ist und deshalb wohl selbst nicht in Askese gelebt hat. Aber vielleicht ist es auch nicht gleich die Askese, die glücklich macht. Und müssen wir gleich die ganze Welt und das ganze System verändern? Könnte es uns schon helfen, über die Gedanken Fromms nachzudenken? Wir alle leben heute, bis auf wenige Ausnahmen, im Kapitalismus und können die von Fromm geschilderten Probleme, so denke ich, gut nachvollziehen. Vielleicht treten heute sogar manche Dinge noch extremer zutage. Können wir uns durch Nachdenken gewisse Dinge bewusst machen? Können wir klarer sehen, was uns und unser Leben angeht? Welche unserer Handlungen von innen, welche von außen motiviert sind? Welchen Motivationen gebe ich den Vorrang?

Für mich ist Erich Fromm ein direkter Nachfahre von Jean-Jacques Rousseau. Fromm transportiert Rousseaus geistiges Erbe in die heutige Zeit und trifft damit den richtigen Nerv. Denn der Kapitalismus ist so viel Kultur, so viel Virtualität und so wenig Realität, wie es für Rousseau kaum vorstellbar war. Um Fromms Philosophie und um seine Problematik bezüglich des kapitalistischen Systems und der davon ausgehenden Wirkung auf den Charakter und das Glück des Menschen noch besser zu verstehen, sehen wir uns Fromms Charaktertypen an.

Der »marketingorientierte« Charakter

Der Kern eines Charakters bildet sich bei Fromm dadurch, dass sich der einzelne Mensch zu seiner Umwelt in Beziehung setzt. Die Umwelt umfasst sowohl Dinge als auch andere Menschen.

Die Marketing-Orientierung als Charaktertyp entwickelt sich erst in der modernen Welt. Fromm geht hier von Marx'schem Gedankengut aus:

Für Marx ist der Tausch einer der ältesten Mechanismen der Wirtschaft. In früheren Zeiten jedoch war der Tausch an einen bestimmten Ort gebunden, ganz im Gegenteil zum 143

Markt im kapitalistischen System. Das ortsgebundene Tauschsystem bot die Möglichkeit, dass sich Produzenten und Verbraucher trafen und kennenlernten. Der moderne Markt hingegen stellt keinen Treffpunkt mehr dar, sondern ist lediglich ein Mechanismus. Dieser Mechanismus löst die Frage des Bedarfs vom jeweiligen Menschen. Es wird für den Markt und nicht für einen bekannten Kreis von Verbrauchern produziert. Angebot und Nachfrage sind die entscheidenden Komponenten, die diesen Markt regeln. Dabei wird der Gebrauchswert belanglos, der Marktwert ist das Einzige, was zählt. Es ist vollkommen egal, welchen Gebrauchswert beispielsweise ein Paar Schuhe haben: Wenn das Angebot größer als die Nachfrage ist, werden die Schuhe nahezu wertlos.

Diese regulative Funktion des Marktes ist, nach Fromm, so dominant, dass sie einen tiefen Einfluss auf die Charakterbildung der Menschen ausübt. Denn mittlerweile hat nicht nur die Ware einen bestimmten Marktwert, sondern auch der Mensch. Damit ist für Fromm die Charakterorientierung, die darin wurzelt, dass wir selbst eine Ware sind und einen Tauschwert haben, die Marketingorientierung.

Heute gibt es nicht nur einen Warenmarkt, sondern auch einen Personalmarkt, auf dem sowohl Waren als auch Personen das wert sind, für das sie getauscht werden können. Zu einem bestimmten Anteil können wir vielleicht noch von einem Gebrauchswert sprechen, wenn wir annehmen, dass ein Arzt, eine Sekretärin oder ein Geschäftsführer eine bestimmte fachliche Qualifikation mitbringen muss. Nichtsdestotrotz wissen wir heute mehr denn je, dass fachliche Qualifikation nur noch bedingt etwas mit beruflichem Erfolg zu tun hat.

Es gibt sogar Coachs und Berater, die ich engagieren kann, um mir zu zeigen, wie ich sogenannte *soft skills* erwerbe. In diesen *soft skills* wird mir beispielsweise beigebracht, wie ich wirke, wie ich führe, ob mit Biss oder Empathie, wie ich mit

Erfolgsdruck umgehe, wie ich eine Beförderung erreiche, wie ich mehr verdiene oder wie ich meine Potenziale gewinnbringend einsetze. Damit hängt Erfolg immer weniger von fachlicher Qualifikation, sondern er hängt vor allem davon ab, wie gut ich mich verkaufen kann. Dabei erlebe ich mich selbst als Verkäufer und als Ware.

Bin ich also mehr an meiner Verkäuflichkeit oder mehr an meinem Leben und meinem Glück interessiert? Fühle ich mich nur dann wertvoll, wenn ich gegenüber meiner Konkurrenz den höchsten Preis erziele? Versuche ich Menschen, die erfolgreich sind, nachzuahmen, um selbst Erfolg zu haben? Diese Fragen beantwortet Erich Fromm mit Ja.

Der Nachteil an der Sache ist wahrscheinlich der, dass wir dann, wenn wir keinen Erfolg haben, uns wertlos fühlen. Wenn wir glauben, dass unser Wert nicht von eigenen menschlichen Qualitäten abhängt, sondern von unserem Erfolg bei ständig wechselnden Marktbedingungen, wird unsere Selbstachtung erschüttert, und wir entwickeln das ständige Bedürfnis nach Bestätigung durch andere.

Aber die Marketingorientierung beeinflusst nicht nur unser Fühlen, sondern auch unser Denken. Denken ist dazu da, Dinge schnell zu begreifen, um sie dann mit Erfolg verwenden zu können. Von der Grundschule bis zur Universität verfolgt Lernen den Zweck, so viele Informationen wie möglich zu sammeln, um diese dann erfolgreich auf dem Markt nutzen zu können. Es geht dabei häufig nicht um Interesse oder Bildung der eigenen Person, sondern um den Tauschwert, den das Wissen vermittelt.

Die Marketing-Persönlichkeit geht davon aus, dass nur das gelernt beziehungsweise eingeübt werden muss, was einen Nutzen verspricht. Wir leben heute in einer eher utilitaristischen Gesellschaft: Wir machen das, womit wir erfolgreich sein können. Wir handeln so, um reich zu werden. Unsere Vorbilder sind die, die erfolgreich und reich sind. Setzen wir damit nicht Erfolg, Reichtum und Glück auf die gleiche Stufe? Warum gehören Menschen mit Erfolg und Geld zu unseren Vorbildern? Denken wir nicht, dass erfolgreiche Menschen auch glücklicher sind? Warum sonst hecheln wir diesen Vorbildern so hinterher?

Wenn wir uns an Aristoteles und Rousseau erinnern, ging es bei ihnen im Zusammenhang mit Glück immer auch um Tugend: um Tugenden, die eingeübt werden müssen. Wie wir wissen, ist dieser Begriff von Tugend sehr anspruchsvoll. Denn wenn wir die Tugenden einüben, wir etwa tapfer sind, geht es nicht um Nutzen, sondern darum, dass wir durch das tapfere Handeln selbst so etwas wie Glück empfinden – Glück als Nebeneffekt. Dieser wunderbare Nebeneffekt weckt den Wunsch in uns, etwas aus uns zu machen, einen tugendhaften Charakter zu entwickeln, eine Person zu bilden, ein glücklicher Mensch zu werden. Tugend ist damit weit mehr als wirtschaftlicher Nutzen.

Erich Fromm geht davon aus, dass kulturelle und gesellschaftliche Vorbilder den Menschen nicht nur beeinflussen, sondern dass die Wechselwirkung von Gesellschaft und Mensch sehr viel tiefer geht. Denn jegliche Art von Beziehungen formt die Persönlichkeit des Individuums. Damit kann man von der Gesellschaftsstruktur auf den Menschen schließen und umgekehrt. Genauso bei Rousseau. Durch das Vermögen der Reflexion, des Verstandes, gewinnt der Mensch so etwas wie Macht über die Welt. Macht über die Natur, über Dinge, aber auch Macht über andere Menschen. Spielten vorher Gleichheit, Gleichgewicht, Balance, Einheit und Glück die entscheidende Rolle, befindet sich der Mensch jetzt im Konflikt der Gegensätze: innen und außen, ich und andere, sein und scheinen, Macht und Knechtschaft, gut und böse, Glück und Unglück. Denn der innere Mensch ändert sich durch seine Beziehung zur Außenwelt.

Und diese Beziehung ist immer wechselseitig.

Können wir wirklich so weit gehen? Entspreche ich vollkommen der Gesellschaft, in der ich lebe? Bin ich das, was die Kultur aus mir macht? Denken wir darüber nach.

Kultivierung von glücklichem Leben

Bisher haben wir, in Anlehnung an Rousseau und Fromm, Kultur als etwas Negatives verstanden. Auch haben wir Kultur im Sinne des Humanismus als menschliche Errungenschaften definiert. Ähnlich wie beim Glück gibt es für Kultur keine allgemeingültige Definition, da es wahrscheinlich so viele Umschreibungen von Kultur gibt, wie es Kulturen selbst gibt. Deshalb kann der Begriff von Kultur natürlich auch im Sinne von Kultur als sozial weitergegebenes Verhalten verstanden werden, was Tiere mit einschließt. Aber was könnte eine »Kultivierung von glücklichem Leben« sein? Nachdem wir so viel von kulturellen Errungenschaften wie dem Kapitalismus und seinen negativen Folgen gehört haben, können wir uns da überhaupt noch etwas Positives unter Kultur vorstellen? Starten wir einen Versuch.

Kultur im positiven Sinn ist im Grunde eine Art Arbeit, Gestaltung oder Veränderung von etwas Vorhandenem, mit dem Ziel, ein besseres, glücklicheres Leben zu schaffen. Damit meinen wir nicht nur eine bessere Gesellschaft, ein besseres Außen, sondern auch ein besseres Innen. Eine Arbeit an uns selbst. Der Philosoph Wilhelm Schmid unterscheidet Alltags- und Hochkultur. Alltagskultur kultiviert den Umgang mit sich selbst und mit anderen. Hochkultur meint an dieser Stelle vielleicht die Galerie, das Theater, das Konzert oder den Vortrag, also Kulturereignisse, die Möglichkeiten bieten, über das eigene Leben nachzudenken. Damit hat das eine natürlich mit dem anderen zu tun, und wir gestalten unser Leben, indem wir beide Kulturen integrieren.

Wie wir bereits bei Aristoteles sehen konnten, sind Menschen soziale Wesen, die andere Menschen brauchen, die mit anderen zusammen leben wollen und müssen. Analysen der Anthropologin Mary Stiner von Tierknochen aus verschiedenen Höhlen im Vorderen Orient zeigen sogar, dass schon unsere Vorfahren, die Frühmenschen, zusammen arbeiteten und sozial waren. Die gefundenen Tierknochen tragen die Spuren von Steinwerkzeugen, die unsere Vorfahren vor mehr als 300 000 Jahren gemeinsam nutzten, um beispielsweise einen Hirsch zu erlegen.

Jeder von uns weiß, dass wir, wenn wir sozial tätig sind, Rücksicht auf andere nehmen müssen. Wenn jeder ohne Rücksicht auf andere seine eigenen Bedürfnisse ausleben würde, wäre es nicht möglich, gemeinschaftlich zu leben. Deshalb, so denke ich, brauchen wir Kultur. Kultur muss aber nicht heißen, dass Menschen in ihrer Individualität so eingeschränkt werden, dass ein erfülltes Leben nicht mehr möglich ist. Gleichzeitig ist Kultur auch kein vorhandenes Etwas. Es gibt kein Ideal, kein Vorbild, nach dem wir leben können. Kultur befindet sich im Fluss wie die Menschen selbst. Entwickeln sich Menschen, so entwickelt sich automatisch Kultur, was bedeutet, dass wir ständig an ihr und an uns arbeiten müssen.

Auch gibt es nicht nur eine Kultur, sondern eine Vielzahl von Kulturen. Denn überall dort, wo Menschen zusammen leben, braucht es gewisse Regelungen, um miteinander umgehen zu können. Aber es geht nicht in erster Linie um Regelungen, sondern auch darum, dass Kultur den Rahmen schafft, andere Menschen erfahren zu können. Denn zu einem glücklichen und erfüllten Leben gehören andere Menschen, andere Erfahrungen, Anderslebende.

Zugegeben, wenn wir uns unsere Gesellschaft heute anschauen, gibt es immer mehr Menschen, die um ihre Kultur

kämpfen müssen. Immer noch gibt es Menschen, die von

anderen Menschen wegen ihrer Kultur unterdrückt werden. Offensichtlich fällt es uns generell schwer, dem anderen, dem Fremden gegenüber, offen zu sein. Außerdem können Gesetze, Regeln und Sitten uns in unserer Autonomie einschränken. Rousseaus Argument, die Kultur nehme dem Menschen die Freiheit, sich zu entfalten, ist also nicht ganz von der Hand zu weisen – dennoch liegt es an uns, mitzubestimmen, in was für einer Kultur wir leben wollen. Wir sollten dabei aber Rousseaus Bild von der inneren Balance und dem damit verbundenen Glück nicht aus den Augen verlieren. Wenn die Selbstsucht die Selbstliebe ablöst und der Verstand unsere Gefühle verdrängt oder Gefühlsausbrüche ohne Selbstbeherrschung Gemeinschaften zerstören, gerät unser Traum vom großen Glück in große Gefahr. Aber davon später mehr.

- Was verstehen Sie unter »Kultur«?

- Kann Kultur uns selbst verändern?

- Wie stark verändern äußere Einflüsse Ihr Innenleben, Ihren Charakter?

- Welche Persönlichkeit, welche Charakterorientierung haben Sie?

- Kennen Sie Menschen, die einen »marketingorientierten Charakter« haben?

- Haben Sie auch einen »Marktwert«?

- Wann sind Menschen für Sie erfolgreich?

- Sind Sie selbst erfolgreich? Wenn ja, warum? Wenn nein, warum nicht?

- Sind reichere Menschen erfolgreicher als ärmere Menschen?

- Was bewundern oder schätzen Sie an anderen Menschen und an sich selbst?

- Was ist Ihnen wichtig? Kennen Sie Ihre eigenen Bedürfnisse? Wenn ja: Was tun Sie, um Ihre Bedürfnisse zu befriedigen?

Glück ist eine Sache des Gefühls

Gefühl oder Vernunft, Romantik oder Aufklärung

Gefühl und Verstand

Jean-Jacques Rousseau gehört zur Epoche der Aufklärung. Bei einem Aufklärer müssten wir vermuten, dass der Verstand oder die Vernunft an erster Stelle steht. Wie wir bereits wissen, nicht so bei Rousseau!

Für Rousseau war ganz klar, dass das Gefühl zuerst da war und sich der Verstand erst im Laufe der Zeit entwickelt hat. Denn schon der Naturmensch empfindet Selbstliebe und Mitleid, ohne vernünftig zu sein. In seiner Schrift *Über den Ursprung der Ungleichheit unter den Menschen* schreibt Rousseau: »So ist die reine, jeder Reflexion vorausliegende Regung der Natur. So ist die Stärke des natürlichen Mitgefühls, das selbst die entartesten Sitten Mühe haben zu zerstören.«[29]

Diese »Regung der Natur« im Menschen, ist für Rousseau ein natürliches Gefühl, das zum Menschen gehört und ihn glücklich macht. Die Kultur versucht durch ihre, wie er es nennt, entarteten Sitten, diese natürlichen Gefühle zu zerstören. Auch die Reflexion selbst richtet sich gegen die eigenen natürlichen Gefühle, indem sie diese unterdrückt, weil der Mensch nach außen hin etwas darstellen will, das er eigentlich gar nicht ist.

Heute glauben wir zu wissen, dass die Gefühle dem Verstand wahrscheinlich nicht voraus sein konnten, da Gefühle und Empfindungen mit dem Verstand im Gehirn in komplexen Systemen verflochten sind. Der 1944 in Lissabon geborene António R. Damásio ist Professor für Neurologie und Psychologie an der University of Southern California und leitet dort das Brain and Creativity Institute. Durch zahlreiche Fallgeschichten legt Damásio sehr überzeugend dar, welche grundlegende Rolle Emotionen bei vernünftigem menschlichem Verhalten spielen. Die Vorstellung, dass Gefühl und Ratio voneinander unabhängig sind, kann heute nicht mehr aufrechterhalten werden. Wie eng Denken und Fühlen verknüpft ist, zeigt die Fallgeschichte von Elliot.

Elliot und seine Geschichte

Damásio hatte einen Patienten, den er Elliot nannte. Dieser Elliot war wohl ein guter Ehemann und Vater mit einer beneidenswerten Stelle in einem Wirtschaftsunternehmen. Von einem Tag auf den anderen begann Elliot unter schweren Kopfschmerzen und Konzentrationsstörungen zu leiden: ein Gehirntumor mit dem Namen Meningiom. Meningiome sind im Allgemeinen gutartig. Wenn sie jedoch nicht entfernt werden, können sie genauso gefährlich werden wie bösartige Tumore. Da diese Meningiome wachsen, können sie mit der Zeit so einen Druck auf das Hirngewebe ausüben, dass dieses schließlich abstirbt. Wenn Elliot überleben wollte, musste er operiert werden.

Elliot wurde operiert. Dabei wurde aber nicht nur der Tumor entfernt, sondern auch das Gewebe, das durch den Tumor in Mitleidenschaft gezogen wurde: Gewebe des Stirnlappens. Medizinisch gesehen war die Operation ein voller Erfolg. Aber was war mit Elliots Persönlichkeit passiert? Schon am Morgen hatte Elliot keine Lust mehr, überhaupt

aufzustehen. Am Arbeitsplatz angelangt, war es ihm nicht

mehr möglich, seine Arbeitszeit einzuteilen oder auch nur Zeitpläne in irgendeiner Art und Weise einzuhalten. Außerdem war er nicht mehr fähig, seine Arbeit zu sortieren. Was war wichtig? Was war dringend? Solche Fragen konnte er nicht mehr beantworten und schon gar nicht mehr danach handeln. Seine Fachkenntnisse schienen jedoch noch genauso gut zu sein wie vor der Operation: Einzelne Tätigkeiten konnte er noch genauso gut ausführen wie vorher.

Das reichte jedoch nicht aus, um seine Stelle zu halten. Elliot wurde gekündigt. Es folgten weitere Stellen, aber auch dort wurde ihm gekündigt. Jetzt veränderte sich sein Leben endgültig. Er stürzte sich in waghalsige Geschäfte, traf seine geschäftlichen und finanziellen Entscheidungen sehr kurzsichtig, sodass er seine gesamten Ersparnisse verlor. Seine Frau ließ sich von ihm scheiden. Elliot bekam letztendlich Rente.

Damásio erklärt, dass Elliot zwar körperlich gesund und auch in den meisten geistigen Fertigkeiten unbeeinträchtigt war, er aber durch eine neurologische Störung nicht mehr fähig war, Entscheidungen zu treffen. Die Schädigung eines bestimmten Gehirnabschnitts führte dazu, dass sich seine Persönlichkeit dramatisch veränderte. Elliot konnte keine Schlüsse mehr ziehen, keine Entscheidungen mehr treffen; er konnte schlichtweg nicht mehr am sozialen Leben teilnehmen. Elliots rechter und linker Stirnlappen waren durch die Operation geschädigt worden, wobei die Schädigung im rechten weit größer war als die im linken. Damit wurden die Teile des Gehirns beschädigt, die für die zugrunde liegenden Denkprozesse bei Entscheidungsfindungen zuständig sind. Die Schädigung dieser Hirnregionen hatte keinerlei Einfluss auf den Intelligenzquotienten. Die Schwierigkeiten, mit denen Elliot seit der Operation zu kämpfen hatte, waren keine intellektuellen Probleme, sondern emotionale und psychische Anpassungsschwierigkeiten. Da seelische Schwierigkeiten

diagnostiziert wurden, verordnete man Elliot Psychothera-
piestunden. Leider erfolglos!

Aufgrund der Tatsache, dass sämtliche Intelligenztests bei
Elliot sehr gut ausfielen und keine Veränderung gegenüber
seinem IQ vor der Operation darstellten, richtete Damásio
seinen Fokus auf etwas anderes, auf Emotionen. Ihm fiel
auf, dass Elliot seine sehr tragische Lebensgeschichte sehr
distanziert erzählte. Er beschrieb die Vorgänge so leiden-
schaftslos, als ob er über die Zutaten eines Backrezeptes
berichten würde. Wie ein völlig unbeteiligter Zuschauer sprach
er ganz ruhig und ohne Groll. Seit seiner Krankheit war er
weder traurig, noch ungeduldig, noch zornig.

Selbst als Damásio ihm Bilder von Erdbeben oder Über-
schwemmungen mit leidenden Menschen zeigte, reagierte
Elliot emotionslos. Elliot selbst stellte schließlich fest, dass
seine Gefühle sich seit der Operation verändert hatten. Er
bemerkte, dass Themen, die ihn vorher erregt hatten, ihn
jetzt völlig kalt ließen.

Damásio kategorisierte Elliots Problem als »Wissen ohne
Fühlen«. Elliot hatte auch nach der Operation soziales Wissen: Im Labortest konnte er auch einfache moralische Ur-
teile so treffen, wie es die meisten Menschen in derselben
Situation tun würden. Er hatte demnach keinen unzulängli-
chen Zugriff zu Wissen und logischem Denken. Sein Defekt
schien in der Spätphase des schlussfolgernden Denkens zu
liegen. Denn genau an den Punkten, an denen Entscheidungen getroffen werden mussten, traten seine Defizite zutage.
Denn dann, wenn wir Entscheidungen treffen müssen, eröffnet sich uns eine Vielzahl von Entscheidungsmöglichkeiten, unter denen wir den richtigen Weg auswählen müssen.
Da Elliots Denken gefühllos war, war er nicht in der Lage, die
unterschiedlichen Handlungsmöglichkeiten zu bewerten.
Durch die unbewusste Bewertung von Handlungsmöglichkeiten schränken wir aber unsere Möglichkeiten so stark ein,

dass wir uns nur noch zwischen zwei oder drei Optionen bewusst entscheiden müssen. Ohne emotionale Bewertung haben wir so viele Optionen, dass wir uns rational nicht mehr entscheiden können. Gefühle sind also nicht nur sentimentales Getue, sondern sie haben eine immense Bedeutung.

Diese große Bedeutung, die Gefühle insbesondere für unser Glück spielen, hatte Rousseau bereits erkannt. Er war jedoch der Meinung, dass Gefühl und Vernunft in philosophischer Dialektik zur Einheit gebracht werden müssen, um innere Balance und Glück verspüren zu können. Naturwissenschaftler weisen heute allerdings darauf hin, dass Fühlen und Denken im komplexen System Gehirn nicht zu trennen ist. Um der großen Bedeutung von Gefühlen Rechnung zu tragen, sollten wir einen Blick darauf werfen, was Gefühle überhaupt sind.

Was sind Gefühle?

Wenn wir uns die Philosophien vergangener Zeiten anschauen, können wir feststellen, dass Gefühle immer als etwas eher Lästiges angesehen wurden. Vor allem in der Aufklärung ist die Vernunft das oberste Prinzip, und sie allein ist in der Lage, alles zu koordinieren: Gefühle sind es, die die Menschen daran hindern, vernünftig zu sein.

An dieser Stelle ist es sinnvoll, Emotionen und Gefühle voneinander zu unterscheiden. Eine Emotion ist eine automatische, eine unbewusste Antwort des Körpers auf eine bestimmte Situation. Ein Gefühl dagegen erleben wir dann, wenn wir eine Emotion bewusst wahrnehmen.

In Gefahren oder bei lebenswichtigen Aufgaben können uns Emotionen das Leben retten. Während unserer Evolution sind immer wieder Gefahren aufgetreten, in denen wir schnell handeln mussten. Emotionen können dann in uns die Handlungsbereitschaft wecken, die wir brauchen, um lebenswichtige Entscheidungen und Aufgaben bewältigen zu können. Mit der Zeit hat sich so ein überlebensnotwendiges Repertoire an Emotionen herausgebildet, das sich als angeborene und automatische Tendenz in unsere Nerven eingeprägt hat. In den letzten 50 000 Generationen hat sich die uns angeborene biologische Struktur unseres Seelenlebens entwickelt. Die menschliche Zivilisation der letzten 10 000 Jahre hat an der biologischen Grundform unseres Gefühlslebens kaum Spuren hinterlassen.

Damásio spricht hier von präorganisierten angeborenen Reaktionen. Wenn unsere Vorfahren beispielsweise große Tiere oder bestimmte Geräusche wahrgenommen haben, wurde dies vom limbischen System des Gehirns entdeckt und die Furcht ausgelöst, die unsere Vorfahren veranlasste, zu fliehen. Diese primitiven Emotionen haben wir auch heute noch. Der Mandelkern im limbischen System kann emotionale Reaktionen hervorrufen, die ohne jegliche bewusste, kognitive Beteiligung der Neokortex entstehen.

In unserer evolutionären Vergangenheit hatten Emotionen in der Hauptsache die Aufgabe, uns zum Handeln zu bewegen. Durch unsere Lebenserfahrung und unsere Kultur werden diese biologischen Handlungsbereitschaften geformt. So können wir davon ausgehen, dass der Tod eines geliebten Menschen überall auf der Welt Trauer auslöst, es aber kulturell verschieden ist, wie wir diese Trauer zeigen.

Bei Elliot funktionierten die Reflexe, die Emotionen, ganz normal. Wenn man ihn erschreckte, zeigte er die üblichen Körperreaktionen der Angst. Als Damásio ihm Bilder von leidenden Menschen zeigte, wusste Elliot, dass er dies schlimm finden müsste, aber er fühlte es nicht. Durch seine nach wie vor vorhandene Intelligenz hatte er alle Daten, die er brauchte, um Entscheidungen treffen zu können. Er war jedoch nicht mehr in der Lage, diese Daten zu bewerten.

Wir Menschen können nicht nur automatisch auf bestimmte Reize reagieren, sondern wir können darüber hinaus auch unsere Gefühle empfinden beziehungsweise wahrnehmen. Wenn wir etwa spüren, dass wir wütend werden, haben wir die Möglichkeit, flexibel damit umzugehen. Wenn wir emotionale Zustände empfinden, werden wir uns unserer Gefühle bewusst und haben damit die Möglichkeit, flexibel zu reagieren.

Zusätzlich können wir das Empfinden eines Gefühls mit dem Objekt, das dieses Gefühl ausgelöst hat, auf kognitiver, bewusster Ebene verbinden. Damit verändern sich das Gehirn und das Bewusstsein dahingehend, dass unsere angeborenen automatischen Emotionen durch unsere eigenen Interaktionen mit der Umwelt erweitert werden können. Wir sind damit in der Lage, individuelle Gefühle zu entwickeln und als Erfahrungen abzuspeichern.

Damásio erklärt sich nun die Problematik der Entscheidungsfindung bei Elliot folgendermaßen:

Wenn wir Menschen ein Problem haben, gibt es immer viele Möglichkeiten, dieses Problem zu lösen. Wenn wir dann über eine ausgewählte Reaktionsmöglichkeit nachdenken, stellt sich eine unangenehme oder eine angenehme Empfindung ein. Handelt es sich um eine unangenehme Empfindung, markiert diese unangenehme Empfindung die ausgewählte Reaktionsmöglichkeit. Dieser somatische Marker, wie Damásio ihn bezeichnet, lenkt die Aufmerksamkeit auf das negative Ergebnis einer möglichen Handlung, schließt diese Möglichkeit aus und reduziert damit automatisch die Reaktionsmöglichkeiten. Das Problem ist damit eingeordnet, Aufmerksamkeit und Arbeitsgedächtnis werden gestärkt und der kognitive Entscheidungsprozess kann beginnen, da nur noch eine begrenzte Auswahl an Möglichkeiten zur Verfügung stehen.

Gefühle sind also nicht nur ein zusätzliches oder gar lästiges Beiwerk des Menschen, sondern lebensnotwendig. Da 157

Gefühle in unserem Gehirn entstehen und das Gehirn plastisch ist, können wir uns auch noch als Erwachsene verändern: Wir können den Umgang mit unseren Gefühlen trainieren und so die Schaltungen im Kopf aktivieren, die für die guten Gefühle und damit für ein glückliches Leben verantwortlich sind.

António Damásio hat uns gezeigt, dass unsere persönlichen Lebenserfahrungen zu unseren persönlichen Markern im Gehirn werden, wenn es darum geht, unbewusst Entscheidungsmöglichkeiten zu reduzieren. Für unser Lebensglück bedeutet das zum einen, dass wir durch unsere Erfahrungen unsere Möglichkeiten, die wir für ein gutes Leben haben, erhöhen oder verringern. Zum anderen sind wir nicht unbeteiligt daran, wenn es darum geht, aus unseren Erlebnissen positive oder negative Erfahrungen zu machen. Denn das hängt sehr stark davon ab, wie wir mit unseren Erlebnissen umgehen. Eine Bewertung ist immer eine sehr subjektive Angelegenheit. Vielleicht machen wir es uns manchmal zu einfach, wenn wir alles auf die Umstände schieben.

Glückliche Umstände

Menschen können glücklich sein, auch wenn die Umstände dies nicht vermuten lassen. Gewöhnlich bestimmen unsere Umstände unser Wohlbefinden viel weniger, als wir annehmen. Studien haben gezeigt, dass Lebensfreude nicht abhängig ist von Alter, Geschlecht, Intelligenz oder Kontostand. Genauso können Menschen zutiefst deprimiert sein, obwohl sich an den jeweiligen Lebensumständen so gut wie nichts verändert hat.

Sehen wir uns einen Manager in den besten Jahren an. Seit Monaten schon war er verzweifelt, von Tag zu Tag sank seine Stimmung, nichts machte ihm mehr Spaß. Er hatte zu nichts mehr Lust, ermüdete sehr schnell, hatte keinen Appetit und konnte in der Nacht nicht mehr schlafen. Aber im Grunde hatte er doch keine Probleme. Trotzdem plagte ihn ständig diese Angst, dass er alles verlieren könnte, obwohl er einen guten Job hatte, eine sehr liebevolle, nette Frau und erwachsene Kinder, die ihren eigenen Weg schon eingeschlagen hatten. Warum genoss er nicht einfach abends nach einem arbeitsamen Tag bei einem schönen Glas Rotwein sein doch eigentlich gelungenes Leben?

Noch vor ein paar Monaten hatte er doch das Gefühl, das beste Leben auf Erden zu führen. Jetzt konnte er nicht einmal mehr weinen. Nein, es war schon so weit, dass er eigentlich gar nichts mehr fühlen konnte. Völlig gefühllos und verzweifelt stand er wie vor einem schwarzen Loch, einem Nichts, in das er völlig hilflos immer stärker hineingezogen wurde. Es ist eine von innen aufsteigende Depression, an der dieser Mann leidet. Eine Stoffwechselstörung im Gehirn ist der Auslöser. Ein Antidepressivum konnte seine Stimmung wieder aufhellen und Hoffnung in sein Leben zurückbringen.

Diese von innen motivierten schweren Depressionen, die durch Antidepressiva behandelt werden müssen, sind jedoch eher die Ausnahme. Sie zeigen jedoch, dass es nicht immer die Umstände sind, die uns zu negativen oder positiven Gefühlen veranlassen.

Wie wir gesehen haben, kann ein Fischer auf der Insel Vanuatu glücklicher sein als ein Millionär in Europa. Aber es kann auch ein Millionär in Europa glücklicher sein als ein Fischer auf Vanuatu. Für den Fischer und für den Millionär kommt es vor allem darauf an, wie sie die Gelegenheiten, die sich ihnen bieten, nutzen. Aber auch darauf, dass sie Gelegenheiten und Chancen haben, was wiederum von ihren Erfahrungen und damit von ihren bewerteten Erlebnissen abhängt. Denn wenn die »guten Gefühle« im Gehirn angelegt sind, können zum einen die äußeren Umstände unser Glück 159 nur geringfügig beeinflussen, zum anderen bieten sich mehr Chancen auf ein gelingendes Leben.

Ereignisse, Erlebnisse und Lebensstile steuern die Aktivität von Genen und verändern damit die Strukturen im Gehirn. Die meisten Ereignisse und Erlebnisse wählen wir selbst. Auch für unseren Lebensstil sind wir zu einem sehr großen Teil selbst verantwortlich. Natürlich kann man einwenden, dass selbst dann, wenn die »guten Gefühle« im Gehirn entstehen, es doch Sache unserer genetischen Veranlagung ist, ob wir ein glückliches oder unglückliches Leben führen. Bei den Genen können wir zwei Funktionen unterscheiden. Da gibt es zum einen den »Text« eines Gens, der auch als »DNS-Sequenz« bezeichnet wird. Dieser »Text« ist in einem Lebewesen ein für alle Mal festgelegt und geht auch in die Erbfolge ein.

Zum anderen gibt es aber auch die Funktion der Regulation der Genaktivität. Diese Regulation der Genaktivität ist sowohl für die physische, als auch für die psychische Gesundheit eines Menschen sehr viel wichtiger. Und es ist diese Regulation, die überwiegend nicht vererbt wird, die veränderbar ist, die durch Erlebnisse und Erfahrungen beeinflusst und damit auch verändert wird. Erfahrungen können im Gehirn umgewandelt werden in biologische Signale. Damit können etwa zwischenmenschliche Beziehungen, Aktivität und geistige Konzentration die Regulation zahlreicher Gene beeinflussen, um damit für unser körperliches und geistiges Wohlbefinden zu sorgen.

Die Regulation der Gene bestimmt in jedem Gen, ob und in welcher Menge sein Protein produziert wird. Diese Regulation ist nicht »autistisch«, das heißt, sie wird nicht nur vom Gen selbst bestimmt. Ob Gene aktiviert werden und dann die jeweiligen Proteine ausschütten, hängt von Signalen ab, die aus der Zelle selbst, aus dem Gesamtorganismus oder aus der Umwelt kommen können. Signale, die aus der

Umwelt kommen, werden über unsere Sinne aufgenommen und durch Nervenzell-Netzwerke der Großhirnrinde und des limbischen Systems bewertet, um dann – umgewandelt in biologische Signale – Gene im Hirnstamm und Hypothalamus zu aktivieren.

Diesen Signalen oder auch den Reizen aus unserer Umwelt sind wir jedoch in den seltensten Fällen einfach ausgeliefert. Wir werten, wir wählen, wir entscheiden und wir verantworten: unser Leben, unsere Gefühle, unser Glück!

Wenn wir es schaffen, unsere Erlebnisse positiv zu werten, um damit positive Erfahrungen abspeichern zu können, erhöhen sich auch unsere Chancen und unsere Gelegenheiten zu einem besseren Leben. An beidem können wir arbeiten: Für unsere Erlebnisse sind wir, zumindest zu einem großen Teil, selbst verantwortlich, aber vor allem auch dafür, wie wir Dinge bewerten.

Für Rousseau ist das Ziel allen Handelns das Glück. Eine Gesellschaft kann nicht zum Naturzustand zurückkehren, aber sie muss so gestaltet sein, dass wir Menschen die Möglichkeit haben, uns sowohl verstandes- als auch gefühlsmäßig verhalten und handeln zu können. Eine Art Selbstmächtigkeit in Bezug auf das eigene Selbst soll eine innere Integrität organisieren, die auf einseitige Herrschaft etwa des Intellekts über Leidenschaften und Gefühle – oder umgekehrt – verzichtet. Denn die Macht über sich selbst ist die Kunst, so mit seinen Gefühlen umgehen zu können, dass man sich äußeren Mächten entziehen kann. Diese äußeren Mächte müssen nicht Politik heißen. Sie können auch den Namen Konsum haben. Es ist für äußere Mächte aber nur dann möglich, das Selbst zu bestimmen, wenn sie sich die inneren Zwistigkeiten und unerfüllten Bedürfnisse des Subjekts zunutze machen, indem sie versprechen, sie zu lösen.

Unsere Selbstliebe und unser Mitleid sind die Eckpfeiler für Tugend, Einheit und Glück. Deshalb sollten wir uns immer mal wieder die Zeit nehmen, um uns über unsere Gefühle klar zu werden.

Wissen Sie über Ihre Gefühle Bescheid? Vielleicht helfen Ihnen ein paar Fragen, damit Sie sich Ihre Gefühle besser bewusst machen können.

- Sind Sie eher ein Gefühls- oder ein Vernunftmensch?

- Wie gehen Sie mit Ihren Gefühlen um? Halten Sie sie zurück, oder sind Sie eher impulsiv?

- Welche Gefühle dominieren Ihr Leben: positive oder negative?

- Wenn Ihre vorherrschenden Gefühle eher Sorge oder Angst sind: Woran könnte das liegen?

- Womit beschäftigen Sie sich mehr: mit Schicksalen und Katastrophen oder mit Erfolgen und den schönen Dingen des Lebens?

- An welche positiven Erlebnisse können Sie sich erinnern? Belohnen Sie sich manchmal?

- Welche Gefühle nähren Sie?

- Was können Sie dafür tun, diejenigen Gefühle zu nähren, die Ihnen wichtig sind?

FRIEDRICH NIETZSCHE

im Lichte moderner Wissenschaften

Augenblick verweile doch, du bist so schön!

Wer sich nicht auf der Schwelle des Augenblicks niederlassen kann, wird nie wissen, was Glück ist

Ein Denker aus Dynamit

Sich selbst bezeichnete er als Dynamit, obwohl alles eigentlich sehr friedlich und verheißungsvoll begann. 1844 wird er als Sohn eines Pastors und einer frommen Mutter im sächsischen Dorf Röcken geboren. Er ist der Erstgeborene von insgesamt drei Kindern. 1849 stirbt der Vater an »Gehirnerweichung« und 1850 der jüngere Bruder Ludwig Josef. Daraufhin wird die Pfarrei neu besetzt und die Familie übersiedelt samt Großmutter, zwei unverheirateten Tanten, der Mutter, der Schwester Elisabeth und Friedrich selbst, nach Naumburg.

Bis 1851 besucht Friedrich die Knaben-Bürgerschule. Seine Mitschüler nennen ihn den »kleinen Pastor«, da er Bibelsprüche und geistliche Lieder mit solcher Vehemenz vortragen kann, dass »man fast weinen muss«. Von dem »kleinen Pastor« wird schon sehr früh erwartet, dass er mal ein »großer Pastor« werden würde. Alle sind davon überzeugt, dass es ihm an Talent nicht fehlt. Denn bald schon kann er in das Elite-Internat Schulpforta, in der Nähe von Naumburg, aufgenommen werden.

Bis dahin könnten wir denken, dass Nietzsches Idee vom Glück darin liegt, die Erwartungen der anderen zu erfüllen. Damit wäre Glück für ihn eine Art Äußerlichkeit, welche dem Menschen, vielleicht sogar in Form von Traditionen, übergestülpt wird: Wie der Vater, so der Sohn. Weit gefehlt! Sehen wir, wie es mit Nietzsche und seinem Verständnis von Glück weitergeht.

Friedrich macht Abitur, studiert und wird sehr bald zu einem angesehenen Gelehrten, der in entsprechenden Kreisen verkehrt. Da er 1869 einen Ruf an die Universität Basel erhält, lernt er zahlreiche Gelehrte und Künstler der Basler Gesellschaft kennen. Am liebsten ist er jedoch bei Richard und Cosima Wagner in Tribschen bei Luzern. Geburtstage, Weihnachten und Neujahr werden im Musikerhaushalt Wagner gemeinsam gefeiert. Und Nietzsche scheint bis dato das Glück in der Gemeinschaft zu genießen.

Aber immer mehr beeinflussen Krankheiten Nietzsches Leben: Schlaflosigkeit, Augenerkrankung und Kopfschmerzen. Trotzdem lässt er sich nicht vom Schreiben abhalten. Denn das Schreiben wird für ihn zur Medizin. Im Schreiben spürt Nietzsche seine eigene Innerlichkeit, sein immanentes Glück und scheint so vom Äußeren zum Inneren zu kommen.

Hier erkennen wir Nietzsches ganz andere Idee vom Glück. Nicht Sittlichkeit und Moral sind für ihn Wege zum Glück, sondern, im Gegenteil, Befreiung von Moral und Gebundenheit. Von außen betrachtet zerbricht das Leben des Philosophen zusehends: Krankheit, Ende seiner Karriere, Bruch seiner Freundschaft mit Wagner und damit das Ende des gemeinschaftlichen Lebens. Doch obwohl er selbst seine eigene Existenz nur noch als Leiden empfinden kann, spricht er von einer »erkenntnisdurstigen Freudigkeit, die über alle Marter und Hoffnungslosigkeit siegt«. Er entscheidet sich bewusst für die Einsamkeit. Alles seinem Werke zuliebe. Ein Leben auf der Wanderschaft beginnt.

Am Tor zum romantischen Fextal, zwischen zwei Seen, liegt der kleine Ort Sils Maria im Engadin. Im Sommer 1881 ist Nietzsche zum ersten Mal in dieser zauberhaften Landschaft, die ihn inspiriert und in solch euphorische Stimmung versetzt, dass er am 14. August 1881 in einem Brief schreibt: »Die Wendung vom Sehen des Gedankens lässt auf ein mystisches Bedeutungserlebnis der *ewigen Wiederkehr* schließen.« Nietzsche erlebt eine Vision, einen »ungeheuren Augenblick«: Es ist die Vision *»der ewigen Wiederkehr des Gleichen«*. Der Mensch wird völlig eins mit der Welt, in der es keinen Anfang und kein Ende gibt. Wenn es keinen Anfang und kein Ende gibt, gibt es keinen Tod und keine Sterblichkeit, sondern nur Ewigkeit. Hier zeigt sich die Vision der ewigen Gegenwärtigkeit, die eine Vision des Seins und damit Glück schlechthin ist. Der Gedanke ist geboren, dass Glück etwas mit Zeit und Zeitlichkeit zu tun haben muss. Aber davon später mehr.

Die Vision der *ewigen Wiederkehr* führt Nietzsche auf den Höhepunkt seines Schaffens. Wie im Rausch schreibt er 1883 den ersten und zweiten Teil seines literarischen Kunstwerks *Also sprach Zarathustra*. Zarathustra ist der »Übermensch«, der den Tod Gottes überwunden hat und damit alle teleologische Sinngebung des Lebens. Der Mensch, der jenseits von Sinn und Unsinn zu leben vermag. Damit überwindet er nicht nur Gott, sondern auch das Nichts, das nach dem Tod Gottes zwangsläufig entsteht. Dieser Mensch hat den Mut, sich für die Erde ohne illusionäre Hinterwelten zu entscheiden und begnügt sich mit dem Glück des Daseins.

1888 sieht die Zimmerwirtin Nietzsche nackt tanzen. 1889 umarmt er ein Droschkenpferd, um es vor den Schlägen des Kutschers zu schützen. Nietzsche wird in eine Nervenklinik eingeliefert, zuerst in Basel, dann in Jena. 1890 nimmt Nietzsches Mutter ihr »Fritzchen« in Naumburg auf, um ihn dort zu pflegen. 1897 stirbt die Mutter, Friedrich wird von der Schwester in die Villa Silberblick nach Weimar geschafft, wo er am 25. August 1900 stirbt.

Der große Denker Friedrich Nietzsche ist einer der am häufigsten zitierten und interpretierten Philosophen und Literaten aller Zeiten. Seine Gedanken zündeten wie ein Feuerwerk, er hat gedichtet wie ein Besessener, er hat gelitten wie ein Tier und er führte sich auf wie ein Wahnsinniger. Aber seine Genialität ist keine Ausgeburt des Wahnsinns. Auch wenn das manchmal so hingestellt wird.

Aufgrund einer Syphiliserkrankung litt Nietzsche am Ende seines Lebens an den Folgen einer Hirnhautentzündung. Diese Krankheit hat ihn zeitweilig verwirrt, aber seine gigantischen Denkexperimente waren genial und konsequent. Wahrscheinlich ist für Nietzsche der glückliche Mensch der Mensch, der auch in schweren und schicksalhaften Zeiten sein Leben optimistisch und lebensbejahend führt. In guten Zeiten ist das keine Kunst. Darum zeigt sich erst in schlechten Zeiten, ob ein Mensch glücklich ist oder eben nicht. Doch nicht nur die Situation, in der sich der Mensch gerade befindet, auch Zeit und der Augenblick an sich sind für Nietzsche zentral. Schauen wir uns das genauer an.

Augenblicklich glücklich!

In *Also sprach Zarathustra* schreibt Friedrich Nietzsche: »O Glück! O Glück! Willst du wohl singen, o meine Seele? Du liegst im Grase. Aber das ist die heimliche feierliche Stunde, wo kein Hirt seine Flöte bläst.«[30]

Dies ist ein Augenblick der vollkommenen Stille für Nietzsches Zarathustra. Nichts mehr soll sich bewegen. Es geht nur noch darum, das mittägliche Glück zu genießen. Es ist ein Gefühl der Ruhe, der Schwermut und der Fülle, das der Mittag Zarathustra bringt. Der Mensch findet zu sich selbst, indem er sich ganz auf den großen und lebendigen Organismus der Natur einlässt. In diesem, fast heiligen Moment gibt es keinen Hirt, der seine Flöte bläst. Was so viel heißt wie, dass es nichts und niemanden gibt, der einem sagt, wo's langgeht, oder gar, was zu tun ist. Dieses Jetzt, dieser Augenblick, ist für Nietzsche kein Augenblick in einer linearen Zeit. Denn diese lineare Zeitvorstellung ist vor allem geprägt durch das Zeitalter der Moderne. In der Moderne, in Zeiten der Industrialisierung geht es vor allem um einen untrüglichen Fortschrittsglauben, um Standards und Normen. Und es war gerade die Zeit, die standardisiert wurde. Als zeitliche Norm, gemäß dem Takt der Maschinen, wurde der Takt des Menschen bestimmt. Damit werden Menschen daran gehindert, ihre Zeit für sich zu haben oder wenigstens, entsprechend eigener Bedürfnisse, einzuteilen. Von diesem modernen Orientierungsprimat der Zeit will Nietzsche den Menschen befreien. Dabei geht es aber nicht nur um die äußere, sondern auch um die innere menschliche Befreiung.

Denn in einer linearen Zeit ist der Mensch ein Gefangener seiner eigenen Tradition. Wie der Vater, so der Sohn. Damit legt die Vergangenheit fest, was die Zukunft bringen soll. Nicht eigene Wünsche stehen im Vordergrund, sondern es geht darum, die Erwartungen der Tradition und der Familie zu erfüllen. Die lineare Vorstellung von Zeit zeigt sich für Nietzsche beim Menschen der platonisch-christlichen Tradition. Denn Menschen der platonisch-christlichen Tradition werten das als gut oder böse, was irgendwann einmal so festgelegt wurde. Ungefragt übernehmen sie Werte und bewerten entsprechend, ohne dies jemals zu hinterfragen. Die dadurch etablierte Moral als verinnerlichter Gerichtshof lässt dem Individuum keinerlei Freiheit, sich selbst zu entfalten. Diese unfreien, moralischen, von der Tradition erdrückten Menschen können nur dann erlöst sein, wenn sie Zeit nicht mehr linear erleben. Das heißt, nicht mehr von den Sorgen und Problemen der Vergangenheit erdrückt werden. Nicht mehr nur das tun und denken dürfen, was andere 169 von ihnen erwarten oder was aus Traditionen entstanden ist. Nicht mehr nur noch daran denken, wie sie ihre Zukunft planen können, was sie als Nächstes machen müssen und was auf gar keinen Fall warten darf. Der »Mittag« bei Nietzsche ist so etwas wie das »Hier und Jetzt« ohne Vergangenheit und ohne Zukunft.

Der »Mittag« ist damit die glücklichste und vollkommenste Stunde, aber auch für Zarathustra birgt der Mittag das Problem, sich zu entscheiden. Denn auch er weiß, dass es nicht nur glückliche Momente und Augenblicke im Leben gibt. Und dass das Leben der Veränderung unterworfen ist und somit der glückselige Augenblick nicht ewig dauern kann. Diese Entscheidung stört die glückliche, bewegungslose Stunde, eröffnet aber gleichzeitig einen neuen Lebenshorizont. Denn sich zu entscheiden, heißt »Ja« zu sagen zu Veränderung. Die Menschen des Mittags haben die Möglichkeit, zu wollen und zu schaffen. Generell haben bei Nietzsche alle Menschen die Möglichkeit, den Mittag zu erleben, aber nur ganz wenige von ihnen werden fähig sein, am Punkte des Mittags das Leben wollen zu können: selbst dann, wenn es leidvolle Stunden und Tage mit sich bringt. Dieser Mittag ist in Nietzsches Überlegungen ein Augenblick, in dem sich der Mensch von der Vergangenheit ausruhen kann, um sich dann für ein tätiges, aktives, produzierendes Leben zu entscheiden. Auch dann, wenn unser Leben kein generelles Ziel verfolgt. Auch dann, wenn unser Leben keinen Sinn hat dahingehend, dass wir nach unserem Tod mit einem Paradies belohnt werden würden. Gerade dann können wir uns aus freien Stücken, in der Stunde des Mittags, für unser eigenes, glückliches Leben entscheiden.

Leben wir in einer kreisförmigen Zeit, können wir nur glückliche Menschen sein, denn nur glückliche Menschen können wollen, dass sich alles immer wieder wiederholt.

Damit ist der zentrale Gedanke in Nietzsches Philosophie:

»Die ewige Wiederkehr des Gleichen« und die kreisförmige Zeit. Alle Ereignisse wiederholen sich unendlich. Unser Leben ist bestimmt durch Gewohnheit und Übung. Aber gerade diese Routinen sind die Grundlage von höchster Lebensbejahung.

Nietzsche verbindet die »Lehre der ewigen Wiederkehr des Gleichen«, der kreisförmigen Zeit, mit der Entscheidung des Menschen. Hier entdecken wir einen offensichtlichen Widerspruch. Denn entweder, es wiederholt sich alles immer wieder, dann macht es keinen Sinn mich anzustrengen, denn es ist ja alles nur Wiederholung. Oder ich entscheide mich. Daraus resultiert jedoch dann eine Veränderung. Nietzsche selbst hat dazu keine Stellung genommen. Genauso wenig finden wir eine Äußerung oder eine klare Definition bei Nietzsche, was Zeit ist.

Denken wir gemeinsam darüber nach, wie sich dieser vermeintliche Widerspruch auflösen könnte. Was könnte Nietzsche damit meinen? Vielleicht würde er diesen Widerspruch einfach stehen lassen wollen. Denn manchmal ist das Leben einfach widersprüchlich. Aber es könnte auch sein, dass er folgende Schlüsse ziehen würde:

Dieses sich ewig Wiederholende, das Gewohnte ist ein großer Bestandteil unseres Lebens. Und das ist gut so. Aber in unseren Gewohnheiten steckt auch das Ungewöhnliche. Und das gilt es bei sich zu entdecken. Unser Wille, uns immer wieder neu zu entdecken, gibt uns die Kraft und Energie, auch Nichtgeglücktes zu überwinden. Diese Überwindung verschafft uns wieder Erfolgserlebnisse, die von Glücksgefühlen begleitet werden. Deshalb steckt im Unglück auch Glück und im »Wehe auch Wohl«. Glück ist demnach bei Nietzsche ein integrativer Bestandteil des Individuums, das sich aus eigener Kraft immer wieder selbst überwindet und sich dadurch stärker und zufriedener macht. Die Herdentiere, die nach der Flöte des Hirten tanzen, sind nicht die 171

Menschen, die an ihrem Glück arbeiten. Mag die Gesellschaft auch weiterhin ihr vermeintliches Herdenglück genießen, doch wer sich zu Höherem berufen fühlt, muss seinen Herdentrieb überwinden, um ganz und gar er selbst zu werden.

Warum also ist es für das Glück wichtig, Zeit nicht ausschließlich linear zu erleben? Was macht den »gelebten Augenblick« Nietzsches so wertvoll? Schauen wir uns an, wie so ein »gelebter Augenblick« wissenschaftlich erklärt wird.

Die Entstehung des gelebten Augenblicks

Der Philosoph und Bewusstseinsforscher Thomas Metzinger beschreibt in seinem Buch *Der Ego-Tunnel*, wie ein gelebter Augenblick im Menschen entsteht. Es ist das Bewusstsein, das dem Organismus mitteilt, welche Zeit jetzt ist. Jeder Mensch verfügt über einen Zeittunnel, wie Metzinger dies nennt: Dieser Zeittunnel bestimmt, wie Zeit subjektiv erlebt wird.

Seit Jahrhunderten fragen sich Philosophen, was es mit der Zeit auf sich hat, was Zeit ist. Metzinger sagt dazu: »Bewusstsein ist Innerlichkeit der Zeit.« Die erlebte Zeit macht die Welt für uns gegenwärtig. Denn alles, was wir erleben, erleben wir, als ob es in genau diesem Moment geschehe. Aufgrund unserer alltäglichen Erfahrungen sind wir der Meinung, dass Zeit auch unabhängig der bewussten Wahrnehmung von Objekten, das heißt ohne uns Menschen, ganz objektiv existiert. Neue Erkenntnisse der Hirnforschung, Molekularbiologie und Psychologie zeigen jedoch, dass Wahrnehmung, Gedankenprozesse, Erinnerungen, Zeitgefühl und Bewusstsein so eng miteinander verknüpft sind, dass ein getrenntes Erleben eigentlich nicht möglich ist. Damit treten Zeit, Gedanken und menschliches Bewusstsein nur gemeinsam in Erscheinung. Daraus folgt, dass die Vorstellung einer objektiven Zeit lediglich die Vorstellung einer Identität ist, die auf Erinnerungen basiert und nach Sicherheit und Kontinuität strebt. Natürlich können wir auch an Vergangenes denken oder Zukunftspläne schmieden, aber alle Gedanken der Vergangenheit oder der Zukunft sind immer in ein bewusstes Modell des Selbst eingeordnet. Denn dieses Selbst ist es, das gerade jetzt, in diesem Augenblick, an den letzten Urlaub in Griechenland denkt und daran, wie wir am Meer gesessen haben, um den Sonnenuntergang zu genießen.

Für den menschlichen Organismus ist es wichtig, in Kontakt mit der unmittelbaren Umgebung zu bleiben. Vor allem dann, wenn wir nicht genau wissen, was als Nächstes passieren wird und dementsprechend nicht wissen, welche Fähigkeiten wir brauchen. Denn viele Teile der menschlichen Informationsverarbeitung laufen unbewusst ab. Die bewussten Informationen werden mit Gedächtnis- und Wahrnehmungsinhalten abgeglichen, um schließlich motorische oder sprachliche Aktionen auszulösen. Unbewusste Informationen sind jedoch wissensunabhängig und können damit auch nicht sprachlich artikuliert werden, selbst wenn sie ohne unser Wissen Reaktionen auslösen können.

Halten wir also fest: Um adäquat auf unsere Umgebung reagieren zu können, müssen wir bestimmte Dinge bewusst wahrnehmen. Dazu benötigen wir so etwas wie das »Jetzt«: eine zentrale Stelle, von der aus die verschiedenen Botschaften an die spezialisierten Hirnsysteme übermittelt werden können. Da es diese ausgehende Schaltzentrale in unserem Gehirn nicht gibt, wird sie in unserem Gehirn simuliert. Und diese Simulation ist die Zeit. So etwas wie das »Jetzt« gibt es wohl in der Außenwelt nicht. Trotzdem hat es sich durchaus als vorteilhaft erwiesen, so etwas wie ein inneres Modell der Welt um dieses »Jetzt« herum zu organisieren. Durch die Schaffung des gemeinsamen zeitlichen Bezugsrahmens

»Jetzt«, können die verschiedenen Mechanismen des Gehirns auf dieselben Informationen gleichzeitig zugreifen. Das Jetzt ist ein bestimmter Punkt in der Zeit, der als »Wirklichkeit« gekennzeichnet ist.

Dieses Jetzt gibt es im Grunde nur im Menschen, aber nicht in der Außenwelt. Den Augenblick, den Moment, erleben wir subjektiv. Alles, was wir bewusst denken und fühlen, denken und fühlen wir in genau diesem gelebten Augenblick. In diesem Moment erleben wir aber auch Dauer, denn ein bestimmter musikalischer Ton oder ein bestimmtes Gefühl kann nur für einen gewissen Zeitraum konstant bleiben. Dieses sogenannte Gegenwartsfenster ist in seiner Kapazität jedoch begrenzt.

Damit wir überhaupt bewusst erleben können, benötigen wir Gegenwartsfenster beziehungsweise Gegenwart, denn Gegenwärtigkeit schafft einen inneren Raum für das Zeiterleben, obwohl wir nie in direktem Kontakt mit der Gegenwart sind. Das klingt hochphilosophisch, ist aber auf neuronale Prozesse zurückzuführen: Signale aus der Umwelt benötigen Zeit, um von den Sinnesorganen über Neurone ins Gehirn vorzudringen. Dort braucht es wiederum Zeit, um sie verarbeiten und in Handlungen verwandeln zu können. Wenn wir also etwas als Gegenwart erleben, ist es eigentlich schon vergangen.

Philosophen sprechen deshalb über *phänomenales Bewusstsein* oder *phänomenales Erleben*. Phänomen heißt hier so viel wie Erscheinung. Denn für die Philosophie ist die zeitliche Innerlichkeit des bewussten Augenblicks eine Illusion, da es einfach keinen unmittelbaren Kontakt mit der Wirklichkeit gibt. Damit ist das Gefühl der Gegenwärtigkeit ein inneres Phänomen, das durch das Gehirn erzeugt wird. Denn in der Außenwelt gibt es keinen Augenblick. Die physikalische Zeit verläuft kontinuierlich. Für das Gehirn jedoch gibt es die ausgedehnten Momente als Kette individueller Momente. Damit schafft sich der Mensch ein Jetzt.

Einerseits ist die subjektive Gegenwärtigkeit zwar eine Illusion, andererseits hat sich diese bewusste Gegenwärtigkeit für den Menschen als vorteilhaft erwiesen, denn Wahrnehmung, Denken und auch bewusste Willensakte werden dadurch erfolgreich gebündelt, um mit der physikalischen Welt umgehen zu können.

Erlebte Zeit ist damit eine Repräsentation im Gehirn, die wir jedoch nicht als Repräsentation erkennen können. Wir erleben die Augenblicke der Gegenwart unmittelbar und damit auch die seltenen Augenblicke des Glücks.

Seltene Augenblicke des Glücks

Nun wissen wir, wie ein solcher gelebter Augenblick entsteht. Aber warum gibt es so selten Augenblicke, in denen wir ganz präsent sind, in denen wir so etwas wie Glück empfinden?

Die Psychologin Nilli Lavie weist in einem Experiment nach, dass Versuchspersonen sich weniger ablenken lassen, wenn sie von einer Aufgabe ausreichend gefordert sind. Ganz der Gegenwart wenden wir uns dann zu, wenn uns etwas so stark anspricht, dass wir alles andere um uns herum vergessen.

Damit sind wir wieder beim bereits angesprochenen *Flow*. Für die Entstehung des *Flow* ist es wichtig, dass eine Aufgabe genau den richtigen Schwierigkeitsgrad hat. Denn wenn das Gehirn zu wenig gefordert ist, befasst es sich mit Sorgen oder inneren Monologen. Es gibt keinen leeren Verstand: Solange wir leben, ist unser Gehirn stets gefüllt mit Gedanken.

Wir können uns mühelos konzentrieren, wenn sowohl unsere Wahrnehmung als auch unser Verstand ausgelastet sind, denn dann gewinnen wir den Eindruck, alles unter Kontrolle zu haben. Unsere Aufmerksamkeit sorgt ganz automatisch dafür, dass wir in der Gegenwart bleiben und dabei Vergangenheit und Zukunft ausblenden. Diese Geistesgegenwart ist aber nicht einfach, sondern sie ergibt sich aus einer Tätigkeit heraus.

Der gelebte Augenblick Friedrich Nietzsches könnte als Erlebnis gedeutet werden, das mächtige Gedanken und Gefühle auslöst. Denn auch diese führen dazu, dass alle anderen Bewusstseinsinhalte auf einmal unwichtig werden. Wenn wir in unserem Fühlen Raum und Zeit vergessen können, erleben wir die kleinsten Zeiträume unendlich intensiv.

Wir alle kennen das: Unfreiwillige Gedanken, Sorgen und Probleme schwirren in unserem Kopf herum und verselbstständigen sich. Wir befinden uns überall, aber ganz bestimmt nicht im Hier und Jetzt. Damit wir in der Gegenwart bleiben, hilft es, unsere Aufmerksamkeit ganz bewusst auf das zu lenken, was wir gerade tun. Das kann bedeuten, dass wir konzentriert Sport treiben, ein Musikinstrument lernen oder ein Buch lesen. Das kann aber auch heißen, dass wir abends einen Spaziergang in der Natur machen. Meistens ist es dabei so, dass wir die ersten Minuten damit verbringen, unser Tagesgeschehen zu verarbeiten. Die Gedanken drehen sich in alle möglichen Richtungen. Aber mit der Zeit lässt die Anspannung nach, wir kommen zur Ruhe und erleben die Gegenwart. Auf einmal nehmen wir die Natur wahr. Wir sehen den Bach, riechen den Duft der Tannenbäume, hören das Zwitschern der Vögel und spüren die Kühle des Waldes. Wenn wir uns auf unsere Sinne konzentrieren, lenken wir ganz bewusst unsere Aufmerksamkeit auf die Gegenwart.

Eine andere Möglichkeit der Konzentration liegt darin, unseren Körper zu spüren. Wenn wir sportlich etwas leisten, hat unser Gedankenkarussell definitiv Pause. Wir spüren unsere Atmung, unseren Puls, unsere Herzfrequenz und die Beanspruchung unserer Muskeln und Gelenke. Da ist kein Platz für Sorgen!

Aber auch mit Reisen können wir die Gegenwart entdecken. Neue Erfahrungen und das Erleben fremder Städte und Länder fordern all unsere Sinne. Wir erleben das Hier und Jetzt! Wenn wir Gegenwart erleben, erleben wir glückliche Momente. Es ist unser Gehirn, das uns in die Lage solch glücklicher Momente versetzen kann. Schauen wir, was anatomisch im Gehirn passiert.

Bewegte Zeit

Wie wir gesehen haben ist das, was wir als Zeit erleben, hauptsächlich ein Phänomen unseres Bewusstseins. Es geht hier nicht um die objektive Zeit unserer tickenden Uhren, sondern um unser subjektives Zeitempfinden. Unsere Umgebung und unser Gehirn spielen zusammen, wenn wir Zeit erleben.

Experimente zeigen, dass vor allem zwei Teile des Gehirns hierbei besondere Aktivität zeigen. Zum einen ist es das Kleinhirn, das für das Zeitgefühl verantwortlich ist. Es befindet sich im Hinterkopf, und zwar genau dort, wo das Rückenmark ins Schädelinnere mündet. Immer dann, wenn es um Bewegung geht, wird unser Kleinhirn aktiv. Es sind vor allem die Bewegungen, die wir sehr oft wiederholen, die es in Aktivität versetzen. Das Kleinhirn steuert die Befehlsfolgen, die über das Rückenmark an die Muskeln gelangen. Damit wird es uns zum Beispiel möglich, dass wir gleichzeitig gehen und sprechen können.

Zum Erleben von Zeit brauchen wir aber auch die Basalganglien, die sich an der Unterseite des Großhirns befinden. Denn bei komplizierten und nicht ganz alltäglichen Bewegungen senden die Basalganglien elektrische Schwingungen aus, die sich dann über Zwischenstadien in viele andere Hirnstationen verbreiten. So entsteht eine Art Taktschlag, mit dessen Hilfe das Zusammenspiel der Muskeln koordiniert wird.

Diese Taktgeber in unseren Köpfen sind ein uraltes Erbe. Denn ein Affe könnte sich nicht von einem Ast zum anderen schwingen, wenn er kein exaktes Timing hätte. Im Laufe der Evolution hat sich dieses Timing immer weiter verbessert. Damit ist klar, dass der Sinn für Bewegung und die Zeit untrennbar miteinander verbunden sind: Ist eines von beiden gestört, geht oft auch das andere verloren. So können manche Menschen nach einem Schlaganfall Zeit nicht mehr akkurat empfinden, wenn sie einen Schaden im Kleinhirn davontrugen. Diesen Menschen ist es nicht mehr möglich, unter zwei vorgegebenen Zeitintervallen das längere zu benennen. Auch Parkinsonpatienten leiden unter einer Konfusion des Zeitgefühls. Um kurze Zeiten erleben zu können, verbinden wir Rhythmus mit Zeit.

Längere Zeitabschnitte erleben wir, indem wir vergleichen und damit auch erinnern. Zeitgefühl ist aber immer ein Zusammenspiel vieler neuronaler Schaltungen in unserem Gehirn. Ist dieses Zusammenspiel, aus welchem Grund auch immer, gestört, gerät unser Empfinden für Zeit aus den Fugen. Der Neurologe Ferdinand Binkowski berichtet von Menschen, deren Zeitgefühl sich plötzlich veränderte:

Einer seiner Patienten musste erleben, dass von einem Moment zum anderen die Zeit anfing zu rasen. Als dieser Mann gerade im Auto saß, schienen sowohl andere Autofahrer als auch Fußgänger an ihm vorbeizuflitzen. Aber nicht nur das. Die Welt beschleunigte sich in den Augen des Patienten immer mehr. Die Ärzte stellten dann fest, dass sich für ihn die Zeit um das Fünffache gedehnt hatte: Damit lief in seinem Gedächtnis die Zeit fünfmal langsamer als in

Wirklichkeit. Verglich er nun seine Wahrnehmung mit seinem Gedächtnis, musste ihm alles, was er erlebte, viel schneller als gewöhnlich erscheinen.

Es war ein Tumor, der auf die Zentren drückte, die für die Zeitsteuerung zuständig sind und damit auch den Signalaustausch mit anderen Zentren verhinderte. Nach der Entfernung des Tumors bekam der Patient wieder ein normales Gefühl für Zeit.

Es gibt keine reine, sondern nur bewegte Zeit. Denn nur dann, wenn etwas geschieht, erleben wir Zeit. Damit ist dieses zeitliche Erleben immer mit einem Ereignis verbunden, einer Bewegung oder einer Erinnerung. Das menschliche Zeitempfinden ist so aber auch instabil und manipulierbar.

Müssen wir im Wartezimmer eines Arztes warten, dauert das ewig. Sind wir auf einer Party, vergeht die Zeit im Fluge.

Das hängt aber nicht nur vom Maßstab ab, den unser Gehirn zum Abschätzen der vergangenen Zeit heranzieht, sondern auch davon, wie aufmerksam wir bei der Sache sind. Wenn das Bewusstsein nebenher noch mit anderen Dingen beschäftigt ist, unterschätzen wir die verflossene Zeit vollständig. Sind wir jedoch ganz präsent, wie zum Beispiel auf dem Zahnarztstuhl, dann dehnen sich die Sekunden unendlich. Denn in Momenten hoher Anspannung richtet sich unser Augenmerk auf alles, was Informationen darüber verspricht, dass die Erfahrung bald zu Ende sein wird. Damit erleben wir Zeit wie unter einer Lupe, unendlich in die Länge gezerrt.

Aber auch unsere Stimmungen tragen dazu bei, ob uns etwas länger oder kürzer erscheint. Fühlen wir uns unwohl, denken wir nur an die Zeit, in der Hoffnung, dass sie bald vorübergeht. Aber es ist genau das, was sie uns länger erscheinen lässt. Ironie des Schicksals?

Die schönsten Stunden des Lebens sind die kürzesten. Unangenehme Stunden ziehen sich wie Kaugummi. Das ist das Gesetz unserer Wahrnehmung, der wir jedoch nicht hilflos ausgeliefert sind. Denn glücklicherweise ist das Gefühl für Zeit, wie wir bereits wissen, kein eigener Sinn wie etwa der Geruchssinn, sondern geistige Zeit wird bestimmt durch Bewegung und Gedächtnis, durch mehrere Zentren des Gehirns. Genau das eröffnet uns Möglichkeiten, unser Erleben von Zeit zu beeinflussen. Genauso, wie wir uns die Wartezeit beim Arzt etwa durch Lesen einer Zeitschrift verkürzen, können wir unsere Zeit auch verlängern. Glücksmomente sind die Momente in unserem Leben, von denen wir uns wünschen, sie würden nie vergehen. Wir können diese Momente des Glücks verlängern, indem wir sie genauer erspüren: Jeder Eindruck, der von unseren Sinnen und unserem Gedächtnis aufgenommen wird, bremst die Zeit, die wir empfinden. Wenn wir zusätzlich noch unsere Aufmerksamkeit auf alle noch so unscheinbaren Veränderungen richten, wird der Effekt noch verstärkt. Denn unser Gehirn erschließt aus dieser Information die Dauer.

Ein Phänomen unserer modernen Zeit ist, dass wir oft stolz darauf sind, keine Zeit zu haben, da unsere Termine und Verpflichtungen uns das Gefühl geben, gebraucht zu werden, unersetzlich zu sein. Leider geht es dabei nicht um unsere eigene, unsere erlebte Zeit, sondern diese vielen Termine diktieren unser Zeitempfinden. Damit herrscht die äußere über die innere, die objektive Zeit über die subjektive Zeit. Der Existenzphilosoph Martin Heidegger spricht gar von einer *»vulgären Zeit«*, was nicht bedeutet, dass diese Zeit unmoralisch wäre, sondern es bedeutet, ein Zeitverständnis zu haben, das eine reine Abfolge von Jetztmomenten ist. Diese Jetztmomente sind jedoch nicht viel wert, da sie sich ewig wiederholen und fortsetzen: die Zeit unserer Terminkalender. Die Gefahr dieser *»vulgären Zeit«* liegt darin, dass sie uns so stark bestimmt, dass wir dadurch gar nicht mehr fähig sind, Zeit wirklich zu erleben. Deshalb: »Kommen wir zur Besinnung.« Halten wir von Zeit zu Zeit inne, um bewusst wahrzunehmen, was die Sinne uns gerade in dem Moment bieten. Was hören wir jetzt? Was sehen, schmecken, riechen und fühlen wir gerade? Ist es uns kalt oder warm? Manchmal ist es hilfreich, sich nur auf einen Sinn zu konzentrieren, um die Gegenwart zu erspüren.

So kommt es oft auch beim Essen nicht in erster Linie darauf an, was wir essen, sondern wie! Es kann einfach kein Genuss sein, in fünf Minuten egal welches Essen auch immer hinunterzuschlingen, da der nächste Termin schon wartet. Nehmen Sie sich Zeit zum Essen. Achten Sie auf den Geschmack. Essen Sie in beschwingter Runde mit Freunden und seien Sie entspannt. Es ist erwiesen, dass die Konzentration von Stresshormonen bei einem entspannten Essen bedeutend niedriger ist. Zur sinnlichen Gegenwartsverankerung gehören natürlich auch sinnliche Genüsse wie Massagen, Bäder oder Tautreten. Frönen Sie den sinnlichen Genüssen, die zu Ihnen passen.

Versuchen Sie Zeit zu erleben, indem Sie Ihrer Gegenwart Aufmerksamkeit schenken. Dehnen Sie angenehme Momente dadurch aus, dass Sie sich auf Ihre Sinne oder auch beispielsweise durch autogenes Training auf Ihren Körper konzentrieren. Auch wenn Sie Opfer einer unangenehmen Emotion sind, kann es helfen, wenn Sie Ihre Aufmerksamkeit ganz bewusst darauf lenken, wie sich die Emotion anfühlt: Versuchen Sie nicht mehr über den Inhalt der Sorge nachzudenken, die ein gewisses Gefühl auslöst, sondern versuchen Sie, ausschließlich beim körperlich Spürbaren zu bleiben. Durch diese bewusste Beobachtung entziehen Sie der Emotion ihre Kraft und nutzen außerdem Ihren Körper, um in der Gegenwart zu sein.

Vielleicht kennen Sie das: Sie wachen nachts auf, sind sofort hellwach und denken an etwas, das Ihnen Sorgen macht. Oft etwas, das am vorherigen Tag passiert ist. Ich habe festgestellt, dass ich dann genau zwei Möglichkeiten habe: Entweder lasse ich die sorgenvollen Gedanken zu und spinne sie mir weiter, was mich wie eine Spirale zu immer größeren Sorgen und Ängsten führt. Das war's dann mit dem Schlaf! Oder aber ich wache auf, spüre sofort meinen beschleunigten Herzschlag, versuche ein paarmal tief durchzuatmen und nehme damit den Sorgen den Raum. Auch damit bleibe ich in der Gegenwart und lasse mich nicht von meinen Sorgen überwältigen.

Niederlassen oder Überschreiten der Schwelle des Augenblicks

Der Mensch benötigt fast ein Jahrzehnt, um ein Gefühl für Zeit zu entwickeln, um Erfahrung zu nutzen, Zeit zu schätzen, einzuteilen und zu planen, aber auch zu erinnern. Der Psychologe Jean Piaget fand heraus, dass Kinder erst im Alter von ungefähr 13 Jahren fehlerfrei mit den Begriffen »früher« und »später«, »längere und kürzere Dauer«, umgehen können.

Denn zumindest zu der Zeit von Erwachsenen gehören nicht nur die Gegenwart, sondern auch die Vergangenheit und die Zukunft. Außerdem scheint es so zu sein, dass es nicht nur die gelebten gegenwärtigen Augenblicke sind, die Glück verheißen, sondern auch Erinnerungen können Glücksgefühle hervorrufen.

Der Schriftsteller Marcel Proust entschloss sich im Jahre 1912, sich in einem verdunkelten Zimmer, das er bis zu seinem Tod kaum verließ, einzuschließen, um die im Laufe seines bisherigen Lebens vergangenen Jahre wiederaufstehen zu lassen. Er machte sich auf die Suche nach der verlorenen Zeit. Proust war der Meinung, dass es nicht die großen Erlebnisse sind, die einem wichtig erscheinen, sondern eher die vielen kleinen Begebenheiten, die man zwar wahrgenommen, aber denen man keinerlei Bedeutung zugemessen hat. Die heutige Wissenschaft stimmt Proust zu, dass die kleinen Begebenheiten vom Gehirn meist unbemerkt bewertet werden, um eine Vorstellung von einem Zeitraum abzuleiten. Diesen zunächst unbemerkten Erinnerungen schenkte Proust in seiner Suche die volle Aufmerksamkeit.

Marcel Proust erinnerte sich an die vielen Jahre, die er als Kind in Combray, einer französischen Kleinstadt, verbrachte. Es ist ein kleines Sandtörtchen, eine »petite Madeleine«, die »Unerhörtes« in ihm bewirkte: Ein unbeschreiblich großes Glücksgefühl durchströmte Proust. Ein Gefühl, dessen Ursache er nicht einmal kannte. Langsam erinnerte er sich an die, von außen betrachtet, eher banalen Geschehnisse, als er ein kleiner Junge war. Proust holte die Vergangenheit in die Gegenwart und erlebte damit Zeiten seiner Jugend. Auch das ist erlebte Zeit!

Wie so oft geht es auch bei unserer Zeit um unsere Mitte. Wir werden es vermutlich nicht schaffen, dass die Menschheit auf Kalender oder Uhren verzichtet. Sie werden immer unsere persönliche, erlebte Zeit mit beeinflussen. Das Maß ist das Entscheidende. Lassen wir es nicht zu, dass die »*vulgäre Zeit*« ganz von uns Besitz ergreift. Setzen wir uns selbst unseren Takt: Das heißt, dass Sie sich vielleicht gerade in einer Zeit, in der Sie viele Termine haben, kleine Auszeiten nehmen, um bewusst Ihre Aufmerksamkeit auf die Sinne und Ihre innere Uhr zu lenken. Schaffen Sie sich Ihre Balance durch einen Ausgleich von Schnelligkeit und Langsamkeit. Die Zeit unserer Kalender und Uhren darf Sie nicht bestimmen, sie darf kein Korsett sein, in das Sie sich zwingen müssen. Lernen Sie die äußere Zeit als Hilfsmittel kennen, das Ihr Zusammenleben mit anderen Menschen organisiert – und nicht mehr. Respektieren Sie Ihre innere Zeit und nehmen Sie diese erlebte Zeit ganz bewusst wahr. Bestehen Sie auf Ihren eigenen Rhythmus!

Hier ein paar Anregungen, um über sich und Ihre Zeit nachzudenken.

- Was bedeutet Zeit für Sie?

- Haben Sie Zeit?

- Woran denken Sie, wenn Sie an Zeit denken? An Stress oder an Muße?

- Lassen sich objektive und subjektiv erlebte Zeit in Ihrem Leben unterscheiden? Wer bestimmt Ihre Zeit?

- Nutzen Sie Ihre Sinne, um Zeit zu erleben?

- Erinnern Sie Momente, in denen Sie so etwas wie Gegenwart erlebten oder schweifen Sie mit Ihren Gedanken gerne ab? Findet das Jetzt oft ohne Ihre Teilnahme statt?

- Wo sind Ihre Gedanken, wenn Sie nicht im Jetzt verweilen? Eher in der Zukunft oder eher in der Vergangenheit?

- Befassen Sie sich oft mit den Sorgen aus der Vergangenheit oder haben Sie eher Angst vor der Zukunft?

- Was tun Sie, damit weder Sorgen noch Ängste Sie daran hindern, ein glückliches Leben zu leben?

Sitte und Moral

Zerstören sie Freiheit und Glück?

Genealogie oder Herkunft der Moral

In Friedrich Nietzsches Streitschrift *Genealogie der Moral* analysiert Nietzsche die Herkunft von »gut« und »böse«. Dabei stellt er fest, dass es eine Zeit gab, in der die vornehmen, mächtigen und höhergestellten Menschen, gut und im Gegensatz dazu die ohnmächtigen, niederen und pöbelhaften Menschen schlecht waren. Diese Einteilung stellte kein Problem dar, da dem »gut« oder »schlecht« keinerlei Wertung zugrunde lag. Jeder wird in den einen oder anderen Rang hineingeboren und lebt sein Leben friedlich an dem für ihn vorgesehenen Platz.

Doch was passiert dann in dieser Idylle der Gut- und Schlechtplatzierten? Da gibt es ein paar wenige unter den Schlechten und Ohnmächtigen, die die Guten für Ihre Macht zu hassen beginnen. Dieser Hass ist ein Gefühl des *Ressentiments*, ein Akt der geistigen Rache, der eine Umwertung der Klassen mit sich bringt. Und just in diesem Moment ist es passiert: Das Zeitalter der Moral beginnt!

Auf einmal wird alles umgedreht: Die ehemals Schlechten und Ohnmächtigen ernennen sich selbst zu den Guten und Mächtigen. Was vorher Rang und Platz war, ist jetzt Wert und Moral. Dazu schreibt Nietzsche in der ersten Abhandlung seiner *Genealogie der Moral*: »Die ›Wohlgeborenen‹

fühlten sich eben als die ›Glücklichen‹; sie hatten ihr Glück nicht erst durch einen Blick auf ihre Feinde künstlich zu konstruieren, unter Umständen einzureden, einzulügen (wie es alle Menschen des *Ressentiments* zu tun pflegen); und ebenfalls wussten sie, als volle, mit Kraft überladene, folglich notwendig aktive Menschen, von dem Glück das Handeln nicht abzutrennen – das Tätigsein wird bei ihnen mit Notwendigkeit ins Glück hineingerechnet – alles sehr im Gegensatz zu dem ›Glück‹ auf der Stufe der Ohnmächtigen, Gedrückten, Schwärenden, bei denen es wesentlich als Narkose, Betäubung, Ruhe, Frieden, ›Sabbat‹, Gemüts-Ausspannung und Gliederstrecken, kurz passivisch auftritt.«[31]

Nietzsche war sich ganz sicher, dass es neidische und rachsüchtige Menschen waren, die die Moral in die Welt brachten: Priester, die rachsüchtig auf die von Geburt Mächtigen blickten, die Werte umdrehten und damit die Welt und deren Menschen ins moralische Unglück stürzten. Für ihn ist es die Moral, die uns Menschen daran hindert, glücklich zu sein. Unter dem Deckmantel der Moral versuchen Menschen durch Vorschriften andere Menschen zu unterdrücken. Diese Unterdrückung beschränkt Menschen in deren Freiheit, und unfreie Menschen können nicht von Glück sprechen. Woher aber kommt nun die Moral? Was wissen wir heute davon? Ist sie angeboren? Macht Moral glücklich oder doch eher unglücklich?

Bringt die Evolution Moral hervor?

»Im Niokolo-Nationalpark des Senegals musste die Auswilderung ehemals gefangen gehaltener Schimpansen abgebrochen werden, nachdem wilde Artgenossen in Vollmondnächten des Jahres 1977 die Station überfallen hatten. Zuerst jagte ein eingeborener Schimpansenmann das mühsam wieder an die Wildnis gewöhnte Weibchen Tina aus seinem Schlafnest und trollte sich erst, als ihm ein brennender Span vorgehalten wurde. Sieben Monate darauf, wiederum in einer hellen Vollmondnacht, überfielen vier eingeborene Menschenaffen das Lager. Von Geschrei und Gekläff alarmiert, fanden die Feldassistenten vier ihrer Schützlinge, teils schwer verletzt, zusammengekauert und kreischend vor der Haustür.«[32] So schreibt der Primatenforscher Volker Sommer in seinem Buch *Darwinisch denken. Horizonte der Evolutionsbiologie*.

Auch die Primatenforscherin Jane Goodall musste die Erfahrung machen, dass Schimpansen nicht so harmlos sind, wie sie anfangs glaubte: Schimpansen bewohnen nicht nur ein Territorium, sondern sie verteidigen es aktiv. Dabei werden nicht nur Eindringliche verscheucht, sondern es geht offenbar auch darum, das eigene Wohngebiet auf Kosten von schwächeren Nachbarn zu vergrößern. Nichtsdestotrotz durfte die junge Jane Goodall auch eine ganz andere Seite ihrer Schützlinge beobachten. In *Ein Herz für Schimpansen. Meine 30 Jahre am Gombe-Strom* beschreibt sie, wie ein junges Schimpansenmännchen nach dem Tod seiner Mutter erst völlig lethargisch wurde, Nahrung verweigerte und schließlich, ohne äußerlich erkennbaren Grund, starb. Kaum zu glauben, dass es sich in beiden Geschichten um dieselben Artgenossen handelt.

Hören wir die Geschichte der Affen in unserer ersten Geschichte, liegt es nahe zu glauben, dass böse Verhaltensformen schlechthin nicht, wie Nietzsche meinte, von Menschen gemacht ist. Grausamkeit, Rache, *Ressentiment* und Neid scheinen evolutionär in Mensch und Tier verankert zu sein. Verhaltensweisen, positive wie negative, können zu einem großen Teil auf das Prinzip Eigennutz zurückgeführt werden: den Kampf um Territorium, Nahrung und das Erhalten 187 der Rasse oder die biologische Bindung eines Kindes an die Mutter.

Natürlich sind gefühlvolle Bindungen unter Tieren und auch unter Menschen nicht absolut frei von Eigennutz. Doch lässt sich alles, was Menschen tun, ohne ein Gefühl der Liebe erklären? Handeln Menschen wirklich nur aus Eigennutz? Würde ich nur aus Eigennutz handeln, müsste ich zu jeder Zeit meine eigenen Interessen kennen, um dementsprechend handeln zu können. Aber wer weiß schon immer, was die eigenen Interessen sind?

Unser Leben besteht ca. zu 70 Prozent aus Alltag und damit aus Gewohnheit. Ich stehe auf, ziehe mich an, frühstücke, bringe mein Kind zur Bushaltestelle, räume das Geschirr weg, mache die Betten etc. Ich denke dabei eigentlich nicht über meine eigenen Interessen nach.

Für Nietzsche ist die Moral so etwas wie das Gewissen. Eine Art »soziale Zwangsjacke« mit ihren Sitten, Regeln und Gesetzen, die den Menschen daran hindert, seine natürlichen Instinkte auszuleben. Da diese Instinkte nicht nach außen ausgelebt werden können, wenden sie sich ins Innere des Menschen. In *Genealogie der Moral* schreibt Nietzsche: »Es handelte sich insonderheit um den Wert des ›Unegoistischen‹, der Mitleids-, Selbstverleugnungs-, Selbstopferungs-Instinkte ... Aber gerade gegen diese Instinkte redete aus mir ein immer grundsätzlicherer Argwohn, eine immer tiefer gehende Skepsis ... ich verstand die immer mehr um sich greifende Mitleids-Moral, welche selbst die Philosophen ergriff und krank machte, als das unheimlichste Symptom unsrer gewordnen europäischen Kultur.«[33]

Unsere Kultur und unsere Sitten waren es also, die dem Menschen eine soziale Zwangsjacke und damit eine Moral verpassten. Damit wird der Mensch berechenbar gemacht. Er kann jetzt eingeschätzt werden und ist in der Lage zu versprechen. Der Mensch wird zum »allermodernsten bescheidnen Moral-Zärtling«, der »nicht mehr beißt« und »artig die Hand« gibt.

Was für Nietzsche eine Krankheit: Mitgefühl, Zuneigung, Hingabe und Verantwortlichkeit, ist wohl nicht von Menschen gemacht, sondern eher ein Erbe der Natur: Mitgefühl, Mitleid und Mitfreude sind hauptsächlich auf unser evolutionäres Erbe der Spiegelneurone zurückzuführen. Wie wir bereits besprochen haben, haben Untersuchungen gezeigt, dass Zellen in unserem Gehirn auch dann »feuern«, wenn wir nur mit ansehen, wie andere Menschen leiden oder auch sich freuen. Mitleid ist also wirkliches Leid und Mitfreude, wirkliche Freude. Wenn wir anderen Menschen helfen, ihr eigenes Leiden zu lindern, helfen wir damit auch uns selbst. Machen wir anderen eine Freude, freuen wir uns selbst. Damit ist gewissermaßen auch altruistisches Verhalten eigennütziges Verhalten. Es handelt sich dabei um eine besondere Form des Eigennutzes, den empathischen Eigennutz.

Wohl liegt es in unserer Natur, Gemeinsinn und Eigensinn, Altruismus und Egoismus, Empathie und Eigennutz, miteinander zu verbinden. Das bedeutet eher nicht, dass wir als egoistische Einzelgänger geboren werden, die nur aufgrund bestimmter Zwänge einen sozialen Lebensstil annehmen können. Denn wir haben nicht nur soziale Bedürfnisse, sondern wir sind auch in der Lage, gemeinschaftlich zu leben, nicht zuletzt durch unsere Spiegelneurone. Was noch lange nicht heißt, dass wir eigentlich alle »Gutmenschen« sind. Denn wir verfügen nicht nur über moralisch gute Fähigkeiten, sondern auch über das genaue Gegenteil: moralisch schlechte Fähigkeiten. Da wird schon mal der eine oder andere herumkommandiert oder auch hinters Licht geführt. Und wir sind dazu fähig, Freundschaften auszubauen, aber genauso gut können wir andere ausgrenzen.

Vielleicht sollten wir aber auch aufhören damit, alles unter den Primat des Eigennutz oder des Egoismus zu stellen. Es wird Zeit, das »Gemeinsame« und das »Eigene« als gleich-berechtigte Partner und als Team zu verstehen, die zusam-mengehören und eine Einheit bilden. Stefan Klein weist in seinem Buch *Der Sinn des Gebens* darauf hin, dass wir in einem schwierigen Gleichgewicht von Nachsicht und Gier, Kooperationsbereitschaft und Streben nach dem eigenen Vorteil leben. Und nicht nur das: Es scheint sogar so zu sein, dass nicht rücksichtslose Bereicherung, sondern eher Ver-trauen Gesellschaften wohlhabend macht. Volkswirtschaften, deren Angehörige sich wohlwollend einschätzen, wachsen schneller als andere. Denn es ist leichter, miteinander Ge-schäfte zu machen, wenn man sich vertraut. Damit wird mehr investiert, was Wohlstand für alle bedeutet. Vielleicht sind auch Egoismus und Altruismus gar nicht so schwer zu ver-einbaren, wie wir glauben: Denn wenn wir vertrauen, han-deln wir selbstlos ohne Anspruch auf Gegenleistung. Trotzdem muss sich langfristig eine solche Opferbereitschaft auszahlen.

Es macht keinen Sinn, Egoismus und Altruismus gegen-einander auszuspielen. Es ist klar, dass wir keine sozialen Gemeinschaften, keine Beziehungen und keine Freundschaf-ten bilden können ohne Empathie und Altruismus. Ande-rerseits benötigen wir auch eine Spur von Eigennutz und Egoismus, um miteinander wetteifern zu können, uns durch-zusetzen, etwas zu riskieren, damit Gesellschaften und wir selbst nicht stehen bleiben. Hätten wir nur sanftmütige Gut-menschen um uns herum, würden wir uns wahrscheinlich unheimlich langweilen und uns gegenseitig kräftig auf die Nerven gehen.

Aber es geht uns meist nicht nur darum, wie wir sind. Ob altruistisch oder egoistisch, sondern auch darum, ob wir etwas daran ändern können oder nicht. Sind böse Men-schen von Geburt an einfach böse? Oder können sich Men-schen auch ändern? Was ist letztendlich angeboren und was ist anerzogen? Was ist Natur, was ist Kultur?

Wir gehen wohl davon aus, dass wir, wenn etwas anerzogen ist, wenn es Kultur ist, in gewisser Weise selbst dafür verantwortlich sind und es dann auch ändern können, wogegen wir unser evolutionäres Erbe so akzeptieren müssen, wie es ist. Aber auch das ist infrage zu stellen. Denn ist das Gehirn nicht plastisch? Was müssen wir als gegeben akzeptieren und was können wir ändern? Wie wir Moral und Kultur, Gene und Wissen zusammenbringen können, sehen wir im Folgenden.

Moralische Gene und kulturelles Wissen

Der Zoologe und Verhaltensforscher Frans de Waal teilte in einem Experiment Kapuzineräffchen in Zweiergruppen ein. Jeder Affe bekam vom Versuchsleiter eine Spielmarke, die sofort wieder gegen eine Belohnung eingetauscht werden konnte. Für jedes Äffchen bestand ein Durchgang aus 25 Tauschgeschäften, und es sah, was der Partner bei seinem Tausch bekam. In der Regel bekamen die Äffchen ein Stück Gurke für eine Spielmarke. Solange beide Äffchen für eine Spielmarke ein Stück Gurke bekamen, war alles in bester Ordnung.

Jetzt wurde das Experiment dahingehend verändert, dass einer der beiden Äffchen statt der Gurke Trauben bekam, ohne mehr oder etwas anderes dafür tun zu müssen. Das Äffchen, das sich weiterhin mit Gurken begnügen und dabei zusehen musste, wie sein Kollege für die gleiche Leistung süße Weintrauben bekam, ärgerte sich sichtlich und schleuderte seine Gurke zornig von sich. Offensichtlich fühlte sich das »Gurkenäffchen« gegenüber dem »Weintraubenäffchen« benachteiligt.

De Waal zeigt mit seinem Experiment, dass Kapuzineraffen so etwas wie einen Sinn für Gerechtigkeit besitzen. Der

Verhaltensforscher leitet daraus ab, dass sich durch das Leben in der Gemeinschaft bei Tieren so etwas wie Moral entwickelt hat. Moral stellt damit ein Regelwerk bereit, das dabei hilft, miteinander auskommen und in Gruppen leben zu können. Im Laufe der Evolution hat sich damit der Drang nach Gerechtigkeit entwickelt.

Dies würde erklären, warum Menschen unterschiedlichster Kulturen bestimmte grundlegende Lebensbereiche moralisch ähnlich bewerten. Der Ethnologe Christoph Antweiler beschreibt, dass es beispielsweise keine Kultur gibt, die Sexualität öffentlich lebt, oder dass es keine Menschen gibt, die kein Heimatgefühl haben.

Aufgrund der Erkenntnisse, die Forscher wie Frans de Waal bei Versuchen mit Affen oder Menschenaffen gewannen, sprechen wir heute von so etwas wie moralischen Gefühlen auch bei Tieren. Das würde bedeuten, dass Moral nicht ausschließlich eine Sache der menschlichen Vernunft ist, wie es von den meisten abendländischen Philosophen behauptet wurde. Der schottische Philosoph David Hume war einer der wenigen, der schon im 18. Jahrhundert daran zweifelte. Für Hume hatte Moral vor allem etwas mit Gefühl zu tun. Der Einfluss der Gefühle und ihre natürliche Verankerung im Menschen sind für Hume ausschlaggebend für den Prozess des moralischen Urteilens.

Zu diesen angeborenen natürlichen Fähigkeiten als Grundvoraussetzung von Moralität zählen wir heute: Empathie, Gerechtigkeitssinn und auch so etwas wie Tötungshemmung. Das sogenannte Loren- und Fußgängerbrückendilemma gibt Hinweise auf eine Art kulturunabhängige Moral im Sinne einer Tötungshemmung: Ein Transportwagen mit fünf Personen, Zuglore genannt, rast auf ein Unglück zu. Dieses Unglück würde fünf Opfer fordern. Es besteht nun die Möglichkeit, dass ein Beobachter eine Weiche betätigt, die die Lore umleitet. Diese Umstellung der Weiche würde eine unbeteiligte Person das Leben kosten, da diese unweigerlich von der Lore erfasst werden würde. Fünf Personen wären jedoch gerettet.

Eine ähnliche Situation wäre die, dass jemand von der Fußgängerbrücke aus beobachtet, dass die Lore verunglückt. Die einzige Möglichkeit, die Lore zu stoppen, wäre nun, einen Menschen übers Brückengeländer zu stoßen. Empirisch ist nachgewiesen, dass die meisten Menschen viele Menschenleben retten möchten und dafür auch die Weiche umstellen würden. Die wenigsten wären jedoch bereit, jemanden vom Brückengeländer zu stoßen, auch wenn das Zahlenverhältnis von Getöteten und Geretteten gleich ist.

Solche oder ähnliche Gedankenexperimente gelten als Nachweis eines angeborenen moralischen Gefühls. Joshua Greene und sein Team an der Princeton University haben zum Nachweis die Menschen, die in einem ethischen Dilemma standen, mit einem funktionellen Magnetresonanztomografen untersucht. Sie stellten dabei fest, dass im ersten Fall, dem der Weichenumstellung, weniger Hirnaktivierung stattfand als im Zweiten. Das bedeutet, dass dann, wenn wir selbst Hand anlegen müssen, unser Gehirn aktiver ist. Allein bei der Vorstellung, jemanden von der Brücke zu stoßen, regen sich in uns wohl hemmende Gefühle.[34]

Diese Erkenntnisse sind zwar hilfreich und bestätigen, dass bei moralischen Entscheidungen Gefühle eine Rolle spielen. Ob eine Handlung aber gut oder schlecht ist, wissen wir damit immer noch nicht. Sowohl die Beobachtungen von Tieren als auch die moralischen Tests mit Mensch oder Tier beantworten auch nicht endgültig die Frage nach: »Angeboren oder anerzogen?« Denn wie wir wissen, ist auch unser Gehirn nicht statisch, sondern dynamisch und lernfähig. Es ist durch die Evolution darauf vorbereitet, Verhaltensregeln einer Gruppe zu erlernen, um sie dann zur Grundlage des eigenen Handelns zu machen. Nervenzellen können deshalb genauso Gerechtigkeit auslösen, wie sie das Heben des rechten Arms auslösen können.

Aber halten wir hier kurz an. Was wäre denn, wenn wir ganz genau wüssten, was angeboren und was anerzogen ist? Wenn wir ganz genau und mit Sicherheit wüssten, woher die Moral kommt? Würde unser Leben dann anders verlaufen? Hätten wir gar eine bessere Gesellschaft? Zu wissen, an welcher Schraube zu drehen ist, wäre das die Lösung? Vielleicht hilft es manchmal, nicht jede einzelne Schraube zu analysieren, sondern eher den Blick aufs Ganze zu richten.

Den ganzen Tag kannst du dich ärgern, musst aber nicht

Der Psychologe und Philosoph William James beschrieb das Bewusstsein vor mehr als hundert Jahren so: »Mein Erleben ist das, worauf ich mich entschieden habe, meine Aufmerksamkeit zu richten.«[35]

Es geht hier um den Blickwinkel. Denn auch die Frage nach Gut und Böse ist eine Frage des Blickwinkels. Genau wie für den einen das Glas halb voll und für den anderen halb leer ist; der eine sich freut über den Regen für den trockenen Garten, der andere sich ärgert, weil sein Spaziergang ins Wasser fällt. Es zählen dabei nicht die äußeren Tatsachen, sondern das innere Erleben. Wir haben immer einen Interpretationsspielraum, können Vorgefundenes so oder auch anders bewerten.

Werner Bartens beschreibt in seinem Buch *Körperglück* den Fall einer Patientin mit Tikuspidalklappen-Stenose, im Mediziner-Jargon kurz TS. Bei TS handelt es sich um die Verengung einer Herzklappe, die meist harmlos und auf gar keinen Fall lebensbedrohlich ist. Die Patientin lag in ihrem Bett, als der Chefarzt mit seinen Ärzten Visite machte. Der

Chefarzt hatte nicht viel Zeit und teilte am Patientenbett seinen Kollegen mit, dass es sich bei dieser Patientin um einen typischen Fall von TS handle.

Die Patientin hatte aufmerksam zugehört und TS als »terminale Situation« interpretiert. Zu einem jungen Assistenzarzt sagte sie: »Das ist das Ende.« Die Patientin war am Boden zerstört, resignierte völlig und wollte ab sofort nichts mehr von den Ärzten wissen. Der junge Assistenzarzt Lown versuchte die Patientin zu beruhigen, indem er ihr versicherte, dass sie sich wirklich keine Sorgen zu machen brauche, aber ihr Gesundheitszustand verschlechterte sich von Tag zu Tag mehr. Sie bekam Atemnot und in ihren Lungen sammelte sich immer mehr Flüssigkeit. Sie verstarb schließlich an einem Lungenödem.

1973 veröffentlichte der amerikanische Psychologe David Rosenhan eine Studie mit dem Titel *On being sane in insane places* (zu Deutsch: Gesund in kranker Umgebung). Dabei handelt es sich um den Abschlussbericht eines Forschungsprojekts, bei dem sich Rosenhan und mehrere Mitarbeiter freiwillig in Nervenkliniken aufnehmen ließen, indem sie behaupteten, Stimmen zu hören. Sofort nach der Aufnahme in eine Klinik gaben die Teilnehmer des Forschungsprojekts an, keine Stimmen mehr zu hören. Generell verhielten sie sich nach der Klinikaufnahme ganz normal. Trotzdem wurden sie in den Kliniken behandelt. Die Behandlungsdauer der einzelnen »Patienten« schwankte zwischen sieben und 52 Tagen. Alle wurden mit der Diagnose »Schizophrenie in Remission« entlassen. Keiner der Projektteilnehmer wurde als »Pseudopatient« entlarvt. Es ging sogar so weit, dass ihre eigentlich ganz normalen Verhaltensweisen als Beweis für die Richtigkeit der Diagnose gewertet wurden.

Der Psychotherapeut Paul Watzlawick weist darauf hin, dass die Diagnose eine Art Wirklichkeit erschuf, die es nicht mehr möglich machte, sich an den beobachtbaren Tatsachen zu orientieren. Diese Art von Wirklichkeit führte dann dazu, alle klinischen Maßnahmen zu rechtfertigen und durchzuführen.

Diese Beispiele zeigen eindringlich, wie wichtig der Blickwinkel ist. Wir können uns jetzt fragen, was diese Beispiele mit Moral zu tun haben. Aber auch die Frage nach Gut und Böse ist vor allem eine subjektive Bewertung. Denn es ist mein Blickwinkel, meine Art von Wirklichkeit, die ich konstruiere, um entsprechend bewerten zu können. Diese Art von Moral würde Nietzsche vermutlich unterstützen, weil es mein Blickwinkel und meine Art von Wirklichkeit ist. Was Nietzsche kritisiert, ist die Moral eines Menschen, der absolute, metaphysische Werte, die beispielsweise von einer Religion vorgegeben werden, so stark verinnerlicht, dass der Mensch davon ausgeht, dass es eigene Werte sind – unreflektiert.

Es gibt Dinge, die ich völlig unbewusst bewerte, aber es gibt auch Dinge oder Situationen, die ich ganz bewusst bewerte. Bei der bewussten Bewertung spielt Entschiedenheit eine ganz große Rolle. Die Entscheidung ist der Schritt, der meine Art von Wirklichkeit konstruiert. Oftmals nehmen die Dinge ihren Lauf, je nachdem, wie ich mich entschieden habe. Deshalb ist die Entschiedenheit auch die absolute Voraussetzung für ein gutes Gelingen.

Am Anfang des Buches habe ich Ihnen von dem berühmten Esel erzählt, der zwischen zwei herrlich duftenden Heuhaufen verhungerte, weil er sich nicht entscheiden konnte. Eine Entscheidung hat natürlich immer etwas mit »Scheiden« zu tun. Das heißt, dass mit einer Entscheidung Alternativen verloren gehen. Gleichzeitig bringt eine Entscheidung immer eine Vielzahl von Möglichkeiten und Alternativen mit sich, die sich Ihnen anders nicht eröffnet hätten. Aber Entscheiden bedeutet nicht nur, mir etwa zu überlegen, ob ich Ärztin oder Betriebswirtin werden soll, sondern auch für welche Art von Wirklichkeit ich mich entscheide. Das fängt in Grundsätzen damit an, ob ich eher Pessimist oder Optimist bin. Diese unterschiedlichen Bewertungen führen dann zu unterschiedlichen Handlungen.

In der griechischen Antike hatte der Philosoph Platon noch angenommen, dass es eine wahre, objektive, menschenunabhängige Wirklichkeit gibt. Spätestens seit der Philosophie von Immanuel Kant wissen wir, dass die Idee einer solchen Wirklichkeit philosophisch unhaltbar ist. Zwei Menschen können dieselbe Situation völlig unterschiedlich bewerten. Damit können wir vergleichbaren Situationen einen ganz unterschiedlichen Sinn zuschreiben.

Es hängt also fast alles davon ab, wie ich Lebenssituationen, Ereignisse, Dinge interpretiere, bewerte, einschätze und moralisiere. Wenn Moral ausschließlich ein evolutionäres Erbe wäre, würde das dann heißen, dass es keinen Unterschied zwischen der Moral von Menschen und Tieren gibt?

Schauen wir uns den Unterschied zwischen einer Handlung und einer Bewegung an. Müssten wir Handlung und Bewegung auf Mensch oder Tier zuordnen, würden wir wohl die Bewegung eher dem Tier und die Handlung eher dem Menschen zuordnen. Ein Tier steuert seine Bewegungen als intentionale Bewegungen, das heißt, seine Bewegungen haben eine Absicht. Diese Absicht muss noch nichts mit Bewusstsein zu tun haben. Wenn eine Spinne auf die Motte zukrabbelt, die in ihrem Netz gefangen ist, können wir davon ausgehen, dass die Spinne die Absicht hat, die Motte zu fressen. Die Spinne macht sich aber wohl keine Gedanken darüber, was sie versucht zu erreichen.

Wir können wohl davon ausgehen, dass wir, wenn wir bewusst handeln und wir uns Gedanken darüber machen, wie wir unsere Ziele erreichen, in weit höherem Maße Kontrolle über unsere Handlungen haben. Tiere sind weit mehr determiniert durch ihre Instinkte und Emotionen. Wir Menschen können eine Handlung für einen bestimmten Zweck bewerten und darüber urteilen. Natürlich werden unsere Absichten auch von unseren Wünschen und Emotionen beeinflusst, aber sie werden nicht allein durch unsere affektiven Zustände determiniert.

Grundsätzlich könnten wir jetzt sagen: »Es gibt einfach Menschen, die sind optimistischer und andere sind pessimistischer.« Genau wie wir mit Vorlieben und Leidenschaften genetisch ausgestattet sind, werden wir bereits als Optimisten oder als Pessimisten geboren. Schon an Babys fällt auf, dass manche Babys auf Reize nervös, ängstlich und launisch reagieren, andere dagegen ausgeglichen und nicht aus der Ruhe zu bringen sind.

In unseren Genen bekommen wir aber nicht nur Vorlieben, Leidenschaften, Optimismus oder Pessimismus mit, sondern auch die Anlage zur Erzeugung von Willenskraft. Damit haben wir die Fähigkeit, unsere Verhaltensweisen bewusst zu beherrschen. Wir sind damit imstande, uns über unsere Triebhaftigkeit zu erheben. Diese Fähigkeit zu nutzen, heißt, sich zu entscheiden!

Dieses Entscheiden ist keine einmalige Sache. Keiner kann sich von heute auf morgen komplett verändern. Es geht hier nicht um die ganz großen Entwürfe eines komplett neuen Selbst. Auch geht es nicht um aufwendige Generalüberholungen. Es geht allein um das unnachgiebige Bemühen, um schrittweise Verbesserungen – und dafür muss ich mich immer wieder neu entscheiden.

Das Leben besteht aus Übung. Ständig sind wir dabei, Verhaltensweisen bewusst oder unbewusst einzuüben, um daraus Gewohnheiten zu entwickeln, die durch Übung immer weiter verfestigt werden. Wenn wir unser Bewusstsein dazu nutzen, positive Gewohnheiten einzuüben und uns gestatten, uns zu verändern, gehen wir auf ganz verschiedenen Wegen Schritt für Schritt voran zu einem erfüllteren Leben.

Wir können uns außerdem dafür entscheiden, unsere Blickwinkel, unsere Bewertungen, unsere Wirklichkeiten zu hinterfragen, um fest verankerte Vorurteile zu lösen. Dies öffnet unsere Horizonte und macht uns zugänglicher für andere Menschen, andere Ansichten und andere Meinungen. Unser soziales Miteinander wird gestärkt und damit unsere »Fähigkeit zum Glücklichsein«.

Wirklichkeiten hinterfragen, traditionelle Werte hinterfragen, Horizonte öffnen, zwanglos entscheiden, das wären vermutlich alles Dinge, die ganz im Sinne eines Friedrich Nietzsche stehen und in dem Zusammenhang auch mit Glück zu tun haben. Aber gehen wir einen Schritt weiter. Haben diese Dinge nicht etwas gemeinsam? Können wir sie nicht zusammenfassen? Handelt es sich dabei nicht um Freiheit?

Kampf um die Freiheit

Freiheit: Ein großes Wort, das auch Nietzsche gefallen hat. Aber ihm gefiel nicht nur die Freiheit, sondern auch der Kampf um sie. Nichts im Leben bekommen wir umsonst und schon gar nicht die Freiheit. Denn der Wert einer Sache wird danach bemessen, wie viel wir dafür bereit sind zu tun. Und es gibt kaum etwas, für das wir mehr leisten müssen als dafür, frei zu sein.

In der Schrift *Götzendämmerung* geht Nietzsche sogar so weit, zu behaupten, dass es der Krieg ist, der die Menschen zur Freiheit erzieht. Denn er motiviert die Menschen dazu, Verantwortung für sich selbst übernehmen zu wollen. Im Krieg müssen Widerstände überwunden werden. Es geht um Mühsal, Härte und Entbehrung, um Leiden. Je mehr gelitten wird, desto mehr wert ist dementsprechend die Freiheit.

Hier könnten wir Nietzsche unterstellen, dass er kriegerisch und nicht in Frieden leben wollte. Kriegerisch heißt bei Nietzsche wohl, dass er generell Zeiten bevorzugte, die Herausforderungen und Veränderungen mit sich brachten. Eine unerträgliche Vorstellung für ihn sind lähmende Zeiten, in denen sich nichts bewegt. In diesem Zusammenhang hat er auch das Glück im Sinne eines Wohlbefindens kritisiert: Die Menschen, die vom Wohlbefinden träumen, sind für ihn »Krämer, Christen, Kühe, Weiber, Engländer und andere Demokraten«, die nicht bereit sind, für etwas zu kämpfen. Diesen Menschen genügt ein bisschen Wohlbefinden, wenn sie dafür nur nicht ihre Komfortzone verlassen müssen. Für ein kleines Stück vom Glück sind diese Menschen bereit, alte Denkweisen und Moralvorstellungen zu akzeptieren. Nietzsche aber wollte diese alten Denkweisen, Moralvorstellungen und Werteordnungen zerstören. Denn sie sind es, die uns Menschen daran hindern, frei und damit glücklich zu sein.

Nietzsches Idealbild ist der »Übermensch«, der sich selbst bestimmt und emanzipiert genug ist, Altes und Traditionelles umzuwerfen, um Eigenes zu schaffen. Dieser Mensch ist nicht mehr das Geschöpf eines Gottes. Er entwirft und bestimmt sich selbst. Denn solange der Mensch ein Geschöpf Gottes ist, ist das Leben auf Erden für ihn nur ein Mittel zum Zweck: Das irdische Leben, das Diesseits ist lediglich eine Bewährungsprobe, eine Belastung und eine Hypothek, an deren Ende Himmel oder Hölle stehen. Damit wird dem irdischen Leben sein eigentlicher Wert genommen.

Aber es ist gerade das irdische Leben, das Diesseits, das wir bejahen sollen – trotz seiner Widerstände. Es sind gerade die leidvollen Erfahrungen, die mich zu mir selbst bringen und mir meinen eigenen Weg zeigen. Der Mensch, der sich immer wieder selbst entwirft und bei dem durch sein eigenes Scheitern, seine individuelle Erfahrung, wächst: Das ist Nietzsches Übermensch. Wenn ich an dieser Stelle an mein bisheriges Leben denke, so fühle ich mich heute freier als vor 20 Jahren. Von außen betrachtet würde man wahrscheinlich gerade das Gegenteil vermuten. Denn machen »Haus, Mann und Kind« nicht eher unfrei? Dass äußere Bindungen stärker werden, heißt noch nicht, dass wir uns unfreier fühlen. Denn diese Bindungen sind selbst gewählt. Was wir nicht frei wählen können sind Gesetze, Normen, Regeln und Sitten der Kultur, in der wir leben. Durch meine bisherigen Erfahrungen habe ich jedoch gelernt, Sitten, Moralvorstellungen oder Regeln neu zu bewerten: Im Gegensatz zu Gesetzen, die ich einhalten muss, habe ich die Freiheit, mit Moralvorstellungen oder Sitten so umzugehen, wie ich es für richtig halte. Ich habe auch gelernt, dass es oft die Ansprüche an mich selbst sind, die mich unfrei machen. Beispielsweise verlangt kein Mensch von einem anderen, perfekt zu sein. Im Gegenteil: Meist erleben andere Menschen es als befreiend, wenn jemand zu seinen Schwächen steht.

Natürlich hängt die innere Freiheit von der äußeren Freiheit ab. Die äußere Freiheit besteht darin, sich frei zu machen von Vorschriften, Normen, Regeln und Sitten. Wir alle wissen jedoch, dass ein Zusammenleben in Gemeinschaften ohne gewisse Regeln und Gesetze nicht möglich ist. Die Frage, die sich uns heute stellt, ist wohl eher folgende: Wie können wir gemeinschaftlich leben und trotzdem innerlich frei sein?

Innerlich frei zu sein heißt aber auch, offen zu sein. Sowohl im Bereich der Sinne als auch im Bereich des Geistes. Sinnlich offen sein. Was hat das zu bedeuten? Stellen wir uns vor, wir haben uns in den Kopf gesetzt, auf der Karriereleiter ganz nach oben zu steigen. In unzähligen Seminaren haben wir gelernt, dass wir dazu Ideen, Visionen, Ziele und Pläne haben müssen. Gleichzeitig müssen wir unsere Pläne natürlich umsetzen. Daran kann ja jetzt noch nichts Schlechtes sein? Ist es auch nicht. Wenn wir jetzt aber nichts anderes mehr tun als unseren Visionen, Zielen und Plänen nachzuhängen, können wir uns schwer lösen von unserem Gefängnis des Denkens. Natürlich können wir beispielsweise noch Bäume, Blumen, Natur sehen, aber nicht mehr erleben. Unsere Sensitivität und Emotionalität kommen zu kurz. Schöne Dinge lösen nichts mehr in uns aus.

Mit der geistigen Offenheit verhält es sich ähnlich. Dabei spielen Intelligenz, aber auch Kreativität eine entscheidende Rolle. Bei der Intelligenz geht es darum, konkrete Aufgaben zu lösen, wissenschaftliche Fragen zu stellen und mit Forschungsmethoden zu beantworten. Bei der Kreativität geht es jetzt darum, konventionelle und traditionelle Pfade zu verlassen. Dazu bedarf es der Freiheit im Sinne von Freiwerden von traditionellen Wegen, aber auch im Sinne von Freisein, um neue Wege gehen und gestalten zu können. In der Kreativität sind wir spielerisch flexibel im Denken.

Die entscheidenden Fragen sind jetzt aber doch: Können wir so einfach frei werden von Traditionen, moralischen Vorstellungen, aber auch von unseren eigenen Denkmustern? Sind wir nicht ganz automatisch bedingt durch unsere genetische Veranlagung, durch unsere Fähigkeiten und Fertigkeiten, Kultur, Erziehung und unsere Erfahrungen?

Wenn wir darüber nachdenken, müssen wir wohl zugestehen, dass es keine bedingungslose Freiheit gibt, weder als äußere noch als innere Freiheit. In unserer Lebenswelt gibt es immer gewisse Bedingungen und damit auch nur gewisse Möglichkeiten, die wir ergreifen können. Müssen wir uns für die eine oder andere Möglichkeit im Leben entscheiden, hat diese Entscheidung immer mit unseren Erinnerungen, mit unseren Emotionen und mit unserem Charakter, das heißt mit uns als Person zu tun. Wäre das nicht so, wäre es nicht

unsere Entscheidung. Bei einer Entscheidung versuchen wir

nun, die Möglichkeiten, die wir haben, über die wir nachdenken, mit unserem Willen in Einklang zu bekommen. Unsere Handlungsfreiheit besteht nun darin, dass wir über Handlungsalternativen nachdenken können, um uns dann in einer Entscheidung auf einen bestimmten Willen festzulegen. Und genau darin besteht auch die Freiheit der Entscheidung. Handlungsfreiheit hat einfach damit zu tun, dass wir bekommen, was wir wollen, und dass wir für das, was wir tun, unsere Gründe haben.

Wann aber sind wir dann unfrei? Unfreiheit muss jetzt nicht heißen, dass wir nicht fähig sind zu überlegen. Aber was heißt es dann? Nehmen wir an, wir sind süchtig. Immer wieder greifen wir zur Zigarette, zur Tablette oder auch zur Flasche. Oder vielleicht gehen wir auch ins Casino, in das uns unsere Spielsucht immer wieder treibt. Es ist unser Wille und auch unsere routinierte Überlegung, wie der Wille am besten umzusetzen ist, was uns ins Casino treibt. Selbst dann, wenn wir viele unangenehme Dinge auf uns nehmen, unter ständigem Geldmangel leiden oder uns verstecken müssen, betreten wir immer wieder das Casino. Wir haben uns schon oft ausgemalt, wohin das Spielcasino, die Zigarette, die Tablette oder die Flasche uns führen können: zu Krankheit, Ruin oder gar Tod. Auch kennen wir die Möglichkeiten, wie wir aus der Sucht herauskommen können. Denn wir haben sowohl schon Therapeuten aufgesucht, als auch bei anderen Menschen miterlebt, dass es geht. Doch es nützt einfach nichts: Wir sind ein Sklave unserer Sucht.

Stellen Sie sich vor: Sie stehen jetzt vor der Anklagebank. »Was haben Sie zu Ihrer Verteidigung zu sagen?« Auf einmal bricht es aus Ihnen heraus: »Ich konnte nicht anders. Natürlich wusste ich es, und ich wollte es auch nicht. Ich habe gekämpft wie ein Wilder, aber es hat einfach nichts genützt.« Der Ankläger könnte jetzt sagen: »Aber Sie hätten sich doch auch anders entscheiden können.« Verzweifelt rufen Sie aus: »Nein, das gerade nicht.«

Jetzt sind wir beim zwanghaften Willen und bei der inneren Unfreiheit angelangt. Ein zwanghafter Wille ist ein unkontrollierter Wille. Unkontrolliert heißt dabei, dass wir selbst nicht Urheber dieses Willens sind. Genauso wenig sind wir Urheber bei unbewussten Handlungen. Wir können diesen Willen nicht durch Überlegen beeinflussen. Er ist uns eigentlich völlig fremd. Es ist deshalb für die Frage der menschlichen Freiheit völlig irrelevant, ob unser Verhalten genetisch oder kulturell bedingt ist. Wenn unsere Handlungen von Dingen bewirkt werden, die außerhalb unserer Kontrolle liegen und deshalb nicht von uns beeinflusst werden können, fühlen wir uns unfrei und sind es auch.

Wenn wir aufgrund einer Sucht oder durch zwanghafte Gedanken unfrei sind, wissen wir, dass es sich um eine Krankheit handelt, die ärztlich behandelt werden muss. Aber oft genug ist es der Fall, dass vielleicht keine Krankheit diagnostiziert werden kann, wir uns aber trotzdem unfrei fühlen in unseren Entscheidungen. Und zwar oft viel weniger durch äußere Umstände als durch uns selbst. Äußere Umstände können wir meist sehr schnell einordnen, indem wir sie als Dinge erkennen, die wir ändern können oder eben nicht. Damit können wir umgehen. Bei uns selbst ist das meist nicht so einfach. Nicht selten kommen uns Gedanken in den Sinn, die wir nicht so schnell loswerden. Und diese Gedanken sind oft genug gar nicht mehr freiwillig. Aber nicht nur, dass sie nicht freiwillig in unseren Kopf kommen, sie hemmen uns außerdem daran, unser Leben zu leben.

Versuchen Sie in dem Fall, sich Abstand zu Ihren Gedanken zu verschaffen. Auch wenn Sie nicht verhindern können, dass diese Gedanken kommen, können Sie versuchen zu beobachten, was die Gedanken mit Ihnen machen. Lassen Sie sich dabei nicht auf den Inhalt Ihrer Gedanken ein, sondern betrachten Sie die Art der Gedanken und was diese körperlich und geistig in Ihnen auslösen. In nicht seltenen Fällen haben diese Gedanken mit subjektiven, emotionsgeladenen Werturteilen zu tun. Ständig bewerten wir sowohl Menschen als auch Dinge: »Frau Müller ist zickig« oder »Mein Chef ist unfair«. Objektiver wäre vielleicht: »Frau Müller kommt heute nicht zum Kaffee trinken, obwohl ich Sie eingeladen habe.« Wenn wir daraus gleich subjektiv und emotionsgeladen bewerten, steigern wir uns oft genug in negative Gedanken hinein und werden ein Stück unfreier. Deshalb versuchen Sie, nicht alles oder jeden bewerten zu müssen. Werden Sie nicht zum Moralapostel. Denn durch einseitige Wertungen sehen wir nicht die ganze Wirklichkeit und reduzieren damit unsere eigenen Möglichkeiten.

Zusammenfassend können wir sagen: Freiheit ist nie »völlig losgelöst« und nie ohne Bedingungen. Die äußere Freiheit ist an gemeinschaftliche Regeln gebunden, und auch die innere Freiheit ist nicht ohne Voraussetzungen. Trotzdem können wir davon ausgehen, dass sich uns immer mehrere Möglichkeiten bieten und eine dieser Möglichkeiten mit unserem Willen in Einklang gebracht werden kann. Wir fühlen uns dann frei, wenn wir weder durch innere noch durch äußere Zwänge daran gehindert werden, das zu tun, was wir wollen. Unfrei sind wir dann, wenn wir nicht in der Lage sind, unseren Willen so zu kontrollieren und durch Nachdenken zu beeinflussen, dass er mit dem übereinstimmt, was wir tun. Das wäre Fremdbestimmung. Dann wären wir nicht wir selbst.

Damit wir unser Leben frei und selbstbestimmt leben können, brauchen wir immer wieder Kraft und Mut, um Kontrolle über unsere Handlungen und damit über unser Leben erhalten zu können. Wir werden dabei unser Leben lang sowohl auf äußere als auch auf innere Widerstände stoßen,

die es gilt, zu überwinden. Wir können lernen, damit umzugehen.

Bevor wir uns dem Mut zu wenden, lassen Sie uns das bisherige Kapitel anhand von ein paar Fragen reflektieren.

- Was verstehen Sie unter Moral?

- Ist Ihre Vorstellung von Moral Ihre Richtlinie für Ihr eigenes Handeln?

- Entspricht Ihr Blickwinkel Ihrer Wirklichkeit, Ihrer Moral und Ihren Werten?

- Sind Sie ein Optimist oder doch eher ein Pessimist? Welche Bereiche sehen Sie positiver, welche negativer? Könnten Sie sich vorstellen, gewisse Dinge, die Sie momentan negativ einschätzen, auch positiv betrachten zu können? Denken Sie über alternative Betrachtungsweisen nach!

- Fühlen Sie sich im Großen und Ganzen frei in Ihren Entscheidungen?

- Tun Sie das, was Sie tun wollen?

- Was hemmt Sie mehr: die äußeren Umstände oder sind Sie es eher selbst?

- Moralisieren Sie gerne?

Mut tut gut!

Der mutige Geist folgt seinem »eigenen, unabhängigen, langen Willen«

Eine Geschichte der Menschheit

Friedrich Nietzsche hatte die Vision vom tatsächlichen Menschen, vom Übermenschen und freien Geist, der mutig seinem eigenen Willen folgt. Nietzsche stellt sich dazu vor, dass die Geschichte der Menschheit in drei Phasen verläuft: In der ersten Phase ist der Mensch eine Art »Menschen-Tier«. Dieses »Menschen-Tier« sieht lediglich den Augenblick. Weder Vergangenheit noch Zukunft spielen eine Rolle. Der Mensch geht ganz auf in seinen augenblicklichen Situationen und muss sich weder Gedanken um seine Vergangenheit noch Sorgen um seine Zukunft machen. Diese »Menschen-Tiere« leben so eine Art unbewusstes Glück.

Aber in dieser Phase bleibt die Menschheit nicht stehen. Es folgt eine zweite Phase, in der die Menschen ein Gedächtnis ausbilden. Das Gedächtnis befähigt die Menschen, anderen Menschen etwas versprechen zu können. Sofern wir nämlich, wie in der ersten Phase, keinerlei Erinnerung an die Vergangenheit haben, können wir natürlich auch keine Versprechen abgeben. Damit wir aber Versprechen nicht nur geben, sondern auch den Versprechen anderer Menschen vertrauen können, müssen andere Menschen für uns in irgendeiner Art und Weise berechenbar sein. Diese Berechenbarkeit der Menschen hat jetzt mit Sitte und Moral zu tun. Es sind die Sitten und Bräuche, Regeln und Normen, die es in jeder Art von Gemeinschaft gibt, die, nach Nietzsche, wie eine Art soziale Zwangsjacke auf den einzelnen Menschen wirken und den Menschen berechenbar machen. Die natürlichen Instinkte und Triebe, die ein jeder hat, werden durch diese Art soziale Zwangsjacke zurückgedrängt.

Aber dadurch, dass sie nicht ausgelebt werden können, sind sie nicht einfach weg. Nein, viel schlimmer! Können diese natürlichen Instinkte nicht nach außen, wenden sie sich nach innen, gegen den Menschen selbst. Dadurch bildet sich jetzt im Menschen eine Art Gewissen und Moral, was Sigmund Freud ein paar Jahre später »Über-Ich« nennt. Die Etablierung des Gewissens und der Moral ist dafür verantwortlich, dass die Seele des Menschen jetzt geformt wird und nicht mehr ihren ursprünglichen, natürlichen Zustand bewahren kann.

Nietzsche hofft auf Phase drei der Menschheitsgeschichte: die Phase des tatsächlichen Menschen. Ist der tatsächliche Mensch, der Übermensch und freie Geist, geboren, löst er sich von Sitte und Moral, um seinem »eigenen, unabhängigen, langen Willen« zu folgen. Dieser Mensch wird aber nicht einfach so geboren, sondern er muss sich, um zu einem freien Menschen zu werden, mit viel Mut selbst überwinden.

Wenn wir Nietzsche heute fragen würden, in welcher Phase der Menschheit wir uns befinden, würde er vermutlich mit »Phase zwei« antworten. Schon 1879 und 1882 sprach er von der Menschheit als »Herden-Menschheit« mit entsprechendem »Herden-Instinkt« und »Herden-Gewissensbiss«.[36]

Auch wir wissen heute mehr denn je, dass biografische und gesellschaftliche Erfahrungen und Bedingungen die genetischen Anlagen modifizieren können. Die angeborenen Instinkte können verkümmern oder sogar ins Zerstörerische umschlagen. Es ist die Umwelt, die das Gehirn knetet und ihm damit Gestalt verleiht. Aber was heißt das jetzt für uns? Befinden wir uns wirklich immer lediglich in der zweiten Phase der Menschheit und laufen wie Schafe der Masse hinterher? Wie schaffen wir den Sprung vom »Herdentier« zum mutigen, selbstbestimmten und damit auch glücklicheren Menschen?

Trau dich!

Mut gehörte lange Zeit neben Weisheit, Gerechtigkeit und Besonnenheit zu den Kardinaltugenden. In der Antike wurde Mut eher Tapferkeit, Standfestigkeit oder Unerschrockenheit genannt. Tapferkeit war dann gefragt, wenn es galt, Gefahren richtig zu begegnen: Eine gefährliche Situation kann uns entweder in Angst und Schrecken versetzen, sodass wir sofort weglaufen oder gar vor lauter Furcht erstarren. Oder aber wir stellen uns draufgängerisch und ohne innezuhalten der Gefahr entgegen.

Was das eine zu viel ist, ist das andere zu wenig. Die sachgerechte Reaktion besteht wohl eher in einer Art von Mitte. Dieser Begriff der Mitte stammt von Aristoteles; was er wirklich bedeutet, wird aber heute noch oft missverstanden. Diese Mitte ist nämlich kein Kompromiss zwischen zwei Extremen. Nein, die Mitte ist das Beste, die Höchstform aller möglichen Arten und Weisen der Lebensführung. Die beste Art und Weise, wie wir mit unseren Affekten und Leidenschaften umgehen können. Am besten stellt man sich diese Mitte nicht als einen Punkt auf einer Strecke, sondern als einen Kreis vor: Die Kreismitte nimmt eine herausragende Stellung ein.

Tapfer ist also, wer weder alle Gefahren auf sich nimmt, noch vor allen Gefahren zurückweicht. Die richtige Einstellung gewinnt der Tapfere dadurch, dass er sich zu seinen Affekten in das richtige Verhältnis setzt: Natürlich verspürt der Tapfere in Gefahrsituationen Furcht, aber er überlässt der Furcht nicht das letzte Wort. Er hat die Fähigkeit, sich von der reinen Furcht zu distanzieren, um dann richtig zu handeln. Weder der Feige noch der Draufgänger hat diese Fähigkeit. Sie geben unüberlegt ihren Trieben nach. Beiden fehlt das reflektierte Verhältnis zu den ihnen angeborenen Emotionen.

In Zeiten Aristoteles' war die Tapferkeit, die Courage eine unabdingbare Tugend für die Verteidigung des Gemeinwesens gegen äußere Gefahren und auch gegen innere Erstarrung. Nietzsche greift diese Forderung nach Tapferkeit oder Mut in seinen Theorien auf. Mehr noch: Er macht sie zum Fundament seiner Philosophie. Es ist der Mutige, der seiner Angst trotzt, dem Konformismus und der Gesellschaft widersteht. Mutig denken ist dabei nicht genug: Wichtig sind vor allem die darauf aufbauenden mutigen Handlungen, die letztendlich dem Menschen zeigen, wer er ist. Denn der Mensch ist, was er tut.

Ohne Mut werden die Menschen zu reinen Herdentieren ohne eigene Ideale und eigene Ziele – sie werden zu »letzten Menschen«. In *Also sprach Zarathustra* schreibt Nietzsche: »Sie (die letzten Menschen) haben die Gegenden verlassen, wo es hart war zu leben; denn man braucht Wärme. Man liebt noch den Nachbarn und reibt sich an ihm: Denn man braucht Wärme. ... Ein wenig Gift ab und zu: Das macht angenehme Träume. Und viel Gift zuletzt, zu einem angenehmen Sterben. Man arbeitet noch, denn Arbeit ist eine Unterhaltung. Aber man sorgt, dass die Unterhaltung nicht angreife. Man wird nicht mehr arm und reich: Beides ist zu beschwerlich. Wer will noch regieren? Wer noch gehorchen? Beides ist zu beschwerlich. Kein Hirt und eine Herde! Jeder will das Gleiche, jeder ist gleich: Wer anders fühlt, geht freiwillig ins Irrenhaus.«[37]

Das sind harte Worte. Doch wie steht es heute um den Mut? Sind wir die »letzten Menschen« oder Übermenschen? Ist es uns zu beschwerlich, mutig zu sein?

Couragiert handeln

Zürcher Motivationspsychologen haben erforscht, dass die meisten Menschen wegschauen, wenn jemand angepöbelt oder gar verprügelt wird.

Denn stellen Sie sich vor, auf einmal sind sie da. Es sind zwei Schlägertypen mit Bomberjacken und Springerstiefel, die sich breitbeinig vor einen dunkelhäutigen Fahrgast stellen. »Niggerschwein«, tönt es lauthals durch die U-Bahn. Ihre großen Stiefel drücken sie dem dunkelhäutigen Fahrgast ins Gesicht. Die anderen Fahrgäste schauen verlegen weg oder suchen das Weite.

Was würden Sie tun? Könnten Sie sich vorstellen, zu helfen? Niemand hat bei dieser Fahrt in der U-Bahn die Courage, einzugreifen. Aber das ist nichts Besonderes. Nur jede dritte Person, die einen fremdenfeindlichen Übergriff beobachtet, greift ein – so die Ergebnisse einer repräsentativen Umfrage aus dem Jahr 2002. In etwa gleich verhält es sich, wenn es um häusliche Gewalt, Mobbing am Arbeitsplatz oder Übergriffe auf Behinderte geht. Meist schweigen die Zuschauer eines solchen Gewaltverbrechens. Aber gerade dieses Schweigen ist es oft, das den Tätern die stillschweigende Rechtfertigung liefert.

Die spannende Frage ist jetzt: Warum schauen Menschen weg? Prof. Veronika Brandstätter vom Psychologischen Institut der Universität Zürich und ihr Team erforschten die Gründe, warum Menschen in solchen Situationen einfach wegschauen: Sie wollen sich nicht in die Privatsphäre anderer Menschen einmischen. Außerdem wissen sie nicht, was sie tun können. Es ist ihnen unangenehm, sich in den Vordergrund zu stellen, oder sie sind zu aufgeregt und nervös, um überhaupt handeln zu können.

Zivilcourage ist hier gefragt. Bei der Zivilcourage als sozialem Mut treten wir öffentlich für die Wahrung zivilgesell- 211 schaftlicher und demokratischer Grundrechte ein. Hier geht es nicht darum, etwas für einen wohltätigen Verein zu spenden, sondern wir müssen aktiv vorgehen. Dafür brauchen wir Mut. Denn jegliches Einschreiten in solchen Situationen bringt ein gewisses Risiko mit sich.

Ein weiteres, sehr wichtiges Forschungsergebnis zeigt, dass auch hier Übung eine zentrale Rolle spielt.[38] Haben wir nämlich schon öfter in solchen Situationen eingegriffen und diese kompetent bewältigt, ist es wahrscheinlicher, dass mit der Zunahme des Selbstvertrauens auch die Handlungsentschlossenheit und vor allem Handlungsroutine zunehmen. Hier geht es nicht darum, Angstgefühle wegzutrainieren, sondern darum, Verhaltensweisen zu entwickeln, die trotz unserer Angst ausgeführt werden können.

Damit ist, wie so vieles, auch Zivilcourage lernbar. So gibt es beispielsweise ein Züricher Zivilcourage-Training, das vor allem auf relevantem Wissen und dem Aufbau von Handlungskompetenz beruht. Dabei werden die aktuellen Resultate der psychologischen Forschung präsentiert und im Gespräch mit den Erfahrungen der Teilnehmer verknüpft. In Rollenspielen erleben Teilnehmer typische Situationen, in denen sie nicht zivilcouragiert gehandelt haben. Gewaltsituationen werden nicht nachgespielt, sondern die Teilnehmer stellen sich hier entsprechende gewaltvolle Situationen vor. Dann geht es vor allem darum, praktikable, individuelle Handlungspläne zu erarbeiten. Nach dem Training gaben 62 Prozent an, in realen Situationen zivilcouragiert gehandelt zu haben. In der Kontrollgruppe ohne Training waren es nur 40 Prozent.

Aber oftmals sind es in unserem alltäglichen Leben nicht nur diese besonderen Situationen, die Mut erfordern. Es fängt schon damit an, dass wir Anrufer nicht abwimmeln können, weil wir uns nicht trauen, ihnen zu sagen, dass wir wirklich keinen neuen Handyvertrag brauchen. Oder wir stehen am Eincheckschalter einer Fluggesellschaft in der Warteschlange. Plötzlich macht die Airline noch einen Eincheckschalter auf. Ein Fluggast vom Ende der Schlange sprintet vor und ist der Erste, der am neu aufgemachten Schalter einchecken möchte. Wir trauen uns oft nicht, diesen Mann auf seinen Platz ganz hinten zu verweisen. Hier brauchen wir doch eigentlich nur »Nein« zu sagen, ohne dass dadurch ein Risiko für unsere Gesundheit oder gar unser Leben entsteht. Warum ist selbst das so schwer? Wahrscheinlich sind wir zu wenig in Übung. Deshalb versuchen Sie, in Situationen Ihres alltäglichen Lebens mutig zu sein. Wenn Sie beispielsweise das nächste Mal auf dem Wochenmarkt sind und sich jemand vordrängelt, trauen Sie sich, etwas zu sagen. Sorgen Sie für Gerechtigkeit. Das lässt Sie mutiger werden und stützt außerdem Ihr Selbstvertrauen.

Wenn wir Mut hören, geht es aber nicht nur um Zivilcourage, um Mut gegenüber anderen. Denn mutig sein muss ich auch gegenüber mir selbst. Erst dann, wenn ich mir selbst vertraue, wenn ich mir zutraue, Risiken auf mich zu nehmen, kann ich sozial mutig sein. Nietzsche hat vor allem diese Art Selbstvertrauen im Blick, die mich dazu befähigt, Gefahren, Risiken und damit auch Leiden auf mich zu nehmen, um mich selbst immer wieder zu übertreffen. Nietzsche träumt vom »Stern der übenden Menschen«.

Der Stern der übenden Menschen

Friedrich Nietzsche war ein Anhänger der Antike. Dem Christentum hat er in seinen Schriften den Garaus gemacht, um sich in punkto Lebensform vor allem der griechischen Antike zuzuwenden. Der »modus vivendi«, die Art, wie wir unser Leben führen, ist bestimmend dafür, ob wir gut oder eben schlecht leben. Nietzsches Lebensform ist vielleicht sogar eher eine Lebensreform, da er versucht, das Wertesystem der Antike wieder aufleben zu lassen. Vielleicht können wir, in Anlehnung an Peter Sloterdijk, von einer »Neo-Antike« sprechen. Jedoch handelt es sich hierbei um keine reine Wiederholung der antiken Zeit in einer modernen oder eher postmodernen Welt, sondern es ist die Idee, dass die Antike aus eigener Kraft immer wiederkehrt. Damit wird eine Zeit nicht einfach von einer anderen Zeit abgelöst, sondern ist als eine Art dauernde Gegenwart, Tiefenzeit oder Naturzeit immer präsent.[39]

Nietzsche ist der Überzeugung, dass sich durch Lebensformen, die immer wieder eingeübt werden, so etwas wie »Kulturen« ergeben. Es gibt dabei gute Übungslebensformen, die gute Kulturen hervorbringen, aber auch schlechte Übungslebensformen, die respektive schlechte Kulturen hervorbringen. Er verwendet den Begriff der Askese, der im klassischen Griechischen einfach »Training« oder »Übung« bedeutet. Maßgeblich für gute Kulturen sind »gesunde« Menschen, die sich mit guten Askesen steigern wollen. Im Gegensatz dazu gibt es die »kranken« Menschen:

Dies sind für Nietzsche vor allem die Priester, die unter enormer Anstrengung Dinge einüben, die das Leben auf Erden leugnen. Es ist eine Art pathologische Askese. Die »gesunden« Menschen bilden einen Planet von Übenden im aufstrebenden, lebensbejahenden Sinn. Die Einwohner dieses Sterns sind Menschen, die das Gewicht der Welt ohne Wehleidigkeit tragen. Ohne ständiges Jammern nehmen diese Menschen auch den Lastcharakters des Daseins auf sich. Es sind kreative, schöpferische Menschen, die aber ganz selbstverständlich auch nicht ohne Disziplin und Regeln auskommen. Ganz im Gegenteil: Sie selbst legen sich Reglementierungen auf, weil sie darin die Mittel sehen, um als Denker und Schöpfer in ihr persönliches Optimum zu 214 gelangen.

Es steht also in der Macht der Menschen, viel oder wenig aus sich zu machen. Damit sind die Menschen nicht gleich, sondern ungleich. Diese Ungleichheit ist aber nicht genetisch oder sozial bedingt, vielleicht sogar gottgewollt, sondern diese Ungleichheit liegt in den unterschiedlichen Übungen. Die »gesunden« Menschen sind bei Nietzsche die guten, authentischen, selbstbewussten Menschen, die das Leben lieben, nicht mit Neid und Missgunst auf andere schauen, sondern ihr eigenes Leben nach ihrem Willen gestalten. Auf dem Weg zu einem selbstbestimmten und damit glücklicheren Leben werden wir immer wieder auf Widerstände sowohl von außen als auch von innen stoßen. Äußere Widerstände können bedeuten, dass das, was wir tun wollen, nicht »üblich« ist, nicht sozial anerkannt ist oder dass es sich finanziell gesehen nicht lohnt. Aber wahrscheinlich sind es eher die inneren Widerstände, unsere emotionalen Bremsen, die uns hemmen. Nicht selten fahren wir mit angezogener Handbremse durchs Leben und versuchen immer mehr Gas zu geben. Nur leider nützt das gar nichts, wenn wir die Handbremse nicht lösen.

Überlegen wir gemeinsam. Was sind unsere emotionalen Bremsen? Sind wir oft unentschlossen? Zweifeln wir an uns selbst? Haben wir gar Angst? Sind wir einfach oft zu bequem? Oder haben wir Gewohnheiten, die uns hemmen? Wenn wir genauer hinschauen, haben alle emotionalen Bremsen etwas mit Gewohnheit zu tun. Unentschlossenheit, Zweifel, Angst, Bequemlichkeit oder auch Minderwertigkeitsgefühle haben auch damit zu tun, wie ich es eingeübt habe, wie ich gewohnt bin, mit Dingen oder Herausforderungen umzugehen. Wir können uns beispielsweise ganz leicht daran gewöhnen, uns immer weniger zuzutrauen. Ein einfaches Beispiel ist das Autofahren: Früher war es beispielsweise nicht üblich, dass Frauen den Führerschein machten. Doch selbst bei Frauen, die ihren ganzen Mut zusammennahmen, um im Alter von 30 Jahren, mit Familie und zwei Kindern, doch noch den Führerschein zu machen, scheiterte das Projekt »Auto fahren« nicht selten an der fehlenden Übung und den inneren Widerständen. Die Angst vor neuen Situationen war größer als der Wunsch nach Unabhängigkeit: »Heute fahre ich nicht, denn es könnte glatt sein.« – »In die Stadt mit dem Auto? Nein, dem Verkehr dort bin ich noch nicht gewachsen.« Zweifel setzen sich fest: »Ich glaube, das Autofahren liegt mir nicht.«

Wenn wir uns immer wieder zögerlich, unentschlossen, bequem oder gar ängstlich verhalten, kann dieses Verhalten für uns zur Gewohnheit werden. Wir trauen uns nichts mehr zu. Diese Haltung hindert uns daran, uns künftigen Herausforderungen zu stellen. Deshalb gilt: Selbst wenn wir bei unserer ersten Autofahrt einen kleinen Crash haben – weiterfahren. Denn es funktioniert ja auch andersherum. Indem wir Krisen bewältigen, Niederlagen meistern, lernen wir dazu. Wir sammeln Erfahrungen, wie wir auch mit schwierigen Situationen umgehen können. Wir können uns selbst vertrauen, indem wir zu uns sagen: »Du hast schon so viel überstanden. Warum soll sich daran etwas ändern?« Wir können mutig und angstfrei der Zukunft begegnen.

Machen Sie es sich zur Gewohnheit, sich den Herausforderungen Ihres Lebens zu stellen. Tun Sie das, was Sie wollen. Grenzen Sie nicht Ihre Möglichkeiten selbst ein, indem Sie sich sagen »Das schaffe ich nie.« Oder: »Das ist unmöglich.« In der Natur gibt es wunderbare Beispiele dafür, dass das Unmögliche oft möglich ist. Zum Beispiel die Hummel: Sie hat nur eine Tragfläche von 1,45 Quadratzentimeter, wiegt aber 4,8 Gramm mit einem Flächenwinkel von 6 Grad. Aufgrund naturwissenschaftlicher Gesetze ist es schlichtweg nicht möglich, dass die Hummel fliegt. Ihr ist das egal, denn sie weiß gar nichts davon und fliegt trotzdem. Oftmals ist es besser, nicht so viel nachzudenken, sondern zu handeln. Denn aus dem Handeln entwickeln sich die Gewohnheiten, die uns letztlich bestimmen. Das ist nicht einfach. Misserfolge, Krisen, Angst und Furcht werden uns auf unserem Weg begleiten. Aber sie dürfen uns nicht davon abhalten, unseren eigenen Weg zu gehen. Denn glücklich fühlen wir uns doch eigentlich nur dann, wenn wir unseren eigenen Weg, nach unserem Willen und unseren Vorstellungen, gehen. Wer will schon das Leben der anderen leben?

Jetzt können wir uns fragen: Aber woher weiß ich, dass das nicht der Weg der anderen, sondern mein Weg ist? Wann folge ich meinem Willen und wann dem Weg der anderen? Es ist sicherlich schwierig, hier eine Grenze zu ziehen. Denn wie wir wissen, ist auch unser Wille bedingt durch unsere Genetik, unsere Erfahrungen, unsere Empfindungen und unsere Sozialisation. Aber ich denke, wir spüren es, wenn wir unserem Willen entsprechen. Je mehr wir unserem Willen entsprechen können, desto wohler fühlen wir uns und desto mehr sind wir bei uns.

Wenn wir wissen wollen, was wir, und nicht andere, wollen, müssen wir mit uns alleine sein können. Auch dazu gehört Mut!

Mut zum Alleinsein

Endlich mal zur Ruhe kommen. Alle Reize um sich herum abschalten. Keine Menschen und vor allem keinerlei Anforderungen um sich herum haben. Das wünschen wir uns doch alle. Oder etwa nicht? Gibt es da Menschen, die ganz nervös werden, wenn nicht ständig andere Menschen um sie herum sind? Geraten diese Menschen fast außer sich, wenn nichts sie ablenkt? Wenn nichts und niemand sie anerkennt? Diese Fragen können wir wohl beruhigt mit »Ja« beantworten. Obwohl wir uns wohl alle wünschen, unser

Leben so zu führen, dass wir ganz bei uns sind, brauchen wir dazu eine gehörige Portion Mut.

Für den Existenzphilosophen Martin Heidegger, der von Nietzsches Gedankengut beeinflusst war, steht der Mensch, in Heideggers Wortschatz »das Dasein«, nicht der Welt gegenüber, sondern ist ein Teil von ihr. Wir werden ungefragt in die Welt »geworfen« und sind, von Anfang an, eine Art Einheit von Mensch und Welt. Damit ist das menschliche Dasein ein »In-der-Welt-Sein«. Auch andere Menschen gehören zum eigenen Menschsein. Wir Menschen kennen es gar nicht anders. Heidegger spricht also nicht von einem Individuum, sondern von einem »Man«, das unsere Lebensweise, unsere Kultur und letztlich unseren Willen bestimmt:

»Wir genießen und vergnügen uns, wie man genießt; wir lesen, sehen und urteilen über Literatur und Kunst, wie man sieht und urteilt; wir ziehen uns aber auch vom ›großen Haufen‹ zurück, wie man sich zurückzieht; wir finden empörend, was man empörend findet. Das Man, das kein bestimmtes ist und das Alle, obzwar nicht als Summe, sind, schreibt die Seinsart der Alltäglichkeit vor.«[40] So Heidegger in seinem Hauptwerk *Sein und Zeit*.

Aber dieses Leben im »Man« ist für ihn kein eigentliches Leben. Denn wenn wir ausschließlich im »Man« sind, fliehen wir vor uns selbst in die Betriebsamkeit der Welt und suchen dabei eine Art Entlastung, um die Bürde des Daseins nicht auf uns nehmen zu müssen. Aber so bleiben wir immer hinter unseren Möglichkeiten zurück, denn wir schöpfen nur aus dem, was »Man« für reizvoll, machbar und notwendig hält.

Um unseren eigenen Entwurf leben zu können, müssen wir erst mal einen eigenen Lebensentwurf haben. Doch wenn wir es nicht aushalten, allein und bei uns selbst zu sein, woher soll der eigene Entwurf des Lebens dann kommen? Das Alleinsein ist im Grunde eine Fähigkeit oder vielleicht auch eine Tugend. Meist tritt das Alleinsein mit anderen Tugenden auf: den Tugenden der Gelassenheit und der Geduld. Denn wenn wir Geduld haben, können wir auch warten. Wenn wir gelassen sind, müssen wir nicht sofort auf jeden Reiz reagieren. Wir nehmen uns Zeit, uns zu besinnen. Denn wir sind zuversichtlich, soziale Anerkennung zu erhalten und nicht zu verlieren, auch wenn wir nicht auf alle Anfragen von außen sofort reagieren. Wir können oft dann schlecht alleine sein, wenn wir Angst haben, die Anerkennung anderer zu verlieren. Haben wir diese Angst, sind wir innerlich unruhig, fühlen uns einsam, aber nicht allein, sind »außer uns«, aber nicht »bei uns«. Das ist der Unterschied von Alleinsein und Einsamsein. In Momenten der Einsamkeit vergessen wir nicht uns selbst, sondern wir schenken uns selbst schmerzlich unsere ganze Aufmerksamkeit. Auch wenn kein anderer da ist, fühlen wir uns beobachtet und missachtet.

Es ist wohl so, dass wir dann, wenn unsere sozialen Beziehungen stimmen, wenn wir uns in der Gemeinschaft, in der wir leben, wohlfühlen, auch allein sein können. Dann können wir uns auch auf uns beziehen und bei uns sein. Stimmen unsere sozialen Beziehungen nicht, fühlen wir uns nicht wohl. Wir fühlen uns emotional einsam, selbst dann, wenn andere Menschen anwesend sind. Um diese fast unerträgliche Einsamkeit nicht spüren zu müssen, stürzen wir uns in die Arbeit, in die Außenwelt. Bei Heidegger in das »Man«.

Fast süchtig und zwanghaft nach Arbeit suchend, verhindern wir, dass wir uns mit unserer Innenwelt auseinandersetzen müssen. In unserer Arbeitsgesellschaft ist das kein Problem. »Arbeiten bis zum Umfallen« ist hoch angesehen und wird als Leistung auch noch honoriert. Bei Heidegger ist es beispielsweise die Angst, die die Flucht in die Außenwelt unterbrechen kann: Denn wenn wir existentiell bedroht, vielleicht sogar schwer krank werden, ist uns das Außen, das wir materiell geschaffen haben, unser Beruf, für den wir Tag und Nacht geschuftet haben, nichts mehr wert. Wir werden in der Angst auf uns selbst zurückgeworfen, was eine Chance ist, uns selbst näherzukommen.

Nach Professor Rolf Haubl, dem Direktor des Sigmund-Freud-Instituts, können wir aus dem Hamsterrad der Außenwelt aber auch aussteigen, wenn wir mutig sind. Und mutig sein heißt hier, dass wir fähig sind, allein sein zu können. Denn nur wenn wir allein sind, können wir auf uns selbst hören. Aber Alleinsein bedeutet auch, sich zurückzuziehen, den bestehenden Handlungsdruck zu reduzieren, ohne die Angst haben zu müssen, dadurch zu vereinsamen, keine Anerkennung mehr zu bekommen, da wir die vermeintlichen sozialen Erwartungen nicht erfüllen.

Auch das ist Mut im Sinne von Friedrich Nietzsche. Für Nietzsche geht es im Leben darum, der zu werden, der man ist. Nur, wer bin ich? Leider kann ich das nicht ohne Weiteres erkennen. Selbst dann, wenn ich mich wissenschaftlich und medizinisch komplett analysieren und sezieren könnte, wüsste ich dann, wer ich bin? In der Vorrede der *Genealogie der Moral* schreibt Nietzsche: »Wir sind uns unbekannt, wir Erkennenden, wir selbst uns selbst.«[41]

Wir sind uns unbekannt, weil wir uns nicht erkennen können. Wir sind keine Maschinen, die wir analytisch und wissenschaftlich analysieren können. Wir Menschen sind mehr. Wir können erleben, wir haben Gefühle und Verstand. Wir sind rational und emotional. Eine Mischung eben. Ein Mehr als die Summe seiner Teile. Und dann auch noch eine Mischung, die sowohl ihre Zutaten als auch ihre Mischungsverhältnisse im Laufe eines Lebens ändert. Deshalb werden wir wohl zu keinen Zeitpunkt unseres Lebens wissen, wer wir sind. Trotzdem wollen wir unser Leben lang uns selbst nahekommen: Wir wollen das tun, was uns entspricht. Wir wollen unser Leben erleben. Wir wollen authentisch sein.

Deshalb dürfen wir nicht aufhören, uns selbst immer wieder zu suchen, um das Gefühl zu bekommen, uns selbst gefunden zu haben. Zumindest für eine gewisse Zeit. Wir werden uns vermutlich unser ganzes Leben lang suchen und finden müssen. Und genau dafür müssen wir mutig sein.

Manchmal sehen die Mutproben, die unser Leben von uns fordert, ganz anders aus als das, was wir gemeinhin unter Mutproben verstehen. Eine meiner Mutproben bestand beispielsweise darin, Friedrich Nietzsche zu lesen. Jahre vorher hatte ich viele Glücksratgeber gelesen, in der Hoffnung, persönliche Krisen so zu meistern. Oft habe ich mich gefragt, warum mich das nicht weiterbringt. Heute glaube ich, es zu wissen: Wahrscheinlich hat mich diese Art von Ratgeberliteratur mir selbst nicht nähergebracht. Nietzsche hat das geschafft. Obwohl es mir anfangs sehr schwer fiel, ihn zu verstehen. Aber ich habe nicht aufgegeben: Auch das bedeutet Mut.

Überprüfen Sie anhand von ein paar Fragen, wie mutig Sie sind.

- Welche emotionalen Bremsen haben Sie? Selbstzweifel, Vorsicht, Besorgtheit? Wo steckt Ihre Angst?

- Wie begegnen Sie Ihren Ängsten?

- Erinnern Sie sich an Situationen, in denen Sie Ängste überwunden haben? Wie haben Sie das gemacht?
  Suchen Sie sich Situationen, in denen Sie Mut beweisen!
  Gehen Sie den Situationen, die Ihnen Angst machen, nicht aus dem Weg. Nähern Sie sich. Wenn Sie Angst vor Hunden haben, kehren Sie nicht gleich um, sondern laufen Sie zuerst mit großem Sicherheitsabstand vorbei.
  Verringern Sie die Abstände!

- Können Sie etwas mit sich anfangen? Können Sie allein sein? Oder fühlen Sie sich dann gleich einsam, nervös und unwohl?

- Suchen Sie Momente, in denen Sie allein sein können. Vielleicht erst einmal mit einem guten Buch, aber ohne Handy, Internet oder Fernseher. Haben Sie mit sich Geduld. Üben Sie in kleinen Schritten und kleinen Zeiteinheiten. Halten Sie inne und besinnen Sie sich auf sich selbst. Tun Sie auch mal nichts!

- Haben Sie Zivilcourage? Wann haben Sie das letzte Mal für eine Person oder Sache Partei ergriffen? Üben Sie sich darin, Ihre Meinung zu vertreten. Vielleicht trauen sie sich, Ihrer Mutter zu sagen, dass sie keine selbst gestrickten Pullover tragen, selbst dann nicht, wenn sie diese seit zehn Jahren zu Weihnachten bekommen.

Sinnlosigkeit des Leidens

Warum ohne Sinn das Glück
auf sich warten lässt

Always look on the bright side of life
Schau immer auf die heitere Seite des Lebens

Brian kommt im Stall neben Jesus auf die Welt. Er wächst in Judäa auf und verliebt sich als junger Mann in die idealistische Judith. Sie kämpft gegen die römischen Besatzer und ist Mitglied der »Volksfront von Judäa«. Auch Brian wird dank größter Bemühungen in diese Gruppe aufgenommen. Er beteiligt sich an dem Einbruch in den Palast von Pontius Pilatus, um die Frau des Statthalters zu entführen und so das römische Imperium zu vernichten. Die Entführung missglückt, da eine andere Widerstandsgruppe die gleiche Idee hatte. Brian wird verhaftet. Durch eine Menge Zufälle gelingt ihm jedoch die Flucht. Um nicht entdeckt zu werden, schlüpft er auf einem Marktplatz in die Rollen zahlreicher Propheten. Obwohl oder gerade weil er nur herumstottert und den Menschen auf dem Marktplatz Rätsel aufgibt, hat er bald eine große Gefolgschaft, die von ihm Antworten auf sämtliche Lebensfragen erwartet.

Verfolgt von einer großen Anhängerschaft, flüchtet der panische Brian ins karge Umland. Er versteckt sich bei einem Eremiten und trifft dort wieder auf Judith, die jetzt hin und weg ist von Brian. Am anderen Morgen ist die Stadt gera- 223 dezu überfüllt mit selbst ernannten Jüngern Brians. Legionäre von Pontius Pilatus verhaften ihn schließlich. Er wird mit anderen, eher willkürlich ausgesuchten, Straftätern zum Tode durch Kreuzigung verurteilt. Ein fröhlicher Mitgekreuzigter fordert Brian auf, trotz Sinnlosigkeit auf die sonnige Seite des Lebens zu schauen. Alle zum Tode Verurteilten stimmten dann in dessen Lied »Always look on the bright side of life« ein.

Das Leben des Brian aus dem Jahre 1979 ist eine Komödie der britischen Komikergruppe Monthy Python. Brian wird zur gleichen Zeit wie Jesus geboren, unfreiwillig als Messias verehrt und schließlich völlig sinnlos gekreuzigt. Vor allem christliche und jüdische Vereinigungen protestierten vehement gegen diesen Film. Trotzdem hatte er durchschlagenden Erfolg. Ich könnte mir vorstellen, dass auch Friedrich Nietzsche begeistert gewesen wäre. Denn schließlich war er der Verkünder vom Tod Gottes, und Nietzsche selbst bezeichnete sich als »den ersten perfekten Nihilisten Europas«. Denn durch den »Tod Gottes« und der damit verbundenen Verabschiedung des Übernatürlichen gibt es keine übergeordnete ewige Instanz, die dem Leben Sinn und Ziel verleihen könnte. Religionen verhindern eine Weiterentwicklung des Menschen: Sie bieten Sinn und wiegen ihn in einer vermeintlichen Sicherheit, in einer Komfortzone, aus der er nicht mehr heraus möchte. Die religiöse Daseinsberechtigung bekommt der Mensch aber nicht zum Nulltarif. Denn nur wenn er auf Erden die religiösen Vorschriften befolgt, sich einschränkt und damit leidet, hat der Mensch die Chance, in den Himmel zu kommen. Für Nietzsche ist deshalb die Weiterentwicklung des Menschen, der »Übermensch«, ein spielendes Kind: Das spielende Kind geht ganz in seinem Spiel auf, ist auf der Stufe des »Ich bin« und stellt sich nicht die Frage nach

dem Sinn, Ziel oder Zweck seines Handelns oder gar seines

Lebens. Weder die Vergangenheit noch die Zukunft belasten dieses Kind, da seine Gedanken ganz im Hier und Jetzt sind.

Im *Leben des Brian* singen die Gekreuzigten am Ende des Films »Always look on the bright side of life«. Auch wenn dir das Leben schwer im Magen liegt – pfeif drauf. Vergiss deine Sünden und genieße das Leben. Denn eines ist sicher: Am Ende jedes Lebens steht der Tod. Das Leben ist ein Spiel, und der beste Spieler bist du dann, wenn du die Sonnenseite sehen kannst. Ist das so? Ich weiß es nicht.

Leben und Tod? Alles sinnlos? Können wir uns damit abfinden? Nicht einmal Nietzsche konnte sich wirklich damit abfinden. Denn einerseits hatte er die Vorstellung vom spielenden Kind als »Übermenschen«, andererseits war der »Übermensch« ein Mensch, der über sich hinauswuchs. Warum sollen wir Menschen uns steigern, wenn sowieso alles sinnlos ist? Warum sollen wir uns anstrengen? Warum leiden? Wahrscheinlich, weil wir doch einen Sinn brauchen. In *Genealogie der Moral* schreibt Nietzsche, dass der bisherige Mensch, das sogenannte Menschen-Tier, in der ersten Phase des Menschseins keinen Sinn hatte und dass er darunter gelitten hatte. Aber nicht das Leiden oder gar Schmerzen waren das Problem, sondern dass er nicht wusste, wofür er litt. Die Religion hat dann in der zweiten Phase des Menschseins dem Menschen einen Sinn gegeben. Dieser Sinn brachte mit all seinen Vorschriften und seiner Moral zwar zusätzliches Leiden. Trotzdem war der Mensch fürs Erste gerettet. Wie wir wissen, hofft Nietzsche auf die dritte Phase des Menschseins, in der der Mensch sich weiterentwickelt und sich dann selbst einen Sinn geben kann. Denn auch wenn uns kein Schöpfergott geschaffen hat und wir damit unseren Daseinszweck verlieren, nimmt das dem Leben nicht allen Sinn. Möglicherweise führt uns diese Erkenntnis nur zu dem Schluss, dass der Ursprung des Sinns nicht dort ist, wo wir dachten. Wenn es Gott nicht gibt und er uns keinen Sinn geben kann, sind wir dann selbst verantwortlich dafür, dass unser Leben Sinn macht? Was kann dieser Sinn des Lebens dann sein?

Was ist der Sinn des Lebens?

2002 hat das Institut für Demoskopie Allensbach 2117 Menschen in Deutschland befragt: »Was ist der Sinn des Lebens?« Dabei hat sich gezeigt, dass 55 Prozent der Menschen den Sinn darin sahen, das Leben zu genießen. Dreißig Jahre vorher gaben dies in Westdeutschland nur 27 Prozent an. Die Menschen verbanden ein sinnvolles Leben eher mit Gewissen (»Das tun, was mein Gewissen mir sagt«), mit Religion (»So handeln, wie Gott das erwartet«), mit Aufgabenerfüllung, Pflicht und auch gesellschaftlicher Verantwortung (»Dabei helfen, eine bessere Gesellschaft zu schaffen«). Aber schon in den Siebzigerjahren verloren im Westen Deutschlands soziale oder altruistische Motive an Attraktivität. Nach dieser Umfrage wächst die »Spaßgesellschaft«, der sogenannte Hedonismus.

Die Menschen der Studie wurden nach Vorlage einer Liste zum Lebenssinn befragt. Auf dieser Liste standen dann Dinge wie »Privates Glück«. Zum »Privaten Glück« gehörten dann beispielsweise »Dass ich glücklich bin, viel Freude haben« oder »Dass meine Familie versorgt ist«. Ein anderer Punkt war »Beziehung zur Gesellschaft«. Darunter wurden Dinge gelistet wie: »Dass ich von meinen Mitmenschen geachtet werde, Ansehen habe.« Oder: »An meinem Platz mithelfen, eine bessere Gesellschaft zu schaffen.« Ein dritter Punkt war die »Ethische Verantwortung« mit Unterpunkten wie: »Dass ich vor mir selbst bestehen kann.« Oder: »Tun, was mein Gewissen mir sagt.«

Verstehen wir das unter dem Sinn des Lebens? Wenn wir uns überlegen, in welchen Zusammenhängen wir das Wort »Sinn« benutzen, kommen wir vielleicht auf Begriffe wie Uhrzeigersinn oder Orientierungssinn. Beide Begriffe haben etwas mit Richtung zu tun. Dementsprechend hat der Sinn des Lebens etwas mit Richtung, Ausrichtung oder Weg des Lebens zu tun. Wir haben Sehnsucht nach einem klaren, zukunftsgerichteten Ziel, das unser eigenes Streben sinnvoll macht und unserem Leben eine klare Richtung vorgibt.

Außerdem haben wir Angst vor unserer eigenen Sterblichkeit. Natürlich wissen wir, dass alle Menschen irgendwann einmal sterben werden. Wir wollen genau diese Angst ausgleichen, indem wir ihr einen Sinn gegenüberstellen und so versuchen, unser seelisches Gleichgewicht wieder herzustellen. Wir könnten sagen, dass das seelische Gleichgewicht eine Art ausdauerndes Gefühl innerer Harmonie ist. Dieses ausdauernde Gefühl der inneren Harmonie ist ein anderer Ausdruck für das, was Aristoteles unter Glück verstand. Glück ist damit nicht der kurze Moment der Lust oder der Freude, sondern eher die innere Balance eines Menschen. Wenn wir diese innere Balance herstellen wollen, braucht unser Leben so etwas wie einen Sinn. Doch geht es wirklich um diesen allgemeinen Sinn, wenn es um Glück geht? Ich denke, wir können davon ausgehen, dass dieser eher allgemeine Sinn etwas mit unserem individuellen Sinn zu tun hat. Wenn wir an vormoderne Völker denken, so stellten diese Menschen eher selten die Frage nach Ihrem Sinn des Lebens. Es gab klare soziale Konventionen, deren Sinn nicht problematisiert wurde. Denn der Sinn lag mehr oder weniger darin, das zu tun, was die Vorfahren taten. Damit hatte der einzelne Mensch eine ganz klare Funktion innerhalb eines größeren Ganzen. Dieses größere Ganze legte damit auch den individuellen Sinn jedes einzelnen Menschen in einer Gemeinschaft fest.

In Zeiten der Aufklärung, der Moderne, tritt an die Stelle des Glaubens die Vernunft. Hat das Christentum im Mittelalter noch ein umfassendes Sinn-System geboten, wird dieses System in der Aufklärung immer mehr infrage gestellt. Wir können Vorgedachtes und Vorgegebenes nicht mehr einfach nur so übernehmen. Aber die Aufklärung schafft neue Systeme, an deren Spitze die Vernunft steht. Auch in Zeiten der Aufklärung geht man davon aus, dass das Universum geordnet ist, der einzelne Mensch jedoch für sich selbst verantwortlich ist. Im Höhepunkt der Aufklärung, dem Idealismus, ist es für Hegel keine Frage, dass die Menschheitsgeschichte auf ein Ziel zuläuft. Da jeder Mensch ein Teil der Menschheitsgeschichte und damit ein Teil des Ganzen ist, hat jeder Mensch ganz automatisch Sinn und Ziel.

Wie ist das heute, in sogenannten postmodernen Zeiten? Wenn wir uns geschichtlich orientieren, können wir feststellen, dass die große Sinnfrage meist in Zeiten auftaucht, in denen bislang als gesichert geltende Rollen, Überzeugungen und Konventionen in die Krise geraten sind. Beispielsweise schrieb der Philosoph Martin Heidegger sein Hauptwerk *Sein und Zeit* kurz nach dem Ersten Weltkrieg. Jean-Paul Sartres Werk *Das Sein und das Nichts* erschien im Zweiten Weltkrieg. Altbewährtes und Tradiertes wird in Zeiten von Krisen hinterfragt und nicht mehr als selbstverständlich hingenommen. Mit diesem Infragestellen fallen wir immer ein Stück weit aus einem sicheren Rahmen heraus. Postmoderne Philosophen gehen heute davon aus, dass es weder Wahrheit, noch Wirklichkeit oder Sinn gibt. Aber es gibt heute nicht nur Vertreter einer Postmoderne, sondern unsere Zeit ist eine Epoche, in der wir über alle fundamentalen moralischen oder auch politischen Fragen heftig aneinander geraten. In die Arena der Sinnfrage treten heute zahlreiche rivalisierende Kämpfer. Dabei scheint keiner so wirklich in der Lage zu sein, den anderen zu überzeugen. Überkommene Glaubensvorstellungen zerfallen, aber auch an dem Primat der Vernunft wird gezweifelt. Damit kann keine endgültige Antwort auf die Frage nach dem Sinn gegeben werden. Dass keine endgültige Antwort gegeben werden kann, bedeutet aber auch, dass wir anstatt Sicherheit Freiheit bekommen. Denn hat das Leben keinen vorgegebenen Sinn, kann jeder Einzelne seinem Leben den Sinn geben, den er möchte. Wir sind nach dieser Theorie Urheber und Schriftsteller unserer selbst. Und wir sind dabei nicht darauf angewiesen, dass Gott oder die Vernunft unsere Geschichten schreibt. Warum also Sinnkrisen?

Reif für die Sinnkrise?

Ein 33-jähriger Mann, ziemlich abgemagert, befindet sich in Frankfurt auf dem Weg zu einer Beratung. Dort angekommen, erzählt er seiner Zuhörerin, dass er einen nervösen Magen habe und sich fast nur noch von Schokoriegeln und Kaffee ernähren könne. Nach seinem erfolgreich abgeschlossenen Studium gehörte er zu den »High Potentials« einer Großbank. Nach einem Trainee-Programm war er innerhalb weniger Jahre zum Projektleiter mit Personalverantwortung aufgestiegen und verdiente irre viel Geld. Nun aber stellte er fest, dass er eigentlich gar kein Privatleben hatte und sich außerdem seine Karriere in einer Art Sackgasse befand. Er fing an, sich zu fragen: »Was mache ich hier eigentlich? Soll ich mein ganzes Leben lang jetzt so weitermachen?«

Viele Menschen fühlen sich heute überlastet, geradezu ausgebrannt: *Burn-out* ist eine häufige Diagnose. Herbert Freudenberger hat schon 1974 beobachtet, dass in Drogenberatungsstellen viele junge, vormals hoch motivierte Mitarbeiter nach wenigen Arbeitsjahren abgestumpft und zynisch ihrer Arbeit nachgingen. Dieses Phänomen nannte er *Burnout*. Vor allem in helfenden Berufen stieß man auf dieses Phänomen. Aber mit der Zeit konnte man in anderen Berufsgruppen die gleiche Symptomatik erkennen. Seither steigt die Zahl der psychisch Erkrankten unaufhörlich. Die Unternehmensberatung Kienbaum machte durch eine Befragung in deutschen Chefetagen auf einen neuen Typus, den Extremjobber, aufmerksam. 80 Prozent der deutschen Top-Führungskräfte gaben bei einer Befragung an, mehr als 50 Stunden pro Woche zu arbeiten. Die Hälfte der Manager mit jährlich mehr als 200 000 Euro Verdienst legt eine Wochenarbeitszeit von 60–70 Stunden hin. Über lange Zeit empfinden diese »Arbeitstiere« ihre Arbeit als angenehm stimulierend, als intellektuelle Herausforderung, gar als Lebenselixier. Natürlich ist ihnen durchaus bewusst, dass diese Arbeitsweise nicht mit einem befriedigenden Privatleben in Einklang gebracht werden kann. Sind dann keine Hobbys mehr da, die Ehefrau mit Kindern ausgezogen, werden sie nachdenklich. Oftmals erkennen sie erst jetzt, dass ihre Arbeit aus Zeitdruck, Aufgabenlast, Fremdbestimmtheit, unklaren und wachsenden Zielvorgaben, eingeschränkten Handlungsmöglichkeiten, häufigen Störungen im Arbeitsablauf durch Telefon oder E-Mails oder Umstrukturierungen besteht. Diese Menschen leiden an *Burn-out* aufgrund eines Zuviels.

Da gibt es aber auch den erfahrenen Krankenpfleger, der sich auf »seiner« Intensivstation besser auskennt als der junge ärztliche Kollege. Trotzdem darf dieser Krankenpfleger in Notfallsituationen offiziell keine ärztlichen Tätigkeiten durchführen. Oder denken wir an die vielen Arbeitslosen, die durch eine Firmenpleite von heute auf morgen ihren Job verlieren. Menschen über 50 mit Fähigkeiten und Fertigkeiten, die auf einmal nicht mehr gefragt sein sollen. Denn auch eingeschränkte Handlungsmöglichkeiten, Langeweile, das Brachliegen eigener Talente und Interessen können zum Ausbrennen führen. Trotzdem ist nicht jeder Durchhänger ein *Burn-out*. Schlaflosigkeit, Energiemangel und Antriebslosigkeit sind vielleicht Alarmzeichen, aber sofern diese Zeichen nur phasenweise auftreten, muss dies noch kein Problem sein. Der *Burn-out*-Experte Matthias Burisch weist auf folgende Anzeichen hin: Meist fängt es an mit gesteigertem Arbeitseinsatz, mehr Überstunden, weniger Sozialkontakte und negativer Arbeitseinstellung. Oft stellen sich dann Unzulänglichkeitsgefühle, Pessimismus, abnehmende Motivation und Schlafstörungen ein. Es wird immer schwieriger, sich in der Freizeit zu erholen, die Essgewohnheiten verändern sich. Schließlich hat man Gefühle der Sinnlosigkeit und der negativen Lebenseinstellung. Eine Art von Depression.

Sinnkrisen gibt es also vor allem bei Menschen, die entweder über- oder unterfordert sind. Ich denke, wir befinden uns in einer Gesellschaft, in der beides vermehrt der Fall ist. Aber es ist nicht nur die Arbeit, die heute zu Sinnkrisen führen kann. Generell stellen wir uns die individuelle Sinnfrage, wenn wir aus Vertrautem herausfallen, wenn Brüche in unserem Leben passieren. Auch dann, wenn uns der Start in eine neue Lebensphase nicht so recht gelingen will oder sich unser Leben nicht so entwickelt, wie wir uns das vorgestellt haben. Schicksalsschläge, Krankheit oder der Tod eines Angehörigen können uns vor die fundamentale Frage nach dem Sinn des Lebens stellen. Wenn Sinnfragen in Krisen- oder Umbruchsituationen auftauchen, dann ist die Sinnfrage eher eine Art Symptom. Ist die Krise bewältigt, verschwindet auch die Frage. Es geht also nicht vorrangig darum, die Sinnfrage zu beantworten, sondern darum, das dahinterstehende Problem zu lösen.

Natürlich stellte auch ich mir die Frage, was für einen Sinn es haben kann, dass meine Tochter so schwer krank auf die Welt kam. Diese Art von Fragen hat mich allerdings nicht weitergebracht, denn es kann auf sie naturgemäß keine befriedigende Antwort geben.

Sinn machte deshalb nicht das Fragen, Sinn machte das Bewältigen der Krise. Da meine Tochter viermal am Herz operiert wurde, stieg von Operation zu Operation meine Zuversicht, und ich wusste von Tag zu Tag mehr, was Sinn machte und macht: das Leben meiner Tochter!

Zuvielitis

Wenn wir über unser Leben nachdenken, wird wahrscheinlich jeder von uns zugeben müssen, dass es Dinge gibt, die uns belasten, unfrei machen, deren Sinn wir vielleicht nicht verstehen. Im Hinblick auf ein freieres, »sinn«volles und glücklicheres Lebenskonzept können wir uns also fragen: Warum verabschieden wir uns nicht von sinnlosen Dingen? Warum kompliziert, wenn's einfach geht?

Wenn wir von Dingen reden, denken wir meist zuerst an Materielles. An das, was wir besitzen. Das fängt an bei unserem Papierkram, geht weiter zu unserem Kleiderschrank, unserer Wohnung, unserer Garage, unserem Auto. Allein, wenn wir einen Blick auf unseren Schreibtisch werfen, sehen wir Unmengen von Papier oder Stiften. Wahrscheinlich könnten wir locker mehr als die Hälfte wegschmeißen.

Es gibt aber nicht nur Sachen, die für unser Leben unsinnig sind, sondern auch Gedanken, die keinen Sinn machen. Und meistens ist es so, dass wir nicht an unseren Umständen leiden, sondern an unseren Gedanken. Ständig machen wir uns Sorgen, was alles passieren könnte – die reinsten Horrorszenarien laufen in unseren Köpfen ab. Doch wenn wir ganz genau hinschauen: Wie viele dieser möglichen Katastrophen sind tatsächlich passiert? Vielleicht ist es oft besser, Dinge oder Gedanken auf sich beruhen zu lassen, loszulassen, mehr Leichtigkeit zu entwickeln. Denn es sind viele unsinnige Gedanken, die uns den Zugang zu uns selbst regelrecht verstopfen.

Aber wie lasse ich los? Wie kann ich mir Gedanken und Sorgen nicht machen? Lernen ist ein aktiver Prozess. Und wir lernen dann, wenn wir etwas tun. Das heißt, neue Gewohnheiten entwickeln, andere Gewohnheiten annehmen. Und dazu müssen wir täglich üben!

Wenn wir uns Sorgen machen, können wir uns lange sagen: »Ach komm. Das bringt doch nichts.« Wir können nicht »leer« werden von Gedanken, weil wir Wesen sind, die ständig etwas denken. Wir können uns aber dafür entscheiden, etwas anderes zu denken. Und Denken hat viel mit Konzentration und Aufmerksamkeit zu tun. Je besser es uns gelingt, unsere Konzentration und unsere Aufmerksamkeit einer Sache zuzuwenden, desto mehr sind wir von uns und unseren Sorgen abgelenkt.

Aber heute ist doch eher Multitasking angesagt. Wir telefonieren, checken unsere E-Mails und ersteigern auf eBay ein phänomenales Schnäppchen. Wir sprechen, hören zu, tippen, klicken und scrollen und das alles gleichzeitig. Um nichts zu verpassen, was uns besser und perfekter machen könnte, sei es unseren Körper, unsere Kinder, unsere Frisur oder unsere Designerwohnung, dürfen wir nichts unversucht lassen. Und da wir nur eine begrenzte Zeit haben, bleibt uns nichts anderes übrig, als alles gleichzeitig zu tun. Natürlich lesen wir auch abends, während der Fernseher läuft und wir die Kinder ins Bett bringen, Bücher über Meditation und Achtsamkeit. Denn wir alle haben schon gehört, dass zu einem perfekten Leben auch Ruhe dazugehört. Dazu müssen wir an unserer *Work-Life-Balance* arbeiten. Aber aufgrund der vielen anderen Dinge muss es uns genügen, über Ruhe zu lesen. Es könnte jedoch sein, dass wir vor lauter »Haben müssen«, »Besser werden« und dem Streben nach Perfektion unser Leben ganz vergessen. Ist vielleicht weniger oft mehr? Wahrscheinlich haben wir schon viel zu viel, und trotzdem macht es keinen Sinn.

Oder vielleicht ist alles so sinnlos, weil wir schon viel zu viel haben und wir uns um das, was bereits in uns angelegt ist, nicht kümmern. Und hier macht die Sorge Sinn, nämlich die Selbstsorge, das Kümmern um sich selbst. Kümmern um sich selbst kann bedeuten, dass ich nicht jede Sahnetorte, die ich sehe, essen muss. Kümmern um sich selbst kann auch heißen, dass ich abends eine Runde durch den Wald jogge, anstatt neben dem Fernseher meine aktuellsten E-Mails zu checken. Wir nehmen damit auch richtige Qualen auf uns, weil wir uns selbst beschränken, um langfristig gesünder durchs Leben zu gehen. Das heißt nicht, dass wir uns nicht ab und zu eine Sahnetorte gönnen sollten. Wichtig dabei ist nur, dass wir uns dann, wenn wir eine solche Gaumenfreude genießen, voll und ganz nur darauf konzentrieren. Von dem, was wir tun, haben wir nur dann wirklich etwas, wenn wir unsere ganze Aufmerksamkeit und Konzentration darauf richten. Wenn es uns gelingt, uns auf das, was wir tun, zu konzentrieren und uns unsere Gedanken und Sorgen keinen Streich spielen, macht das Sinn.

Der französische Schriftsteller Honoré de Balzac hat einmal gesagt: »Was man macht, muss man gründlich machen; selbst eine Torheit.« Denn auch Torheiten sind ein Teil von uns und unserem Leben. Wichtig dabei ist, dass wir das Gefühl haben, dass das, was wir tun, zu uns und unserem Leben dazugehört. Und wichtig ist dabei auch, dass die Richtung stimmt. Mal ein Sahnetörtchen macht nichts aus, aber machen wir die Sahnetorte nicht zu unserer Gewohnheit. Das, was wir hauptsächlich tun, das, was wir täglich einüben, sind unsere Gewohnheiten, die uns selbst ausma-

chen.

Überprüfen Sie Ihre Gewohnheiten. Trägt das, was Sie tun, zu der Art von Leben bei, die Sie sich wünschen? Passen Ihre Gewohnheiten zu Ihnen? Ein dauerhaft glückliches, sinnvolles Leben ist kein schnelles Leben. Kein Leben der schnellen Antworten, der Gier, alles haben zu wollen und alles zu kriegen. Sondern es ist ein Leben, in dem man sich selbst kurzfristig einschränkt, um langfristig besser zu leben. Oft ist das Leiden der Preis für Sinn und Glück. Aber sehen wir von existentiellen Qualen einmal ab und denken wir noch einmal an die Sahnetorte, auf die wir verzichten, so können wir uns an diese »Qualen« sehr gut gewöhnen. Denn je mehr wir den Verzicht einüben, desto erträglicher wird er werden. Am Ende wollen wir gar nicht mehr ohne ihn sein.

Verzicht einüben hat jedoch zwei Seiten und, glücklicherweise, zwei positive Seiten. Wollen wir verzichten, wird es uns eher nicht gelingen, etwas einfach nicht zu tun. Alle, die schon einmal eine Diät gemacht haben, wissen das. Wenn wir uns mit nichts beschäftigen, nichts tun, und dabei auch noch auf die Torte verzichten sollen, wird uns das nur äußerst schwer gelingen. Denn plötzlich machen unsere Gedanken nichts anderes mehr, als nur noch an Torten aller möglichen Arten zu denken. Wer kann das schon aushalten. Anders verhält es sich, wenn wir statt Torte zu essen etwas anderes tun. Setzen wir uns Ziele, damit unser Leben in die Richtung verläuft, die wir für sinnvoll erachten.

Leben in die richtige Richtung

Wenn wir uns Ziele setzen, möchten wir uns in eine bestimmte Richtung bewegen. Über Ziele können wir Zusammenhänge schaffen. Beispielsweise soll unsere Arbeit etwas mit uns zu tun haben. Wir versuchen eingebettet zu sein in soziale Netzwerke. Wir möchten in dem, was wir tun, einen

Sinn erkennen. Außerdem ist es wichtig, dass unsere Ziele nicht im Widerspruch zu unseren Wertvorstellungen stehen. Aber vor allem müssen wir unsere Ziele kennen. Laotse hat dazu vor 2300 Jahren schon gesagt, dass nur der den Weg finden kann, der sein Ziel kennt.

Wahrscheinlich gibt es deshalb heute so viele Bücher zum Thema: Sowohl im Privaten als auch im Beruflichen sprechen heute alle über Ziele. Ein sehr beliebtes privates Ziel ist beispielsweise das Schlankwerden. Über das Schlankwerden selbst gibt es unzählige Bücher, wie *Schlank im Schlaf, Ich bin dann mal schlank* oder gar *Wünsch Dich schlank*. Im Berufsleben geht es oft darum, wie Vorgesetzte mit Mitarbeitern Ziele vereinbaren. Die Gefahr besteht jedoch darin, dass wir oft überzogene Idealvorstellungen als Ziele formulieren. Dann können wir uns noch so sehr anstrengen, sind aber trotzdem frustriert, weil wir unsere Ziele nicht erreichen. Natürlich ist es vielleicht wünschenswert, die idealen Maße, den idealen Job, den perfekten Mann und die intelligentesten Kinder zu haben. Aber vielleicht wird meine Figur auch bei ständigem Hungern nicht zur Modelfigur. Möglicherweise ist die Arbeit manchmal einfach öde. Auch der Mann hält nicht immer, was er verspricht, und die Kinder weigern sich permanent, ohne Probleme aufzuwachsen. Und das ist vielleicht auch gar nicht allzu schlimm, sondern einfach Realität.

Jean-Paul Sartre spricht von der Faktizität: Es gibt Dinge in unserer Welt, die uns prägen und die wir nur beschränkt oder vielleicht auch gar nicht beeinflussen können, so wie die Familie oder die Gesellschaft, in die wir hineingeboren werden. Trotzdem besitzen wir die individuelle Freiheit, wie wir mit diesen Dingen umgehen, welche Einstellung wir zu ihnen haben. Manche Dinge sind vielleicht eher Unzulänglichkeiten, die wir besser akzeptieren als idealisieren. Wir täuschen uns, wenn wir meinen, dass die Zukunft ein Dasein ohne Probleme und ohne Sorgen für uns bereithält. Das Glück ist oft flüchtig, die Dinge oft unbeständig. Trotzdem tun wir gut daran, den Mut zu haben, das Leben so zu nehmen wie es ist, und das Beste daraus zu machen. Das Beste daraus zu machen, heißt, Ziele zu formulieren, die herausfordernd und motivierend sind, aber dennoch innerhalb der eigenen Machbarkeit stehen. Die Ziele sollten in einem sinnvollen Zusammenhang zu unseren Wertvorstellungen und zu unseren Wünschen stehen. Wenn wir ihnen dann noch einen zeitlichen Rahmen verpassen, sie konkret festlegen und gleichzeitig mit Leben erfüllen, haben wir den Grundstock für ein zielorientiertes Leben gelegt. Wir müssen uns jedoch darüber bewusst sein, dass jedes Ziel, so hoffen wir, irgendwann einmal erreicht ist. Die Zielerreichung ist damit an einen Augenblick gebunden. Wie wir bereits wissen, verrinnen diese Augenblicke nur allzu schnell und werden zur Vergangenheit. Genau dasselbe gilt für den Sinn des Lebens, wenn wir ihn nur an Augenblicke koppeln.

Deshalb gibt es wahrscheinlich auch nicht den einen Sinn des Lebens. Unzweifelhaft gibt meine Tochter meinem Leben einen Sinn. Und ich bin mir sicher, dass sie immer eine wichtige Rolle in meinem Leben spielen wird. Aber auch dieser Sinn hat sich in der Vergangenheit immer mal wieder verändert und wird das voraussichtlich auch zukünftig tun. Auch wenn Alina nie ein vollkommen selbstständiges Leben führen wird, wird auch sie sich mit der Zeit wohl nicht mehr nur an mir orientieren. Und das ist gut so. Denn auch sie hat ein Recht auf ein eigenes, sinnvolles Leben – in welcher Form auch immer.

In Form sein

Die Lebensform ist das, was dem Leben die Bestimmtheit oder vielleicht auch die Gestalt verleiht. Form hat grundsätzlich immer etwas mit Struktur und Regelmäßigkeit zu tun. Eine Form hält innerhalb von bestimmten Grenzen etwas zusammen, das von anderen Formen unterschieden werden kann. Sie ist dabei nichts, was sich ständig verändert, sondern etwas, das durch Wiederholbarkeit, Dauer und Beständigkeit gekennzeichnet ist. Auch eine Lebensform ist eine regelmäßige, dauerhafte, nicht zufällige Umgrenzung der Haltung und des Verhaltens, der Gesten und Gewohnheiten, die ein Mensch sich aneignet, die er aber auch mit anderen teilen kann. Lebensformen organisieren die Vielfalt von möglichen Verhaltensweisen und bieten damit dem einzelnen Menschen Sicherheit und Halt.

Wir alle werden zunächst einmal in eine Lebensform, in eine Kultur hineingeboren, die wir nicht weiter hinterfragen. Wenn es dann aber um unseren Sinn des Lebens, also darum geht, welche Richtung wir im Leben einschlagen, wählen wir eher eine Form. Aus dem historischen und kulturellen Fundus heraus denken wir über die einzelnen Formen nach, um dann diejenige Form zu wählen, die zu uns passt. Es geht dabei aber nicht nur um die reine Übernahme. Denn unsere eigentliche und herausfordernde Aufgabe besteht darin, die eigene Lebensform so zu gestalten, dass sie bestmöglich zu uns passt und unser Zusammenleben mit anderen ermöglicht.

In Zeiten der griechischen Antike gab es nur ganz wenige Lebensformen. Aristoteles unterschied beispielsweise nur drei: *bios hedone* (Genuss, Lust), *bios politicos* (Ehre, Ruhm) und *bios theoreticos* (Denken, Philosophie). Da die Lebensform der Lust auf Körperlichkeit basiert und die der Ehre und des Ruhmes auf die Anerkennung von außen, sind diese

238

beiden Lebensformen eher unbeständig und können für Aristoteles nicht ein Leben lang gültig sein. Allein die theoretische Lebensform kommt von innen und stellt damit für Aristoteles ein seelisches Gut dar, das ein Leben lang Gültigkeit besitzt und den Menschen am glücklichsten macht.

Wie sieht das heute aus? Wenn wir heute von Lebensformen sprechen, sind das am ehesten gedankliche, individuelle Strukturen, die einen Wert im einzelnen Leben als dominant bestimmen. Deshalb besitzt jeder Mensch heute eine Mischung aus unterschiedlichen Formen. Wünschenswert ist natürlich, dass die Form, die bei uns dominant vorherrscht, die Form ist, die wir bewusst wählen und verantworten, die wir gleichzeitig aber immer wieder kritisch hinterfragen und neu für uns definieren.

Diese Forderung stellt auch Nietzsche an die Menschen. Ihm geht es um den freien, nicht um den festgefahrenen Geist. Denn der freie Geist folgt nicht blind alten Überlieferungen, Traditionen und Gewohnheiten, sondern der freie Geist wählt ganz bewusst. Natürlich wählt auch Aristoteles' glücklicher Mensch ganz bewusst seine Lebensform. Aber Aristoteles ist sich sicher, dass er nur dann, wenn er die denkerische Lebensart wählt, auch ein sinnvolles Leben führen kann. Anders bei Nietzsche. Für ihn gibt es die »Versuchsjahre«, in denen der Mensch Erfahrungen sammelt, in denen es keine Gewissheiten und Sicherheiten gibt. In diesen Jahren probieren Menschen aus, sind offen gegenüber allem, was anders ist, und werden so zu selbstbestimmten, reifen und freien Geistern. Auf diesem Weg darf und muss der Mensch sich verändern. Dabei geht es nicht nur darum, offen für das zu sein, was zufällig auf einen zukommt, sondern auch darum, ganz bewusst Zufälle zu provozieren: Dadurch lernt der Mensch, dass eben nicht alles planbar und die Vernunft auch nicht Herr über alle Lebenslagen ist. Es kommen Zufälle auf uns und unser Leben zu, mit denen wir nicht rechnen können. Da diese Unwägbarkeiten des Lebens sich nicht nach uns richten, müssen wir uns nach ihnen richten. Damit ist Lebenskunst für Nietzsche ein »Leben können« mit den Zufällen einer jeden Existenz. Zufälle sind nicht berechenbar. Sie sind einfach faktisch da, und wir können ihnen nicht entkommen. Leben können heißt bei Nietzsche, Zufälle und Unvorhergesehenes anzunehmen und, im besten Fall, daran zu wachsen. Denn Zufälle eröffnen uns nicht selten neue Möglichkeiten, die uns besser voranbringen als jedes im Voraus geplante Handeln.

Für Nietzsche hat das Leben mit Kunst und mit Können zu tun. Der Lebenskünstler gibt dem Leben einen Sinn, und der Lebenskönner erfüllt diesen Sinn. Wir leben heute in einer Zeit, in der wir nicht mehr beherrscht werden von Traditionen und Konventionen. Damit gibt es keine endgültige Antwort auf die Frage nach dem Sinn. Es gibt eher zahlreiche, vielleicht sogar exotische Antworten. Diese Vielzahl von Antworten kann für uns Freiheit bedeuten. Freiheit dahingehend, dass es uns freisteht, unserem Leben selbst einen Sinn zu geben. Es kann uns aber auch passieren, dass wir der Meinung sind, in unseren Leben unseren Sinn gefunden zu haben, wir uns ganz wohl und glücklich fühlen. Doch plötzlich, wie der Zufall so spielt, werden wir mit einer völlig unerwarteten Krise konfrontiert. Als Lebenskönner nehmen wir diese Krise an. Auch wenn sie Leid verspricht, bleibt uns nichts anderes übrig. Aber wir bleiben nicht bei der bloßen Akzeptanz einer Krise stehen. Denn eine Krise annehmen heißt nicht, uns in unserem Leid zu suhlen, sondern sie als Herausforderung zu sehen. Sie kann uns eine ganz neue, uns bisher völlig unbekannte Perspektive auf unser eigenes Leben eröffnen. Wir spüren plötzlich Kräfte, die wir nicht für möglich gehalten hätten. Und genau hier liegt die Chance auf eine Weiterentwicklung, auf einen »neuen« Sinn. Denn es ist nichts für immer und für die Ewigkeit.

Beispielsweise hat die existenzielle Angst um meine Tochter meinem Leben einen »neuen« Sinn gegeben. Diese Angst hat in mir etwas geweckt, das ich nicht für möglich gehalten hätte. Aber ich habe ganz genau gespürt, dass es zu mir gehört. Ich bin mir ein Stück weit nähergekommen, habe mich weiterentwickelt und meinem Leben einen »neuen« Sinn verliehen.

Damit ist Sinn so etwas wie eine menschliche Leistung. Weder die Welt, noch die Dinge auf der Welt machen Sinn, wenn wir Menschen ihnen keinen Sinn verleihen. Das können wir jedoch nur erreichen, indem wir selbst ein Teil dieser Welt sind. Heidegger würde sagen, dass unser »Da-Sein« ein »In-Sein« ist. Solange wir leben, können wir vermutlich nicht aufhören, unser Leben zu interpretieren und zu deuten, und das tun wir meist im Gespräch mit anderen oder mit uns selbst. Denn durch die Interpretation von der Welt, von anderen Menschen und uns selbst, erkennen wir Zusammenhänge, die unserem Leben Sinn geben.

Sinn und Glück gehören also eng zusammen. Denn das, was uns sinnvoll erscheint, macht uns wohl auch glücklich. Wenn wir Bindungen oder Zusammenhänge spüren, entstehen am ehesten die guten Gefühle. Wir sind mit unseren Freunden zusammen und erleben so gute Beziehungen. In einer guten Gemeinschaft fühlen wir uns als Mitglied, als Teil vom Ganzen. Unser Sinn des Lebens wird uns aber nicht einfach so auf dem Silbertablett serviert. Wenn wir auf ein sinnvolles Leben aus sind, müssen wir etwas dafür tun. Ideen, Träume und Werte sind die Grundlage für unsere Ziele. Die Arbeit an der Erreichung dieser Ziele stellt einen Zusammenhang zu uns selbst dar. Damit macht eine Zielerreichung nicht nur Sinn, sondern auch glücklich.

Was können wir tun? Welche Fragen sollten wir uns stellen, um unserem Sinn des Lebens auf die Spur zu kommen?

- Betrachten Sie Ihr Leben. Was verstehen Sie nicht? Welche Dinge sind sinnlos?

- Verabschieden Sie sich von sinnlosen Dingen oder verändern Sie diese Dinge so, dass sie zu Ihrem Leben gehören und Sinn machen.

- Gibt es in Ihrem Leben Probleme, die Sie mit Ihren bisherigen Erfahrungen und Kenntnissen nicht lösen können? Formulieren Sie diese Probleme, schaffen Sie Distanz und lösen Sie sie.

- Schaffen Sie Zusammenhänge! Zusammenhänge zwischen Ihnen und Ihrer Arbeit, teleologische Zusammenhänge (Frage nach dem Wofür und Wozu), soziale Zusammenhänge, ethische Zusammenhänge und Wertvorstellungen.

- Was möchten Sie in Ihrem Leben erreichen? Formulieren Sie Ziele, die Sie motivieren und herausfordern. Positiv und so konkret wie möglich sollten Ihre Ziele sein. Erfüllen Sie Ihre gedanklichen Ziele mit Leben und formulieren Sie diese schriftlich und immer in der Gegenwart. Setzen Sie Ihren Zielen einen zeitlichen Rahmen und stellen Sie sie in Einklang mit Ihren Wertvorstellungen. Achten Sie darauf, dass Ihre Ziele glaubhaft und erreichbar sind!

- Machen Sie sich klar, dass, wenn Sie Ihr Leben als sinnlos erleben, Sie es sind, der Ihrem Leben keinen Sinn verleiht. Wir sind die Interpreten unseres Lebens. Achten Sie darauf, welche Perspektive Sie zu sich und Ihrem Leben einnehmen!

- Achten Sie auf die Dinge, die Sie tun, und tun Sie nicht alles gleichzeitig!

Nachgedanken oder Gedanken zum Nachdenken

Für immer und ewig glücklich sein. Ein Menschheitstraum? Stellen wir uns das einmal vor. Wollen wir wirklich ewig leben? Ewiges Leben würde bedeuten, dass es nie aufhört. Es geht immer und immer weiter, kein Ende in Sicht. Und dann auch noch ewiges Glück. Ein ewiges Glück wäre ein garantiertes Glück, das uns vermutlich auf Dauer langweilen würde. Damit wir uns nicht langweilen, brauchen wir den Kontrast. Unser Glück ist uns nur dann etwas wert, wenn wir auch Unglück kennen. Was wir uns wünschen, ist eher viel Glück, und dass wir die Phasen des Unglücks so gut überwinden, dass wir gestärkt daraus hervorgehen. Und je besser wir in Übung sind, desto besser wird uns dies gelingen.

Wenn wir heute über vergangene Zeiten nachdenken, kann es uns passieren, dass wir denken, früher war alles so einfach. Es gab feste Traditionen und Religionen, die es dem Menschen abnahmen, über sein Glück oder seinen Sinn im Leben nachzudenken. Aber Glück oder Sinn waren damit fremdbestimmt. Und das ist doch eigentlich eine schreckliche Vorstellung. Deshalb ist es eines der höchsten Güter, selbst über sich und sein Leben bestimmen zu können. Auch wenn wir dabei keine grenzenlose Freiheit haben und selbst dann, wenn wir nicht einmal einen freien Willen besitzen, ist die Vorstellung, frei entscheiden zu können, eine der wertvollsten Vorstellungen überhaupt. Bestimmen und verantworten wir unser Leben selbst, müssen wir auch selbst unser Glück erarbeiten. Diese Arbeit ist eine Arbeit, die keine Rente kennt und bei der wir es uns nicht leisten können, aus der Übung zu kommen. An unserem Glück zu arbeiten und uns darin zu üben, heißt nicht, dass wir immer direkt Erfolg haben. Wie das Leben so spielt, die berühmten Zufälle, die Niederlagen, die Krisen sind es, die uns herausfordern und uns vor Bewährungsproben stellen. Aber welche Bedeutung hätten denn überhaupt noch Siege, wenn wir nicht auch verlieren könnten? Und wie langweilig sind Filme, bei denen wir schon von Anfang an wissen, wie sie ausgehen? Gott sei Dank gibt es keine (echten) Wahrsager, die uns unsere Zukunft voraussagen können.

Wenn wir uns im Schnelldurchlauf noch einmal kurz an die drei Philosophen dieses Buches erinnern, haben sich alle drei mehr oder weniger die Frage gestellt, worauf es im Leben ankommt. Dieses Worauf ist dabei bei allen dreien eigentlich die Frage nach dem Glück und in diesem Zusammenhang auch nach dem Sinn.

Für Aristoteles aus der griechischen Antike kam es darauf an, sich unaufhörlich darin zu üben, ein tugendhafter Mensch zu sein. Und das sowohl im Denken als auch im Handeln, und zwar nicht nur für sich alleine, sondern vor allem in der Gemeinschaft mit anderen Menschen. Für den Aufklärer und Romantiker Jean-Jacques Rousseau bestand die Bestimmung des Menschen darin, seiner eigener Natur gemäß leben zu können und auch zu dürfen. Der ehrliche und authentische Mensch darf zu nichts gezwungen werden, das er nicht will, und er muss mutig genug sein, das zu tun, was seinem Willen entspricht. Das tun, was dem eigenen Willen entspricht, würde auch zu Friedrich Nietzsche passen. Auch wenn sich Nietzsche in seinem gesamten Werk widersprüchlich zu Sinn und Glück geäußert hat, liegt seine Antwort, worauf es im Leben ankommt, wohl am ehesten darin, nie aufzugeben und über sich selbst hinauszuwachsen, um der zu werden, der man ist. Allen dreien gemeinsam ist die Forderung nach lebenslangem Üben auf dem Weg zum Glück.

Auch die aktuellsten Ergebnisse von Verhaltens- und Hirnforschern können uns nicht sagen, was Glück ist. Wir wissen, dass hier jeder von uns ganz individuell gefragt ist. Trotzdem hat ein gutes Leben viel mit Übung zu tun. Wir üben Gutes und wir üben Schlechtes, gute Gewohnheiten ebenso wie schlechte Gewohnheiten. Es passieren uns gute Dinge, aber auch schlechte Dinge. Wir begegnen unserer Traumfrau und verlieren im gleichen Monat unsere Arbeit. Wir werden geboren, und wir müssen sterben. Manche Dinge sind nur ganz schwer zu ändern, andere wiederum ganz einfach. Können wir Dinge nicht ändern, hängt alles davon ab, wie wir damit umgehen. Können wir Dinge ändern, sollten wir sie so ändern, dass sie uns glücklich und nicht traurig machen.

Wenn ich in die leuchtenden Augen meiner Tochter blicke, ihr Lachen in meinen Ohren höre und sie mir einen schmatzenden Kuss auf die Wange drückt, weiß ich, dass unser Leben nichts mit einem schlimmen Schicksal zu tun hat. Alina und ich haben die Herausforderungen unserer Leben angenommen und haben unseren Kampf ums Glück gewonnen. Wenn auch nur zeitweise, teilweise jeder für sich und teilweise gemeinsam. Aber ich hoffe, dass wir nie aus der Übung kommen. Und das Leben mit meinem besonderen Kind wird gekrönt von dem köstlichen Gefühl, nichts mehr auf der Welt wirklich fürchten zu müssen.

Dank

Alina danke ich für ihre Inspiration und meinem Mann Jürgen für seine Motivation. Andrea Kunstmann und Melanie Schwarz standen mir jederzeit mit Rat und Tat zur Seite. Und last but not least hat mich Frau Prof. Dr. Dr. h. c. Breuninger mit ihrer Begeisterung für Philosophie hoffnungslos angesteckt.

Anmerkungen

1 Dieter Halbach: »Das Gute Leben«. In: Magazin Wissen der Süddeutschen Zeitung, Verlagsgesellschaft Süddeutsche Zeitung, Artikel von: Hans Werner Kilz, S. 76.

2 In »Das Unbehagen in der Kultur« schreibt Freud 1930, dass der Zweck des menschlichen Lebens darin besteht, nach Lust zu streben. Lust ist für Freud Glück, und Lust empfinden wir dann, wenn ein Bedürfnis befriedigt wird. Aufgrund dessen können wir nur den Kontrast und nicht die Dauer intensiv genießen. Unsere Möglichkeit, glücklich zu sein, ist deshalb schon allein durch unsere Konstitution beschränkt und im Plan der Schöpfung somit nicht vorgesehen.

3 Ines Papert und Karin Steinbach: *Im Eis. Wie ich auf steilen Routen meinen Weg fand.* Piper Verlag, 2008. S. 299–300.

4 Dieter Baumann: *Laufen Sie mit! Das Trainingsbuch.* Deutsche Verlags-Anstalt, 2004. S. 8.

5 Papert, Steinbach (2008), S. 299.

6 Reinhold Messner: *Nanga Parbat – Bruder, Tod und Einsamkeit. Der nackte Berg.* Piper Verlag, 4. Aufl. 2002. S. 91.

7 Aristoteles: *Die Nikomachische Ethik.* Deutscher Taschenbuch Verlag, 6. Aufl. 2004. 1097, b19 bzw. b8.

8 Vgl. Emnid-Umfrage: »Freundschaft wichtiger als Wahrheitsliebe«. In: chrismon. Das Hansische Drucks- und Verlagshaus. November 2008.

9 Vgl. www.wellnessig.de/2009/01/21/umfrage-für-neun-von-zehn-deutschen-sind-freundschaften-äusserst-wichtig.de, Zugriff vom 2. 8. 2011.

10 Vgl. Nicholas A. Christakis, James H. Fowler 2010, S. 75–83.

11 Andreas Lauringer in: www.focus.de/finanzen/karriere/
berufsleben/ehrenamt-aid-230544.html, Zugriff vom
2. 8. 2011.

12 Michel de Montaigne: »Über die Freundschaft«. In: Klaus-
Dieter Eichler: *Philosophie der Freundschaft*. Reclam, 2. Aufl.
2000. S. 90–91.

13 Vgl. www.apotheken-umschau.de/Psyche/Emotionen-
Eingemauerte-Gefühle-10386.html, Zugriff vom 2. 8. 2011.

14 Aristoteles (2004), 1176, b3.

15 Ebenda, 1098, a13.

16 Ebenda, 1103, a14 bzw. b21.

17 Viktor E. Frankl: *... trotzdem Ja zum Leben sagen. Ein
Psychologe erlebt das Konzentrationslager.* Deutscher
Taschenbuch Verlag, 28. Aufl. 2007. S. 37.

18 Vgl. www.zuefam.ch/pdf/Alkoholtagung_08_Abstracts.pdf,
Zugriff vom 8. 8. 2011.

19 Vgl. Siefer, Weber 2006, S. 82.

20 Vgl. www.focus.de/wissen/wissenschaft/psychologie/
tid-13912/faehigkeiten-jeder-kann-weltklasse-werden-
aid_388435.html, Zugriff vom 9. 8. 2011.

21 Jean-Jacques Rousseau: »Schriften zur Kulturkritik: Über
Kunst und Wissenschaften (1750)«. »Über den Ursprung der
Ungleichheit unter den Menschen (1755)«. In: *Über den
Ursprung der Ungleichheit unter den Menschen (1755).* Meiner
Verlag, 1995. S. 71–73.

22 Volker Sommer: *Darwinisch denken. Horizonte der
Evolutionsbiologie.* Hirzel Verlag, 2. Aufl. 2008. S. 45.

23 Jean-Jacques Rousseau: »Bekenntnisse«. In: *Schriften in zwei
Bänden.* Herausgegeben von Henning Ritter. Hanser Verlag,
1978. S. 9.

24 Vgl. www.mybody.de/schoenheitsoperationen-top-news-
intersana-2007.html, Zugriff vom 15. 6. 2009.

25 Michel Foucault: »Der Mensch ist ein Erfahrungstier«.
Gespräch mit Ducio Trombadori. Suhrkamp Verlag, 1996.
S. 85.

26 Rousseau (1995), S. 207–209.

27 Ebenda, S. 11.

28 Ebenda, S. 219–221.

29 Ebenda, S. 173.

30 Nietzsche (2005), S. 213.

31 Friedrich Nietzsche: »Jenseits von Gut und Böse«. Mit der Streitschrift »Genealogie der Moral«. In: *Genealogie der Moral*. Insel Verlag, 1984. S. 237–238.

32 Sommer (2008), S. 47.

33 Nietzsche (1984), S. 219.

34 Vgl. www.vitao-alpen-akademie.blogspot.com/2011/04/gibt-es-eine-im-hirn-eingebaute-tötungshemmung.html, Zugriff vom 14.1.2011.

35 Eric Kandel, James Schwartz und Thomas Jessell: *Neurowissenschaften: Eine Einführung*. Spektrum Akademischer Verlag, 1995. S. 410.

36 Friedrich Nietzsche: *Werke in drei Bänden*. Hanser Verlag, 1954. Band 1, S. 830 bzw. S. 121–122 bzw. S. 122.

37 Nietzsche (2005), S. 11.

38 Vgl. www.psychologie.uzh.ch, Zugriff vom 21.6.2010.

39 In Peter Sloterdijks Buch »Du musst dein Leben ändern. Über Anthropotechnik«, erschienen 2009 im Suhrkamp-Verlag, geht Sloterdijk im Kapitel »Ferner Blick auf den asketischen Stern. Nietzsches Antikeprojekt« auf diesen Sachverhalt ein. Grundsätzlich geht es dem Philosophen in seinem Buch und in seiner Wissenschaft vom Menschen um die Einsicht, dass alles Humane sich selbst bildet. Der Mensch ist dabei ein Übender, der sich durch seine Übungen selbst erzeugt, denn alle menschlichen Aktivitäten wirken unaufhörlich auf ihn selbst zurück.

40 Martin Heidegger: *Sein und Zeit*. Max Niemeyer Verlag, 2006, S. 126–127.

41 Nietzsche (1984), S. 215.

Literaturverzeichnis

Allgemein

Bartens, Werner: *Körperglück. Wie gute Gefühle gesund machen.* Droemer 2010.

Bauer, Joachim: *Das Gedächtnis des Körpers. Wie Beziehungen und Lebensstile unsere Gene steuern.* Piper 2004.

Damásio, António R.: *Descartes' Irrtum – Fühlen, Denken und das menschliche Gehirn.* List 2004.

Goleman, Daniel: *Emotionale Intelligenz.* Hanser 1996.

Klein, Stefan: *Der Sinn des Gebens. Warum Selbstlosigkeit in der Evolution siegt und wir mit Egoismus nicht weiterkommen.* S. Fischer 2010.

Klein, Stefan: *Die Glücksformel oder wie die guten Gefühle entstehen.* Rowohlt 8. Aufl. 2002.

Lütz, Manfred: *Irre! Wir behandeln die Falschen. Unser Problem sind die Normalen.* Gütersloher Verlagshaus 2009.

Precht, Richard David: *Liebe. Ein unordentliches Gefühl,* Goldmann 2009.

Precht, Richard David: *Wer bin ich und wenn ja, wie viele. Eine philosophische Reise.* Goldmann 2007.

Schmid, Wilhelm: *Philosophie der Lebenskunst. Eine Grundlegung.* Suhrkamp 1998.

Schmidt-Salomon, Michael: *Jenseits von Gut und Böse. Warum wir ohne Moral die besseren Menschen sind.* Pendo 2009.

Siefer, Werner; Weber, Christian: *ICH. Wie wir uns selbst erfinden.* Campus 2006.

Sommer, Volker: *Darwinisch denken. Horizonte der Evolutionsbiologie.* Hirzel 2. korr. Aufl. 2008.

Kapitel I: Aristoteles

Aristoteles: *Nikomachische Ethik.* Deutscher Taschenbuch Verlag 6. Aufl. 2004.

Carnegie, Dale: *Wie man Freunde gewinnt.* Scherz 1996.

Christakis, Nicholas A.; Fowler, James H.: *Connected. Die Macht sozialer Netzwerke und warum Glück ansteckend ist*, S. Fischer 2010.

Csikszentmihalyi, Mihaly: *Flow im Beruf. Das Geheimnis des Glücks am Arbeitsplatz.* Klett Cotta 2003.

Doidge, Norman: *Neustart im Kopf. Wie sich unser Gehirn selbst repariert.* Campus 2008;

Eichler, Klaus-Dieter: *Philosophie der Freundschaft.* Reclam 2. Aufl. 2000.

Frankl, Viktor E.: *... trotzdem Ja zum Leben sagen. Ein Psychologe erlebt das Konzentrationslager.* Deutscher Taschenbuch Verlag 28. Aufl. 2007.

Jaspers, Karl: *Einführung in die Philosophie.* Piper 26. Aufl. 2005.

Kaysa, Volker; Schmid, Wilhelm: *Reinhold Messners Philosophie.* Suhrkamp 2002.

Kilz, Hans Werner: Süddeutsche Zeitung. Wissen. Magazin. Verlagsgesellschaft Süddeutsche Zeitung Mai 2009.

Küstenmacher, Werner Tiki: *Simplify your life. Einfacher und glücklicher leben.* Campus 10. Aufl. 2003.

Rapp, Christof: *Aristoteles zur Einführung.* Junius 2. Aufl. 2004.

Rübelmann-Herrmann, Marianne: Psychologie heute compact: Glücksmomente Heft 17. Weinheim 2007.

Seligman, Martin E. P.: *Der Glücksfaktor. Warum Optimisten länger leben.* Ehrenwirth 2003.

Von Münchhausen, Marco: *So zähmen Sie ihren Schweinehund! Vom ärgsten Feind zum besten Freund.* Campus 2002.

ELEKTRONISCHE QUELLEN:
http://www.medien-monitor.com/Der-Rausch-des Runners-
   High.964.0.html.
Zugriff vom 30.03.2009.

Kapitel II: Jean-Jacques Rousseau

Bauer, Joachim: *Prinzip Menschlichkeit. Warum wir von Natur aus
   kopieren.* Heyne 2008.
De Waal, Frans: *Primaten und Philosophen. Wie die Evolution die
   Moral hervorbrachte.* Hanser 2008.
Foucault, Michel: *Der Mensch ist ein Erfahrungstier.* Suhrkamp
   1996.
Frankfurt, Harry G.: *Sich selbst ernst nehmen.* Suhrkamp 2007.
Fromm, Erich: *Den Menschen verstehen. Psychoanalyse und Ethik.*
   Deutscher Taschenbuch Verlag 1982
Fromm, Erich: *Die Kunst des Liebens.* Ullstein 1990.
Neffe, Jürgen: *Darwin. Das Abenteuer des Lebens.* Bertelsmann 2008.
   Psychologie heute. Oktober 2008. Beltz Verlag.
Reusch, Siegfried: *der blaue reiter. Echt sein*; Omega Verlag 2007.
Rousseau, Jean-Jacques: *Schriften zur Kulturkritik: Über Kunst und
   Wissenschaft (1750). Über den Ursprung der Ungleichheit unter
   den Menschen (1755).* Meiner 1995.
Schmid, Wilhelm: *Glück. Alles, was Sie darüber wissen müssen,
   und warum es nicht das Wichtigste im Leben ist,* Insel 2007.
Singer, Wolf: *Ein neues Menschenbild? Gespräche über
   Hirnforschung,* Suhrkamp Taschenbuch 2003.
Starobinski, Jean: *Rousseau. Eine Welt von Widerständen.* Hanser
   1988.

ELEKTRONISCHE QUELLEN:
http://www.happyplanetindex.org. Zugriff vom 13. 5. 2009.
http://www.manmedicalone.com. Zugriff vom 15. 6. 2009.
http://www.mybody.de/schoenheitsoperationen-top-news-
   intersana-2007.html. Zugriff vom 15. 6. 2009.

Kapitel III: Friedrich Nietzsche

Baggini, Julian: *Der Sinn des Lebens. Philosophie im Alltag.* Piper 2005.

Bieri, Peter: *Das Handwerk der Freiheit. Über die Entdeckung des eigenen Willens.* Fischer 2007.

Crulnik, Boris: *Mit Leib und Seele. Wie wir Krisen bewältigen.* Hoffmann und Campe 2007.

Damásio, António: *Der Spinoza-Effekt: Wie Gefühle unser Leben bestimmen.* Marion von Schroeder Verlag 2004.

Eagleton, Terry: *Der Sinn des Lebens.* Ullstein 2008.

Haubl, Rolf: »Lebenskunst. Die Fähigkeit, mit sich allein zu sein«. In: Psychologie heute. Julius Beltz März 2009.

Heidegger, Martin: *Sein und Zeit.* Max Niemeyer Verlag 2006.

Löhr, Jörg; Prahmann, Ulrich: *So haben Sie Erfolg.* Südwest Verlag GmbH 1999.

Metzinger, Thomas: *Der Ego-Tunnel.* Berlin Verlag 2009.

Nietzsche, Friedrich: *Also sprach Zarathustra.* Anaconda 2005.

Nietzsche, Friedrich: *Jenseits von gut und böse mit der Streitschrift* »Zur Genealogie der Moral«. Insel Verlag 1984.

Proust, Marcel: *Unterwegs zu Swann. Auf der Suche nach der verlorenen Zeit.* 1. Aufl. Suhrkamp 2004.

Ries, Wiebrecht: *Nietzsche zur Einführung.* Junius 1990.

Safranski, Rüdiger: *Nietzsche. Biografie seines Denkens.* Spiegel-Verlag 2006/2007.

Sloterdijk, Peter: *Du musst dein Leben ändern.* Suhrkamp 2009.

Sprenger, Reinhard K.: *Die Entscheidung liegt bei Dir! Wege aus der alltäglichen Unzufriedenheit.* Campus 2004.

Watzlawick, Paul: *Wenn du mich wirklich liebtest, würdest du gern Knoblauch essen. Über das Glück und die Konstruktion der Wirklichkeit.* Piper 2006.

ELEKTRONISCHE QUELLEN:

http://www.ifd-allensbach.de. Zugriff vom 9. 7. 2010.

http://www.psychologie.uzh.ch. Zugriff vom 21. 6. 2010.

http://www.tabvlarasa.de/19/nazareth.php. Zugriff vom 8. 12. 2009.